루이스의
특별한 수업

루이스의
특별한 수업

최고가 된 사람들의 8가지 행동 습관

루이스 하우스 지음 | **마도경** 옮김

한국 독자들에게

이 책에 수록된 가르침을 처음으로, 영어 외의 언어로
세상에 알릴 수 있게 되었으니 나는 운이 좋은 사람이다.
전 세계에 흩어져 있는 수많은 시청자가
팟캐스트 '스쿨 오브 그레이트니스'를 통해 얻은 깨달음을 나에게 알려주는데,
그들의 메시지를 받는 것이 나에게는 큰 영광이다.
이제는 이 책의 한국어판을 통해 훨씬 더 많은 사람이 성공에 관한
교훈을 얻을 수 있게 되었다. 나는 이 책에 실린 이야기, 원칙, 교훈들이
여러분의 삶에 어떤 영향을 주었는지를 한시라도 빨리 알고 싶다.
성공을 추구한다는 면에서 우리는 모두 학생이며,
그런 공통의 유대감은 언어의 장벽을 뛰어넘는다.

루이스 하우스

우리 가족에게 이 책을 바칩니다.

꿈을 좇고, 영적으로 나를 인도하고

세상에서 봉사하는 방법을 보여주고

은혜와 인내, 그리고 무엇보다도 사랑을 가르쳐준 것에

감사드립니다.

당신은 잠재력을 갖고 태어났다.

당신은 선의와 믿음을 갖고 태어났다. 당신은 이상과 꿈을
갖고 태어났다. 당신은 위대함을 갖고 태어났다.

당신은 날개를 갖고 태어났다.

당신은 기어 다닐 운명이 아니다. 그러니 기어 다니지 말라.
당신에게는 날개가 있다.

날개 사용법을 배워, 날아라.

_루미Rumi(1207~1273년, 페르시아의 시인-옮긴이)

지난 몇 년 동안 나는 내가 세계에서 가장 운 좋은 사나이라고
느꼈다. 매주 나는 아주 훌륭하고 특별한 '대학'에서 공부했는데,
그곳은 세계에서 가장 위대한 인물들이 가르치고, 강연하며, 그들
이 자기 분야에서 세계 최고가 되기까지 축적한 놀라운 지식을 나
누어 주는 – 전적으로 비공식적인 – 신비로운 배움의 전당이었다.

교수진은 올림픽 금메달리스트, 권위 있는 상을 받은 음악인, 뉴
욕 타임스 베스트셀러 작가, 세계를 변화시키는 운동가와 자선사
업가, 크게 성공한 사업가, 자기계발 전문가와 사상가로 구성되어
있다. 그들의 제자가 되어 그들의 강의를 듣고, 각 스승으로부터
평생 간직할 소중한 교훈을 얻을 수 있는 것은 나에게 행운이었다.

나는 이 기회를 지금까지 내가 받은 선물 중 최고로 여긴다.

우리 모두는 마음속 깊이 이런 곳이 어딘가에 있지 않을까 생각하며 또 그러기를 바란다. 하지만 그곳이 어디인지, 또 어떻게 들어가는지 전혀 모른다. 세계는 지금 정보와 데이터의 바다에서 허우적대고 있다. 인류 역사에서 이런 적은 한 번도 없었다. 여러 해 동안 많은 사람이 이런 현상에 중독되어왔다. 구글 검색창에 어떤 단어를 입력하든, 100만 분의 1초 만에 100만 개의 답을 얻을 수 있다. 주제 하나를 골라 위키피디아의 토끼 굴로 몇 시간이고, 아니면 며칠이고 돌아다닐 수 있다. 그러나 결국, 호기심을 충족시키는 정보만으로는 부족하다. 더 많은 것이 필요하다. 우리는 그 정보가 현실 세계와 삶에 어떻게 적용되는지 알고 싶다. 우리는 1과 0으로 이루어진 단편적인 정보가 아니라 지식과 지혜를 원한다. 다보스에서 열리는 세계경제포럼 같은 장소가 그것을 찾을 수 있는 곳이 아닐까 한다. 또는 서미트 시리즈Summit Series(젊은 사업가, 예술가, 운동가 등을 초청해 연례 컨퍼런스를 여는 미국의 기관 또는 그 컨퍼런스의 이름-옮긴이)나 테드TED(미국의 비영리 재단에서 '알릴 가치가 있는 아이디어'를 전파한다는 목적으로 개최하는 강연회-옮긴이) 등이 그런 장소일 거라고 생각한다. 나는 이런 포럼과 행사에 몇 차례 참석했지만, 솔직히 말해 그 내용은 지난 몇 년간 내가 경험한 것에 전혀 비교할 정도가 못 되었다.

지금 내가 말하는 장소는 어찌 보면 테드 강연장의 붉은색 원(테드 강연장 무대에서 강연자가 서 있는 곳-옮긴이)보다 플라톤의 동굴(플라톤이 『국가론』에서 이데아의 세계와 현실 세계를 대비·설명하기 위해 비유적으로 설정한 무대-옮긴이)과 더 비슷하다. 나의 멘토들은 나에게 18분(테드 강연장에는 아무리 저명한 강연자라도 18분 이상 강연해서는 안 된다는 황금률이 적용된다-옮긴이) 동안 떠들고는 무대 뒤로 사라지지 않았다. 그들은 글자 그대로 혹은 가상적인 의미에서 내 맞은편에 앉아, 나를 그림자에서 꺼내 진정한 지식의 햇빛 속으로 데려갔다. 어떻게 이런 일이 일어났을까? 지금도 완전히 확신하지는 못하지만, 한 가지만은 확실하다. 즉 그들은 이 책을 통해 여러분과 마주 앉아 그들의 가르침을 함께 나누어야겠다는 나의 열망에 불을 붙였다.

나는 이곳을 '스쿨 오브 그레이트니스The School of Greatness'라고 이름 붙였다.

이것은 여러분이 생각하는 평범한 학교가 아니다. 이 학교에는 교실이 없다. 숙제도 없다. 총장도 없고, 규칙을 강요하고 출석을 체크하는 학과장도 없다. 수업료를 낼 필요도 없다.(수업료가 있다면, 이 책을 사는 금액 정도일 것이다) 일부 '교수들'은 누가 교수님이라고 부르면 매우 어색해할 것이다. 그리고 우리가 세상에 나가기 위해 학교를 떠날 때도 졸업식은 없을 것이고 졸업장도 주어지지 않을 것이다.

자, 분명히 짚고 넘어가자. 이 학교가 위대한 것은 성공한 학생들만 입학하기 때문이 아니라 위대한 선생님들이 계시고 학생들은 그들처럼 되기를 바라기 때문이다. 둘 다 큰 꿈을 갖고 있다.

윌마 루돌프Wilma Rudolph(1960년 로마 올림픽에 참가해 여자 100미터·200미터·400미터 계주에서 우승해 3관왕이 된 미국의 흑인 여자 선수-옮긴이)는 이렇게 말했다.

"절대로 꿈의 힘과 인간 정신의 영향력을 과소평가해서는 안 된다. 성공의 잠재력은 우리 각자에게 똑같이 있다. 이 점에서 우리는 모두 똑같다."

'스쿨 오브 그레이트니스'에서 여러분은 이 잠재력을 인식하고 활용하는 법을 배울 것이다. 여러분은 꿈을 가진다는 것이 얼마나 중요한지, 그리고 여러분에게 이미 내재되어 있는 그 꿈의 실현 도구들이 얼마나 중요한지 이해하게 될 것이다. '스쿨 오브 그레이트니스'는 허접한 글쟁이들의 엉터리 지식을 모아놓은 곳이 아니다. 힘든 훈련을 강요하는 신병훈련소도 아니다. 이것은 삶의 방식, 살아가는 방법이다. 몸무게를 줄이고 싶을 때 어떻게 하는가? 스스로를 구속하는 다이어트를 하는가? 그것은 비참하다. 대신 목표에 맞춰 라이프 스타일을 바꿀 수도 있지 않은가? 같은 얘기다. '스쿨 오브 그레이트니스'는 여러분이 좋아하게 될 평생 동안의 라이프 스타일이다.

'스쿨 오브 그레이트니스'의 교수들과 학생들처럼 나 역시 지금까지 큰 꿈을 좇았다. 내가 기억하는 한, 나는 줄곧 올아메리칸All-American(미국 대표 선수-옮긴이)이 되고 싶었다. 오하이오 주에서 자라고, 키가 6피트 4인치(약 193센티미터)까지 큰다는 것은 오하이오 주립대학에서 미식축구를 하게 될 운명이라는 뜻이다. 그것은 오하이오에 사는 남자아이들의 꿈이었다. 나는 자라면서 모든 일을 할 때 그 목표를 겨냥했다. 그 목표를 생각하지 않거나, 그것을 위해 노력하지 않은 날이 하루도 없었다. 그리고 어떤 의미에서는 성공했다. 나는 더 나은 (그리고 더 큰) 기회를 좇아 두어 번 학교를 옮긴 끝에 주립대학보다 작은 대학에 들어갔고, 그곳에서 선수 생활을 하면서 많은 신기록을 세웠다. 그러고는 4학년이 되어서야 드디어 꿈에 그리던 올아메리칸에 선발되었는데, 하필이면 내가 정식 훈련을 한 번도 받아보지 못한 10종 경기에서였다. 꿈도 꾸지 못한 일이 일어난 것이다!

올아메리칸 선발이라는 꿈이 실현되자마자 – 처음에는 10종 경기에서, 이듬해에는 미식축구에서 – 그 기쁨의 열기가 금방 식기 시작했다. 이유를 알 수 없었다. 모든 개인적 목표를 달성했다, 대부분의 사람들이 기대했던 것보다 더 크게 성공했다. 그러나 그러한 사실은 별로 위안이 되지 못했다. 나의 성공을 축하하는 파티, 즉 승리를 만끽하는 최고의 순간이 되어야 할 자리에서 나는 비참한 심정을 떨칠 수 없었다. 나는 즐겁지 않았다. 나의 정신은 이미 더 크고 더 좋은 목표에 집중되어 있었기 때문이다. 그것은 프로 선수가 되겠다는 목표였다. 결국, 나는 NFL 스카우터 10여 명이 참석한 가운데 내 어렸을 적 꿈의 학교였던 오하이오 주립대학의 실내 연습장에서 열린 트라이아웃(프로팀에 입단하고 싶어 하는 선수들이 구단 관계자나 스카우터 앞에서 미니게임 등을 통해 기량을 선보이는 제도-옮긴이)에 미래의 NFL 선수들과 함께 참가했다. 그들 중에는 훗날 슈퍼볼 MVP가 된 선수도 포함되어 있었다. 나는 트라이아웃에서 좋은 성적을 냈지만 무명 학교 출신이라 프로팀에 선발될 가능성은 거의 없었다. 아레나 풋볼리그Arena Football League(옥외 경기장의 절반 크기인 인조 잔디구장에서 하는 실내 미식축구 리그-옮긴이)에 속한 팀 – 이 팀도 엄밀히 말하면 프로 미식축구팀이다 – 이 나를 지명했지만 참담한 부상과, 이후의 회복 과정이 지연되면서 결국 나의 선수 생활은 1년 만에 막을 내리고 말았다.

영광과 명성에 대한 꿈들이 갑자기 추락하며 산산이 부서졌다. 꼴이 엉망이었다. 나는 가망이 없는 빈털터리에, 팔에 깁스를 하고 산처럼 쌓인 신용카드 빚을 떠안은 채 누나 집의 소파에 누워 있는 스물네 살짜리 백수였다. 꿈은 모두 사라졌다. 나는 하루 종일 악몽에 시달렸고, 거기서 영원히 벗어나지 못할까 두려웠다. 이때가 내 인생에서 가장 밑바닥까지 내려간 시점이었다.

뼈아픈 깨달음으로 지금 알고 보니 내가 추구했던 꿈은 올아메리칸이 된다거나 NFL에서 뛴다는 것이 아니었다. 그런 것들은 개별적인 목표일 뿐, 나는 좀 더 큰 꿈을 좇고 있었던 것이다. 나는 위대해지고 싶었다. 그리고 내 인생, 손목은 부러지고 돈 한 푼 없이 소파에서 지내는 내 인생에서 결여된 것은 재능이나 기술이 아니었다. 나에게 없었던 것은 더욱 큰 목적의식, 즉 내가 지금보다 더 큰 사람이 되기 위해 노력하고 애쓰고 있다는 느낌이었다.

나는 더 나은 사람이 되고 싶었고, 여기에 필요한 열정과 에너지를 갖고 있었다. 하지만 그것을 발휘할 곳이 없었다. 무엇이라도 해야만 했다. 그래서 다른 사람들, 즉 나의 친구들과 가족의 친구들, 코치들, 형제자매들에게 도움을 청했다. 이때 한 멘토가 소셜미디어 웹사이트인 '링크드인(LinkedIn.com)'을 방문해보라고 권했다. 이 웹사이트는 2008년에 출범해 경제계의 전문직 종사자들 사이에서 큰 인기를 끌고 있었다. 나는 이곳에서 유명한 기업 오너, CEO들과 교류할 수 있는 다양한 기회를 발견했다. 그들은 다른 곳에서는 우연히라도 마주치지 못했을 사람들이었다. 나는 미친 듯이 그들과 접촉하고 교류하기 시작했다. 특히 나는 스포츠 비즈니스계에서 일하는 사람들에게 접근했다. 나 자신이 얼마 전까지 운동선수로 활약했기 때문이었다. 나에게는 그들에게 전해줄 긍정적인 메시지가 있었으며, 다른 사람들을 돕고 말콤 글래드웰 Malcolm Gladwell이 말한 '커넥터connector'(입소문을 내는 사람 또는 오피니언 리더와 비슷한 개념-옮긴이)가 된 기분이 좋았다.

결국 나는 링크드인에서 쌓은 자원을 활용해 큰돈을 벌 수 있는 강연, 컨설팅, 교육 사업을 시작했다. 온라인 사업을 해보지는 않았지만 남다른 감각과 열의가 있었다. 그리고 멘토들의 조언을 받아들이자 돈이 들어오기 시작했다. 초기의 업무 파악 기간이 지난 뒤, 첫 1년간 나는 100만 달러에 가까운 매출을 올렸다. 3년차가 되자 매출이 두 배로 늘어났다. 결국 동업자는 나에게 수백만 달러를 지불하고 내 지분을 인수했다.

서른 살도 되기 전에 나는 과거에 한 번도 보지 못한 돈을 벌었고, 비전을 수익성 좋은 현실로 바꾸었으며, 그러한 과정에서 사업가로 다시 태어났다. 약간의 도움을 받고 약간의 투지를 발휘한 결과, 나는 세상의 꼭대기에 오른 것이다. 이것은 또 하나의 승리의 순간이 되어야 했다. 맨손으로 창업해 규모 있는 기업으로 키워냈기 때문이었다. 하지만 좀 더 큰 무언가를 향한 부름이 나를 떠나지 않았다. 나는 퍼즐의 한 조각이 빠져 있다는 것을 알았다.

나의 스승 중 한 명이고 작가이자 저널리스트인 스티븐 코틀러 Steven Kotler는 훗날 성공을 "매일 아침 일어나 '좋아, 오늘 나는 산을 옮기겠어'라고 말하는 것"이라고 정의했다. 내가 원한 것이 바로 이것이었다. 나는 그런 사람이 되고 싶었다.

나는 처음부터 다시 시작했다. 이번에는 보다 큰 것, 사람들이 흔히 생각하는 성공의 표시들이 내게 가져다주지 못한 바로 그것을 찾기로 했다. 2013년 1월 나는 세계에서 가장 현명하고, 가장 성공했고, 가장 '위대한' 사람들을 인터뷰하며 내가 생각할 수 있는 모든 질문을 하기로 결심했다. 나는 오직, 진정한 성공을 위한 노력이 무엇을 의미하는지 아는 사람들, 매일 아침 일어나 자기 자신의 산을 옮기는 사람들, 선행을 베푸는 사람들, 다른 사람들이 더 높은 곳에 갈 수 있도록 도와주는 사람들만 내 주변에 포진시키고 싶었다. 나의 동기가 조금 이기적이라고 말할 수도 있겠다. 나에게는 그들이 어떻게 이토록 높은 위치를 추구하여 기어코 성취해냈는지를 이해하고자 하는 절실한 욕구가 있었다. 나는 또한 독자들과 팟캐스트 청취자들에게 이런 지혜를 접하게 해주고 싶었다. 다른 사람들과 공유할 수 없다면 성공이 무슨 소용이 있는가?

반응은 실로 놀랍도록 좋았다. '스쿨 오브 그레이트니스'라는 작은 팟캐스트는 출범한 지 2년도 지나지 않아 다운로드 수가 500만 회를 넘어섰고, 매달 팟캐스트를 방문하는 사람의 수는 수십만에 달한다. 헤아릴 수 없이 많은 팟캐스트가 쏟아져 나오는 요즘 세상에서 '스쿨 오브 그레이트니스'는 아이튠즈iTunes(애플 사가 만든 멀티미디어 플레이어 및 아이팟용 동기화 프로그램-옮긴이)의 메인 페이지에 10회 이상 특집으로 실렸고, 아이튠즈 내 경제·건강 부문에서 1등에 올랐다.

'스쿨 오브 그레이트니스'의 레슨은 청취자와 독자들의 공감을 불러일으켰을 뿐만 아니라 그것을 전달하는 나의 인생도 바꿔놓았다. 이 교훈들은 내가 운동선수로서의 재능을 이해하려고 고생하던, 그리고 끔찍한 가정사에 치여 고생하던 열여덟 살 때 알고 또 이해했다면 좋았을 것들이다. 이것은 내가 올아메리칸 시상대에서 내려온 직후, 즉 우울증과 고통으로 신음하던 그때 의지했으면 좋았을 교훈들이다. 이런 교훈들을 진작 얻었다면, 나는 프로 스포츠계에서 주어졌던 기회를 최대한 활용할 수 있었을 것이다. 그리고 사업에서 실수로 수십만 달러를 날렸던 일도 피할 수 있었을 것이다.

그런 교훈들이 이 책의 핵심 내용이다. 이 책에 실린 것들은 나의 교훈이 아니다. 그것들은 이 독특하고 환상적인 학교의 강의 노트에서 나온 것이다. 나는 운이 좋아 그것을 전달하는 메신저 역할을 하고 있을 뿐이다. 이 책을 쓰면서 나는 이러한 책은 오랜 전통을 자랑하고 있다는 사실을 알았다. 2,000년도 더 전에 쓰여진 아리스토텔레스의『윤리학』과 에픽테토스의『담화록』부터 비교적 최근에 나온 피터 틸Peter Thiel의『제로 투 원Zero to One』같은 책을 보면 알겠지만, 위대한 사상가들은 그런 책을 쓰지 않았다. 그들의 제자가 쓴 것이다. 남아 있는 것은 우리가 직접 들을 수 없었던, 그 전설적인 강좌의 강의 노트뿐이다. 그 제자들, 즉 고전학자들은 스승의 이름을 저자로 올렸다. 나는 여러분도 이 책을 그렇게 이해해 주기 바란다. 책 표지에 내 이름이 들어가 있지만 내 스승들의 이름도 들어가야 한다. 그들이 없었다면 이 책을 쓰지 못했을 것이다. 내가 그들의 지혜를 나눌 수 있게 된 것에 깊이 감사한다.

지금 우리에게 필요한 것들

> 위대함은 사람들의 사랑, 관심, 존경심을 끌어내는 정
> 신적 조건이다. 위대한 사람임을 보여주는 외적 증거는
> 그를 보면 사랑, 관심, 존경심이 솟아난다는 것이다.
>
> _매튜 아놀드Matthew Arnold (영국의 시인이자 평론가-옮긴이)

나는 꽤 유능한 운동선수다. 하지만 나보다 훨씬 더 뛰어난 선수가 아주 많다. 올림픽에서 활약한 체조 선수 숀 존슨Shawn Johnson (미국의 체조 선수로, 열여섯 살 때인 2008년 베이징 올림픽에 출전해 평균대 종목에서 금메달을 획득했다-옮긴이)은 스포츠 분야에서 내가 평생 이룩할 것보다 더 많은 업적을 10대에 달성했다. 나는 사업에서도 곧잘 하고 있지만 자산 가치가 수십억 달러에 이르는 신발 브랜드 데커스 사의 CEO 앙헬 마르티네즈Angel Martinez, 라이프 스타일 사업가이자 엔젤 투자자angel investor (신생 기업이나 벤처기업에 투자하는 사람-옮긴이)인 팀 페리스Tim Ferriss 같은 사람들에 비하면 한참 멀었다. 따라서 지금 나는 보편적인 기준에 따라

측정되고 평가되는 성공을 이야기하고 있지 않다. 지금 나는 자신의 잠재력을 탐색하고, 발휘하고, 유지하는 데 있어서의 성공을 이야기하고 있다. 다시 말해 우리 모두가 달성할 수 있는 저마다의 독특한 성공을 말한다.

성공은 '단지 시상대의 맨 위에 서서 금메달을 받는 것'을 뜻하지 않는다. 이런 교훈은 숀 같은 사람들에게서 배웠다. 성공은 사람들에게 감동을 주고 메시지를 전하는 것이다. 우리가 흔히 하는 다음과 같은 말의 진리를 믿는 것이다.

'성공은 어떤 보물이나 격찬의 순간이 기다리는 목적지가 아니라 그것을 향한 긴 여행이다.'

사실 성공하는 데에는 100만 가지의 방법이 있으며, 사람이 잘할 수 있는 일은 거기에 100만 개를 더 보태야 한다. 대개 이런 일은 메달이나 큰돈이 부상으로 따라오지 않는다. 다음에 나오는 목록을 보자.

- 부모가 되는 것
- 훌륭한 사상을 옹호하는 사람이 되는 것
- 예술가가 되는 것
- 건강해지는 것
- 너그러워지는 것
- 사업가가 되는 것
- 리더가 되는 것

- 남에게 도움이 되는 것
- 변화를 주도하는 사람이 되는 것

이것들은 모두 훌륭한 꿈이고, 가치 있고 달성 가능한 목표다. 이런 목표를 하나라도 달성하는 사람이 곧 우리가 교훈을 얻을 수 있는 사람이다. 벽에 상패가 걸려 있지 않아도, 벽난로 위의 선반에 트로피가 없어도 괜찮다. 이 책에서 우리는 글자 그대로의 의미든 비유적인 의미든, 시상대에 올랐던 사람들의 경험에서 교훈을 찾을 테지만 앞에서 열거한 일을 뛰어나게 수행한 사람들의 사례도 소개될 것이다. 그들은 인생의 많은 분야에서 탁월한 성과를 거두었으며, 우리는 그들의 접근법을 삶에 적용할 수 있다. 숀은 이렇게 말했다.

"성공은 자기 자신에게 자부심을 느끼고, 자신에게 만족하는 것을 의미한다. 또 어떤 일을 더 이상 좋게 못할 만큼 최선을 다했다는 자기 신뢰를 의미한다. 그것이 성공의 본질이다."

성공에 이르기 위해서뿐 아니라 어떤 도전이나 역경을 극복하기 위해서는 성격과 습관을 키우는 것이 중요하다. 그것은 절망의 구렁텅이에 빠져도 스스로를 일으켜 세우는 것, 그리고 마음챙김 mindfulness(명상의 한 기법으로, 매순간의 알아차림이라는 개념이다. 우리나라 철학의 '염念'과 비슷하다-옮긴이), 기쁨, 사랑 등을 동력으로 활용하는 것이다. 그것은 일련의 레슨을 통해 나아가는 과정이며, 다음의 여덟 가지 영역에 초점을 맞춰 지속적으로 노력하는 일이다.

1. **비전을 품어라.** 위대한 운동선수들은 자신이 경기에서 바라는 결과를 머릿속에 그리는 것이 능력이라고 표현한다. 그들은 자기가 원하는 것, 그리고 가고자 하는 곳이 어디인지 안다. 이것은 그들이 실제로 겪는 과정 중 일부이지만, 그에 못지않게 훈련의 한 측면이기도 하다. 유명한 연기 지도자인 리 스트라스버그Lee Strasberg는 "가능성이 보이지 않으면 어떻게 성공의 꿈을 꿀 수 있는가?"라고 말했다. 자, 당신의 꿈은 무엇인가?

2. **역경을 기회로 바꿔라.** 큰 역경을 겪지 않고 성공한 사람의 이야기는 거의 찾을 수 없다. 자세히 들여다보면, 오히려 이런 역경이 그들의 성공에 도움이 되었다는 것을 알 수 있다. 역경이 그들을 그 사람 특유의 성공을 이루는 길에 올려놓았다. 당신은 어떤 도전에 직면해 있는가? 성공의 길을 개척하려면 그런 도전을 어떻게 활용해야 할까?

3. **챔피언의 마인드를 키워라.** 챔피언이 되려면 무엇이 필요하고, 챔피언은 지금 자신이 정복하려는 이 세계를 어떻게 인식할까? 시각화, 명상, 마음챙김, 감성지능 등은 인생의 어느 시점에서 자신이 누구인지, 어디에 있는지를 알게 해주고, 그 순간에서 기쁨과 만족을 찾게 해주는 도구들이다. 성공은 바로 이곳에서 뿌리를 내린다. 어떻게 하면 챔피언의 눈으로 세상을 볼 수 있을까?

4. **투혼을 길러라.** 우리 모두는 살아가면서 장애에 맞닥뜨리며, 그것들을 모두 뛰어넘는 것은 불가능해 보일 정도다. 많은 사람이 벽에 부딪힌다. 하지만 성공하는 사람들은 그 벽을 넘어갈 수 있

는 낮은 장벽으로 끌어내린다. 이것이 소수의 성공한 사람과 나머지 평범한 사람의 차이다. 절대로 투지를 잃지 않는 것이 중요하다. 목표를 달성한 뒤에도 마찬가지다. 당신의 투지와 에너지는 어디에서 나올 것인가?

5. **자기 몸을 마스터하라.** 자기 몸을 선택해서 태어나는 사람은 없다. 그러나 육체적 자산을 자신이 상상한 것 이상으로 훌륭하게 만들고 유지하는 능력은 누구에게나 있다. 챔피언처럼 생각하고, 챔피언처럼 훈련하고, 챔피언처럼 먹는 것이 중요하다. 당신은 자기 몸을 잘 관리하고 있는가?

6. **긍정적인 습관을 실천하라.** 자신의 일에 완벽해지고 성공을 이루려면 시간이 정확히 얼마나 걸릴까? 숫자는 중요하지 않다. 하지만 특정 기술을 반복 실행하면 반드시 좋은 결과를 거둔다. 긍정적인 습관은 목표를 달성하는 데 필수적인 요소다. 종교, 공동체, 가족 등 어디에서든 이런 습관을 뒷받침해줄 수 있는 힘을 찾는 것도 성공 요리법에서 빠질 수 없는 핵심 성분이다. 일상생활에서 어떤 긍정적인 습관을 더할 수 있을까?

7. **이기는 팀을 만들어라.** 혼자 힘으로 성공하는 사람은 없다. 더 이상의 말이 필요 없다. 성공은 여러 사람이 공동으로 참여하는 과정이다. 올바른 멘토와, 그 멘토 혹은 코치를 최대한 이용하는 방법은 성공의 필수 요건이다. 파트너, 직원, 후원자, 팬으로 이루어진 팀을 만드는 것도 마찬가지다. 성공이란 바로 건강하고 보람 있는 인간관계를 만들고 구축하는 것이다. 단, 자신이 활동하는

분야의 동년배뿐 아니라 삶의 모든 측면에서 나를 시험하고 나의 도전 의식을 북돋우는 사람들과도 이러한 관계를 맺어야 한다. 당신과 힘을 모아야 할 사람은 누구인가?

8. **다른 사람에게 봉사하라.** 성공이라는 문제와 관련해 우승 트로피와 반지, 두둑한 은행 잔고는 놀랄 만큼 유통기한이 짧다. 연구들에 따르면 가장 행복하고 가장 활기차게 사는 이들은 남에게 베풀고, 남을 돕고, 지역사회 활동에 적극적으로 참여하는 사람이라고 한다. 사실 최고의 재능은 남에게 기여할 수 있는 재능이다. 그것은 당신의 성취를 훨씬 더 충만한 것으로 만든다. 당신은 어떻게 남을 돕고 남에게 기여할 것인가?

이 책은 위와 같은 여덟 개의 만능 교훈을 집약해 정리한 것이다. 나는 멘토와 코치, 동료, 스승의 도움을 받아 성공을 이룬 긴 여정에서 이 교훈들을 발견했다. 이런 방법으로 성공을 탐구하면, 우리는 성공이 지속적인 배움과 자아실현의 과정임을 깨닫게 된다. 그리고 우리가 평생 따라야 할 과정임을 알게 된다.

내 팟캐스트를 사랑하는 많은 애청자나 이런 종류의 책을 읽은 사람들은 혼자 이렇게 말할지 모른다.

"얘기는 다 좋아. 하지만 이 책이 실질적으로 나를 어떻게 도와줄 수 있지?"

그럴 법한 질문이다. 하지만 나는 여러분의 시간을 낭비하거나 잘못된 약속을 할 생각이 없다.

'스쿨 오브 그레이트니스'가 가르쳐주려는 것은, 그 무엇보다도 우리는 모두 특별하고 위대한 사람이라는 사실이다. 대부분의 사람들은 위대함 혹은 위대해진다는 것은 자신의 내부에 있는 것이 아니라 외적으로 획득하여 자신의 것으로 만들어야 하는 것이라고 생각한다. 아니다. 위대함이란 자신의 내부에서 캐내어 키워야 할 대상이다. '스쿨 오브 그레이트니스'의 교훈과 스승들은 당신의 내부에서 위대함을 찾도록 도와줄 것이다.

또한 이 책은 여러분에게 그것을 추구하는 열망을 불어넣어줄 것이다. 여러분이 운동선수든 사업가든 엄마든 행사기획자든 프리랜서든 디자이너든, 마음속 깊이 어떤 열정을 갖고 있든, 이 책은 여러분에게 자기 분야에서 성공할 수 있는 방법을 보여줄 것이다. '백문이 불여일견이다'라는 말이 있다. 하지만 어떤 경우에는 보는 것으로도 부족하다. 확신이 필요한 경우가 있다. 그런 때에는 비전을 품도록 고무되고 영감을 받아야 한다. 그리고 보이지 않는 수많은 난관에 맞서 그 비전을 열렬하게 좇아야 한다. 이 책은 여러분에게 위대함을 향한 열망을 일깨우고 난관을 돌파할 열정을 불러일으켜줄 것이다. 정말 위대한 사람들이 내 안에 있는 잠재력을 끌어내주었으니, 나는 정말 운이 좋았다. 이제 여러분과 나, 그리고 모든 독자는 힘이 닿는 한 최고의 인물이 되기 위해 노력해야 할 것이다. 함께.

정신 집중

나는 살아오면서 어떤 일을 시작하기 전에 '기본으로 돌아가는' 시간을 갖곤 했다. 이 방법은 원래 운동을 할 때 배웠다. 코치 선생님은 경기 시작 전에, 우리 선수들이 모두 정신을 똑바로 차려 한마음이 되도록 하여 다가오는 싸움에 대비하도록 했다. 나는 이것을 '정신 집중의 시간'이라고 부른다. 이것이야말로 내가 누구인가를 생각하며 나의 비전에 집중하고, 지금 이 순간 내가 무엇을 이루어내려고 하는가에 초점을 맞추는 순간이다. 여러분도 일상생활에서 이미 이러한 시간을 갖고 있지만 정작 그것을 인식하지 못하고 있는지도 모른다. 아침에 일과를 시작하기 전에 명상을 하든, 식사 전에 잠시 묵념이나 감사의 기도를 하든, 시합이나 연설, 판촉 행사 등과 같이 '중요한' 순간을 앞두고 정신적으로 또 육체적으로 스스로를 다잡는 시간을 갖든, 어떤 일에 앞서 마음에 여백을 갖는 것은 대단히 중요하다.

이 정신 집중의 시간은 이 책에 수록된 교훈을 실생활에 적용하는 데에 필수적이다. 그리고 두말할 필요 없이 여러분의 성공에도 매우 중요하다. 창출하고자 하는 결과를 명확하게 상상하는 순간을 갖지 못하면, 자신이 원하는 것을 성취하기 어렵다. 자신이 원하는 것에 의지를 집중해야 한다. 일상생활 속에 이 정신 집중의 시간을 가지면, 그것은 매우 강력한 성공의 도구가 될 수 있다.

각 장의 시작 부분에는 여러분이 정신 집중의 시간을 갖도록 짧은 글이 삽입되어 있다. 여기서 여러분은 내가 그 장에서 무엇을 의도하는지 알게 되고, 곧이어 전개될 내용에 귀를 기울일 준비를 하게 된다. 예전에 큰 경기를 앞두고 코치 선생님이 우리를 모아놓고 이런 시간을 주면, 나는 항상 힘든 상대를 대적하는 데 필요한 조용한 자신감을 얻곤 했다. 나는 그 조용한 자신감을 이제 여러분에게 전해주고 싶다. 여러분은 날마다 수많은 도전과 난관에 부딪히고 있다. 아침에, 그리고 중요한 순간을 앞둔 시점에 정신 집중의 시간을 갖는 것은 우리에게 엄청난 도움을 주는 좋은 습관이다.

'스쿨 오브 그레이트니스'는 종합적으로 말해, 현실적이고 지속 가능하며 반복 가능한 성공을 달성하는 하나의 틀이다. 이 책은 여러분에게 편안하고 아늑한 기분을 주려는 것이 아니다. 이 책은 여러분에게 비전을 설정하고 그것을 현실로 바꾸기 위한 도구, 지식, 실천 가능한 자원을 제공하기 위한 것이다.

- 나는 누구인가?
- 나는 어떤 가치를 지지하는가?
- 나의 꿈은 무엇인가?
- 나는 이 세상에 무엇을 남길 것인가?
- 어떻게 하면 우리가 함께 위대해질 수 있는가?

Vision

제1장
비전을 품어라

맹인보다 더 불행한 사람은
시력은 있으나 비전이 없는 사람이다.
_헬렌 켈러

나는 비전에 관해 쓴 이 장을 통해 여러분이 꿈을 꾸기를 바란다. 머리를 맑게 비우고 주변의 모든 것에서 성공 가능성을 찾아라. 너무 크거나 너무 얼토당토않은 꿈은 없다. 당신이 원하는 인생을 상상하라. 다른 사람a들이 당신에게 바라는 것, 사회가 당신에게 원하는 것, 단지 합리적이고 '일리가 있다'는 이유만으로 자신이 해야만 할 것처럼 생각되는 일은 다 잊어버려라. 당신은 평범하지 않은 삶을 살기 위해 태어났다. 자신이 삶에서 원하는 것이 무엇인지, 그리고 어떻게 살고 싶은지 생각해보라.

이 장에 실린 교훈은 여러분이 항상 꿈꿔왔던 삶을 직접 디자인할 수 있는 기회를 줄 것이다. 뒷부분에 수록된 '연습'을 충실히 마치면, 뒤에 이어지는 일곱 개 장의 교훈과 '연습'을 잘 실천할 수 있다. 여러분도 예전의 나처럼, 이런 '연습' 부분을 건너뛰고 싶은 유혹을 느낄지도 모르겠다. 무슨 '일'처럼 생각되기 때문이다. 하지만 이 부분이 핵심이다. 조금 불편한 수도 있지만, 이것이야말로 여러분이 '무엇이든 가능한' 세상에 살기로 마음먹었을 때 인생이 어떻게 변할 수 있는지를 보여주는 핵심 부분이다.

친구여, 마음의 준비를 하라. 이것은 아름다운 여행의 시작이며, 나는 여러분이 길을 가며 발걸음을 내디딜 때마다 함께할 것이다.

나에게 성공은 열정을 바쳐 이루어야 할 목표이고, 비전은 집착의 대상이다. 무슨 말인지 설명을 해야 할 것 같다. 명확한 비전을 갖고 있으면 상상을 초월하는 힘을 발휘할 수 있다. 사실 나는 이런 주제를 치열하게 파고드는 사람으로 유명하다.

　예전에 만난 스티브라는 사람의 이야기를 들려주고 싶다. 그는 여러 면에서 나의 젊은 시절을 연상케 했는데, 아마도 이 세상엔 그런 사람이 많을 것이다. 그는 당시 내 여자친구의 오랜 지인이었고, 그녀는 어느 날 우리 둘을 인사시키려고 저녁식사 자리를 마련했다. 그 자리에서 우리는 처음 만날 때 오가는 의례적인 말, 예컨대 "고향이 어디에요?", "무슨 일을 해요?" 따위의 대화를 쉴 새 없이 주고받았다. 스티브는 대학원에 다니며 박사과정으로 물리치료학을 공부하는 중이었는데, 6개월 뒤에 졸업한다고 했다. 나는 운동선수 출신으로 부상을 당할 만큼 당해보았기에 물리치료라는 주제가 친숙할 수밖에 없었고, 그래서 그의 진로 계획에 더욱더 흥미를 느꼈다.

　"그럼 스티브 씨는 졸업하면 무슨 일을 하고 싶은가요? 꿈이 뭐예요?"

　처음 만난 자리에서 이런 질문을 기습적으로 받으면 대부분의 사람들이 그러하겠지만, 스티브는 "잘 모르겠어요"라고 대답하며 머뭇거렸다.

"만약에 마음대로 선택할 수 있다면, 뭘 선택하겠어요? 마음대로 다 가져라, 그러면 뭘 갖고 싶어요?"

스티브는 군부대에서 하는 일, 즉 부상을 당한 병사들과 입대한 장병들에게 물리치료를 해주는 일을 설명하기 시작했다. 그 일은 대우가 상당히 좋아서 가족들을 부양할 수 있다고 했다.

독일에 대형 군병원이 있으니, 세상 구경도 할 겸 그곳에서 일할 수 있을 거라고도 말했다.

"좋네요. 그게 늘 원했던 일이에요? 아니면 다른 꿈이 있어요?"

다시 묻자 스티브는 곧바로 대답했다.

"전에 미식축구팀에서 코치를 했어요. 그래서 프로 미식축구팀에 물리치료사로 들어가서 훌륭한 선수들과 같이 생활하고 싶었죠."

그것은 내가 잘 아는 분야라서 그의 본심을 알 수 있을 것 같았다.

"그러면 최고죠. 스티브 씨가 정말 하고 싶은 일은 그거군요?"

그는 잠시 생각하더니 다시 말했다.

"그런데요, 근무시간이 상당히 길어요. 주당 80시간은 일해야 할 겁니다. 또 밑바닥부터 시작해서 올라가야 하고요. 시간과 정력을 엄청 많이 쏟아야 돼요. 그러니까 프로팀 입단은 만약을 위한 차선책이라고 봐야죠."

"아 네, 프로팀에 가고 싶어 하지 않는군요."

혼란스러웠다.

"그러면 정말 하고 싶은 일은 뭔가요? 비전이 있을 것 아닙니까?"

지금 나는 무엇을 열망하는가

지금도 그 여름날의 식사 자리가 떠오를 때마다 웃음이 나온다. 스티브가 너무 안쓰러웠기 때문이다. 그는 식사 자리에 이런 식의 추궁, 그것도 자기 대답에 실망한 사람이 퍼붓는 신랄한 추궁이 반찬으로 딸려 나올 줄은 예상치 못했을 것이다. 솔직히 말해 나는 스티브에게 실망했다. 나는 자신이 하고 싶은 일, 즉 갈망하는 일이 정확히 무엇이냐고 물었는데 그는 할 수는 있지만, 아마 절대 하지 않을 일들을 늘어놓고 있었기 때문이었다. 위대한 성공을 이룰 수 있는 잠재력을 타고났으면서도 아직 그것을 깨닫지 못한 대부분의 사람들은 이런 식으로 살아간다.

나는 열망의 본질, 즉 할 수 있는 것과 하고 싶은 것의 차이점, 그리고 그 열망을 찾아내는 방법을 요즘 맹활약하고 있는 대니얼 라포테Danielle LaPorte라는 사람에게서 배웠다. 그녀는 요즘 자기계발 분야에서 잘나가는 강사이자 작가로, 고맙게도 '스쿨 오브 그레이트니스'에서 제작한 팟캐스트에 두어 번 출연해주었다. 그녀가 팟캐스트에 처음 출연했을 때 한 말은 지금도 내 머릿속을 맴돌고 있다. 그녀는 "완전한 삶을 살려면 열망이 있어야 하고, 열망을 실현하려면 비전이 있어야 한다"고 단언했다. 정말 놀라운 통찰력이지 않은가?

또한 그녀가 2014년에 출간한 『열망의 지도 : 영혼으로 목표 창출하기The Desire Map: A Guide tro Creating Goals with Soul』는 비전에 대한 나의 관점을 바꿔놓았을 뿐만 아니라, 그것이 단순한 관심에서 집념의 대상으로 변한 주요 원인이기도 하다. 지금도 열망과 비전에 대한 나의 개념은 그녀와 이야기할 때마다 조금씩 더 다듬어지고 명확해진다. 지난번에 대화했을 때 그녀는 자신의 책에 대해 이렇게 설명했다.

"『열망의 지도』는 사람들이 자기가 가장 열망하는 것이 무엇인지를 명확하게 파악하도록 해주는 책이에요."

내가 스티브에게 바랐던 것이었다. 그때 나는 인생에 대한 명확한 개념을 지니라고 그를 몰아붙였다. 그래야 자신이 정말 원하는 일이 무엇인지 파악할 수 있기 때문이었다. 드디어 그는 진지한 표정으로 말했다.

"바닷가 같은 데에 물리치료원을 차리고 싶어요. 하루에 다섯 시간 정도 일하면 좋고요. 물론 그 정도로 일해서 내 가족을 충분히 부양할 수 있어야겠지요."

비전은 바로 이런 것이다. 실제적이고 현실적이어야 한다. 스티브는 처음에 직설적으로 표현하기를 주저했다. 하지만 우리는 지금 그의 말에 진심이 담겨 있음을 알 수 있다. 나는 마음을 명확하게, 다 털어놓은 지금의 심정이 어떠하냐고 물어보고 싶었지만 음식이 식을까봐 디저트 타임이 될 때까지 기다렸다. 메인 요리가 나왔고, 우리는 열심히 먹었다. 식사 도중 스티브는 자신의 생각을 간간이 털어놓았는데, 그것은 '스쿨 오브 그레이트니스'의 학생들이 우수한 성적을 올리는 데 늘 걸림돌이 되는 주요 원인을 압축해서 보여주는 것이었다.

"하지만 그것이 가능할지 잘 모르겠어요."

그것은 당연히 가능하며, 능력과 관계가 없다. 유명한 리더십 전문가인 존 맥스웰은 이렇게 말했다.

"성공하는 사람과 그러지 못하는 사람을 놓고 분석해보면 능력 면에서는 큰 차이가 없다. 자신의 잠재력을 최대한 발휘하겠다는 '갈망'의 정도가 다를 뿐이다."

이 말이 사실이라는 것, 스티브의 꿈이 달성 가능하다는 것을 확신하는 것은 내가 '스쿨 오브 그레이트니스'의 위대한 스승들 중 한 명인 앙헬 마르티네즈와 함께 보낸 시간 덕분이다.

나와 앙헬 마르티네즈는 캘리포니아 주 골레타(샌타바버라 카운티에 있는 도시-옮긴이)에 있는 그의 회사 데커스 브랜드Deckers Brands의 본사 건물에서 만났다. 요즘 급성장하고 있는 글로벌 풋웨어(신발) 업체인 이 회사는 자산 가치가 수십억 달러인 것으로 평가받고 있다. 나는 링크드인의 위력을 접하게 해준 나의 멘토에게서 데커스 사에 대한 이야기를 들었다. 하지만 데커스 사의 CEO인 앙헬과 교류하기 전에는 이 회사의 규모와 사업 실적을 거의 알지 못했다. 얼마 전 이 회사는 통유리 벽과 섬세한 목공예 장식, 윤나는 대리석 바닥 등을 갖춘 새로운 사옥에 입주했는데, 그

외관으로 짐작하건대 사업이 아주 잘되고 있는 것 같았다. 우리에게 친숙한 UGG(미국 회사인 데커스 아웃도어 코퍼레이션이 소유하고 있는 패션 신발 및 의류 브랜드-옮긴이)와 테바Teva가 이 회사의 2대 히트 브랜드라는 사실은 다른 수백만 명의 사람들처럼 나중에야 알았다. 이 두 신발 브랜드의 독창성을 생각해보고 기업체의 CEO보다 재즈 뮤지션을 연상시키는 앙헬 씨를 만나보면, 그가 데커스 사의 모토로 정한 '우리는 인습에 얽매이지 않은 이들에게 영감을 주고자 한다'는 말의 의미를 알 수 있을 것이다.

내가 원하는 것을 얻는 기쁨

앙헬은 인습에서 벗어난 길을 택해 위대한 성공을 이루었다. 아마도 그와 비슷한 이력과 세계관을 지닌 CEO는 찾기 힘들 것이다. 인습 파괴자이자 풋웨어 산업의 전설인 앙헬은 리복 사의 창립 멤버이기도 하다. 그는 리복 사의 세 번째 직원으로 들어가 1980년대에 이 회사의 폭풍성장을 이끈 기폭제 역할을 했다. 그는 스타일과 기능을 겸비한 여성용 에어로빅 신발을 세계 최초로 디자인해 리복 사를 당시 새롭게 열린 에어로빅 시장으로 진입시켰다. 그 신발(브랜드명은 '프리스타일')과 고급화된 테니스화, 러닝화, 농구화로 이루어진 신제품 라인업의 성공에 힘입어 리복 사는 사상 최고의 속도로 성장했다. 결국 리복 사는 미국 스포츠 신발

시장에서 나이키를 제치고 선두 자리를 차지했다.

앙헬은 자리를 옮겨 리복의 자회사인 록포트 사의 CEO로 근무하다가, 결국 이 풋웨어 업계의 거대 기업을 떠나 자신만의 독창적 아이디어와 열정을 추구하기로 결심한다. 그는 나중에 히트를 친 인기 아웃도어 신발 브랜드인 킨Keen의 출범에 관여했고, 2005년에는 데커스 사의 CEO로 취임한다. 당시 데커스 사의 연매출은 2억 달러였다. 앙헬이 경영권을 잡은 뒤 10년도 지나지 않아 데커스 사의 연매출은 무려 15억 달러까지 치솟았다. 그의 진취적인 사업 비전에 힘입어 이 회사는 많은 소매 아울렛의 개점, 새로운 브랜드의 지속적인 출시, 기록적인 성장과 더불어 전 세계로 사업을 확장했다. 만약 위대한 성공이 통찰력, 노력으로 얻은 지혜, 독창적인 비전을 바탕으로 이루어지는 것이라면, 앙헬은 바로 그런 성공의 길을 구현한 전형적인 인물이다. 그리고 그의 여정은 공산혁명 전의 쿠바에서 시작되었다.

1955년 쿠바에서 태어난 앙헬은 유아기에 미국 뉴욕의 후견인들 집에 위탁되었다. 이후 그는 고국으로 돌아가지 못했고 부모와 함께 살지도 못했다. 앙헬이 태어난 직후 어머니는 집을 나가버렸다. 그리고 1959년에 쿠바 혁명이 일어나면서 앙헬은 이후 34년 동안 아버지를 다시 보지 못하게 된다. 앙헬은 사우스 브롱크스(높은 빈곤율과 범죄율로 악명 높은 뉴욕 시의 한 지구-옮긴이)에서 늙은 이모와 장애인인 이모부 밑에서 자랐는데, 어느 집단과 장소에서도 받아주지 않는 아웃사이더같이 살았다.

그가 처음으로 신발에 호기심을 갖게 된 것은 컨버스 척테일러 올스타 하이탑 스니커즈(복사뼈까지 덮는 스니커즈)를 갈망하던 초등학교 시절이었다. 그것은 지금의 에어 조던급에 해당하는 신발이었다. 멋지게 보이려면 컨스 스니커즈를 신어줘야 했다. 한 켤레에 6달러 99센트라는 가격은 이들에게 100만 달러라는 말이나 마찬가지였다. 이모는 1달러 99센트짜리 스니커즈를 사주겠다고 앙헬을 달랬다. 그것은 슈퍼마켓 울워스Woolworth(오스트레일리아계 소매점 체인-옮긴이)에서 파는 싸구려 운동화였다. 하지만 앙헬은 반드시 컨스 스니커즈를 신고야 말겠다고 마음먹었다. 그는 온 동네를 돌아다니며 빈병을 모았고, 한 개당 2센트씩 받고 되팔아 신발을 살 만큼 돈을 모았다. 컨스 신발은 그에게 너무나 소중한 물건이어서, 그는 신발 가게에서 집까지 네 블록을 걸어오는 동안 신발의 양옆으로만 땅을 디뎠다. 신발 바닥이 더러워지지 않게 하기 위해서였다.

앙헬은 당시의 기쁨을 이렇게 회상한다.

"그건 예수 공현절(세 동방박사가 아기 예수를 만나러 베들레헴을 찾은 것을 기리는 축일-옮긴이)이 닥친 것과도 같은 순간이었죠. 오랫동안 갈망해온 것을 드디어 얻었다는 기쁨과, 그것이 내가 처음에 원했던 것보다 더 낫지는 않지만 그래도 아주 좋은 물건임을 알게 된 기쁨이 완벽하게 합쳐진 순간이었습니다. 또한 내가 소비자에게 정서적이고 심리적 위안을 주는 상품의 위력을 처음 맛본 순간이었습니다."

레슨 1 : 구체적으로 생각하라

이것은 비전의 힘에 대해 앙헬이 우리에게 주는 첫 번째 긍정적인 교훈이었다. 더 중요한 사실은, 이것이 명확하고 구체적인 비전의 힘에 대한 교훈이라는 점이다. 그는 아무 신발이나 갖고 싶은 것이 아니었다. 이모에게 '멋있는 신발'을 사달라고 하지도 않았다. 그는 자기가 원하는 것을 정확히 알고 있었다. 상징적인 디자인의 신발, 즉 검은 캔버스 천(텐트, 돛 등을 만드는 데 쓰이는 질긴 천-옮긴이)에 흰색 끈과 신발코가 달린 6달러 99센트짜리 신상품 컨버스 척테일러 올스타 스니커즈를 원했다. 이 신발을 너무나 동경한 나머지 그는 이 신발을 신고 있는 듯한 기분을 느꼈고, 무슨 수를 쓰더라도 그것을 손에 넣고자 했다.

많은 문학상에 빛나는 브라질의 소설가 파울로 코엘료는 베스트셀러 『연금술사The Alchemist』에서 이렇게 썼다.

'인생의 어느 시점에 있더라도 사람에게는 자신이 꿈꾸는 것을 실현할 능력이 있다.'

누구나 자기 꿈이 무엇인지 정확히 알고 있으면 꿈을 성취하기가 훨씬 쉬워진다. 나만의 멋진 스니커즈 한 켤레를 갖고 싶다는 정도의 작은 목표가 '꿈'이 될 수 있다는 사실이 조금 이상하게 여겨질지도 모른다. 요즘 사람들은 그렇게 하찮은 물질적 소유욕을 채우기 위해 큰 고생을 하지 않아도 되기 때문이다. 하지만 브롱크스의 빈민가에서 자란 앙헬에게 그런 작은 꿈의 실현은 그를 사업가의 길로 들어서게 한 계기가 되었다.

나는 앙헬의 성공 스토리가 아주 인상적이었다. 나는 대학을 졸업한 뒤 경제계에 첫발을 내디뎠을 때부터 언제나 비전이 중요하다는 사실을 알고 있었다. 명확한 비전이 사람의 인생에 이렇게나 큰 힘을 발휘할 수 있다는 사실을 증명한 그의 이야기는 나에게 사고의 대전환을 불러온 계기가 되었다. 이 비전은 앙헬이 생애 최초로 품은, 작은 꿈을 실현하도록 – 그는 역시 대단하다 – 인도하는 데 그치지 않고 그의 인생 전체에 영향을 주었다. 만약 앙헬이 원하는 운동화를 최초로, 자기 힘으로 사기 위해 2센트짜리 빈병을 몇 달씩 모을 만큼 컨버스 스니커즈에 집착하지 않았다면 그가 과연 신발 업계에 진출했을까? 리복 사의 창립 멤버나 데커스 사의 CEO가 될 수 있었을까? 아마도 그러지 못했을 것이다. 어린 시절의 명확한 비전은 한 사람의 인생에 이렇게 큰 위력을 발휘한다.

앙헬과 이야기를 주고받은 뒤, 나의 과거에 대해 생각해보았다. 내가 오하이오 주의 교외 지역에서 살던 어린 시절에 그렇게 크고 원대한 꿈에 집착한 적이 있었나? 나의 6달러 99센트짜리 컨스 스니커즈는 무엇이었나? 그러다가 한 가지가 문득 떠올랐다. 앙헬과 대화하고 있을 때 사건 하나가 한꺼번에 거대한 섬광처럼 환하게 떠올랐다. 예닐곱 살 즈음이었을 것이다. 나는 거실 소파에 앉아 아빠와 함께 오하이오 주립대학이 출전한 미식축구 경기를 시청하고 있었다. 상대팀이 누구인지, 그날 누가 이겼는지는 생각나지 않

지만 오하이오 주립대학 팀의 라인배커linebacker(미식축구에서 상대
팀 선수들에게 태클을 걸며 방어하는 수비수-옮긴이)로 뛰다가 전년도
에 졸업한 크리스 스필먼이 NFL 드래프트(프로팀에서 매년 대학 선
수들을 대상으로 선수를 선발하는 행사-옮긴이) 2라운드에서 디트로이
트 라이온스에 지명되었다는 아나운서의 말은 지금도 생생히 기억
난다. 그들은 스필먼이 두 번이나 올아메리칸에 선발되었다고 말
했다. 당시에 그런 말을 들어본 적이 없던 나는 이렇게 물었다.

"아빠, 올아메리칸이 뭐예요?"

"대학 미식축구 선수들 중에서 가장 뛰어난 선수들을 가리키는
말이야. 저기에 뽑히는 선수는 얼마 안 돼. 환상적인 플레이는 저
런 선수들이 다 하지."

훗날 이 말이 내게 어떤 영향을 줄지 전혀 모른 채 아빠는 무심
하게 대답했지만, 그 순간 나는 감탄했다.

'우와! 내가 제일 좋아하는 팀의 선수가 전국에서 가장 뛰어난
선수 중 한 명이었다니!'

그날 소파에 앉아 TV 화면을 응시하던 모습, 아나운서들이 쉴
새 없이 주고받는 스필먼을 비롯한 전미 대학 올스타 선수들의 이
야기는 지금도 생생하다.

'저들은 어떤 사람일까? 저들은 무엇 때문에 그렇게 특별한 사
람이 되었을까?'

오하이오 주립대학 미식축구팀이 자랑하는 영예와 영광의 역사
를 잘 모르는 독자들을 위해 간략히 보충 설명을 해야 할 것 같다.

대학 리그가 열리는 가을철에 오하이오 주립대학 미식축구팀인 버크아이스Buckeyes('침엽수Buckeye'는 오하이오 주의 속칭이다-옮긴이)가 경기하는 토요일이 되면, 사실상 오하이오 주 전체가 마비된다. 10만 명 이상의 관객을 수용하는 일명 호스슈Horseshoe('말굽'이라는 뜻으로, 오하이오 주립대학 미식축구팀 홈구장의 별칭이다-옮긴이) 경기장은 항상 진홍색과 회색 옷을 입고 함성을 지르는 팬들로 입추의 여지가 없다. 상당수의 관객은 올아메리칸으로 뽑힌 전·현직 버크아이스 선수들의 사진이 새겨진 유니폼을 입고 응원한다. 그들은 모두 올아메리칸을 보려고, 크리스 스필먼처럼 놀라운 플레이를 펼치고 자기 팀을 승리로 이끄는 선수들을 보려고 경기장에 간다.

당시 나는 너무 어려 내 감정을 표현할 말을 알지 못했지만, 그때 내 머릿속은 스포츠 분야의 '위대한 성공'이라는 개념에 사로잡혀 있었다. 나도 그런 올아메리칸이 되고 싶었다. 그들처럼 '최고의 선수'가 되고 싶었다. 위대한 사람이 되고 싶었다. 그날의 기억, 그리고 연습, 체력 단련, 엄격한 식생활, 식품 보충제의 시험적 복용, 경기, 부상, 물리치료 등으로 점철된 몇 년간의 시간을 돌이켜보니 올아메리칸이 된다는 것은 어느 날 갑자기 머릿속에 떠오른 일회성 생각이 아니었다. 그것은 내가 어렸을 때부터 가진 꿈의 '제목'이었다.

좋아하는 신발 한 켤레를 손에 넣으려는 앙헬의 꿈처럼 올아메리칸이 된다는 꿈은 전후 사정을 모르거나 이 비전 하나가 수십

년간의 삶을 어떻게 좌지우지하는지 모르는 사람에게는 조금 어리석거나 귀엽게 여겨질 수도 있겠다. 불가능하지는 않지만 이루기 힘든 듯한 목표를 갖고 있으면 초점과 방향이 생긴다. 일이 뜻대로 풀리지 않아도 집중력을 잃거나 낙담하지 않는다. 앙헬은 컨스 스니커즈를 힘이 닿는 한 최대한 빨리 사고 싶었다. 하지만 2센트짜리 탄산수 빈병을 7달러어치나 모은다는 건 어린아이에게 큰 노동이었다. 나는 올아메리칸이 되고 싶었지만 무엇을 어떻게 해야 할지 전혀 몰랐다. 내가 아는 누구도 그 방법을 몰랐다. 이것은 유명한 패커드의 차고(패커드는 실리콘밸리가 태동하던 1940년대에 허름한 창고를 빌려 휴렛패커드를 창립했고, 근처에 살던 어린 스티브 잡스는 이 회사를 비롯해 동네에 있는 IT 신생 업체들을 돌아다니며 조언을 구하고 공동 작업을 했다-옮긴이) 옆에 살았던 스티브 잡스처럼 위대한 롤모델의 옆집에 사는 경우와 달랐다. 또 가족 기업의 CEO 자리를 물려받으려 하는 어린아이가 부모가 다녔던 대학을 졸업하는 경우와도 달랐다. 우리의 목표는 주변 사람들의 눈에 터무니없이 커 보였고, 우리가 살아온 인생은 서로 달랐다. 하지만 우리 두 사람의 목표에는 종착지가 명확히 정해져 있었다. 어떤 분야에서 위대해지고 싶다면 자신이 무엇을 원하는지, 왜 그것을 원하는지, 그리고 언제 그것을 얻으려 하는지가 정확히 규정되어 있는 비전을 갖고 있어야 한다.

독자들이 이 책에서 만나게 될 인물들을 비롯해 모든 위대한 사람은 예외 없이 그러했다. 몇 사람만 꼽아보자. 베이징 올림픽에서 시상대에 오른 숀 존슨, 킬리만자로 산을 정복한 카일 메이나드 Kyle Maynard, 뚱보 변호사에서 세계 정상급 울트라마라톤(마라톤 경기의 풀코스인 42.195킬로미터보다 먼 거리를 달리는 경기-옮긴이) 선수로 변신한 리치 롤Rich Roll, 대중음악 업계에서 최상급 연예기획사를 운영하고 있는 스쿠터 브라운Scooter Braun, 세계 최고의 재즈 음악가가 되기 위해 착실히 단계를 밟아가는 나의 형 등의 성공에는 언제나 명확한 비전이 필수적인 요소로 작용했다. 비전이 우리가 위대해지고, 행복해지고, 성공하는 데 필요한 요소의 전부는 아니지만 이것 없이는 그런 목표를 달성할 수 없다는 것 역시 절대적인 진리다.

레슨 2 : 비전이 그 사람의 정체성이다

우리는 우선 비전을 창출하는 데 전념해야 한다. 목표 지점에 도달하고, 삶의 특정 분야에서 원하는 것을 얻는 데에 가장 중요한 단계이기 때문이다. 그러면서 비전에 대한 개념이 명확해야 한다. 비전은 단순한 꿈이 아니다. 강력한 비전은 꿈과 일련의 명확한 목표가 결합되었을 때 탄생한다. 이 두 요소가 없으면 방향 감각 없이, 목적 없이 안개 속을 떠돌아다닐 수밖에 없다. 목표가 뒷받침되지 않은 꿈은 환상일 뿐이다. 환상은 나쁜 종류의 비전이다. 정품 비전이 아니라 환각을 유발하는 사이비 비전이라고 할 수 있다.

강력한 비전은 꿈과 일련의 명확한 목표가 결합되었을 때 탄생한다.

진정한 비전이 없으면 정체성도 없다. 진정한 비전을 갖는다는 것은 자신이 원하는 것을 명확히 하는 것만을 의미하지는 않는다. 자신이 원하는 것과 닮고 싶은 사람을 정의하는 것이다. 어렸을 때 나의 비전은 올아메리칸이라는 위치에 오르는 것이었지만 내가 정말 되고 싶었던 것은 위대한 사람이었다.

앙헬에게 컨스 스니커즈를 갖는다는 것은 다른 아이들처럼 되는 것, 즉 그들과 동등해지는 것을 의미했다. 당시 그는 자기와 또래 아이들이 서로 다르다고 느낀 삶의 시점에 서 있었다. 사람들은 대부분 친구들이 갖고 있는 멋진 것을 자신도 갖고 싶다는 마음을 표현할 수 있다. 하지만 그렇게 어린 나이에, 문자 그대로 혹은 비유적인 관점에서 이른바 '정체성의 문제'로 고민한다는 것이 무엇을 의미하는지 아는 사람은 거의 없다. 앙헬이 처음 등교한 날 후견인은 그를 본명 대신 '안젤로'라고 교장 선생님에게 소개했다. 1950년대 뉴욕에서는 쿠바 사람보다 이탈리아 사람인 척하는 것이 더 살기 편했기 때문이었다. 그는 자기 힘으로 대학에 들어가고 나서야 사람들에게 원래 이름으로 불러달라고 말할 수 있었다. 그는 내게 이렇게 얘기했다.

"나는 당당하게 말하기로 했어요. 아뇨, 그건 제 이름이 아닌데요. 저는 앙헬입니다. 제 이름을 제대로 발음할 수 있을 때까지는 영어식으로 '엔젤'이라고 부르셔도 돼요. 그런데 이해하기 편하게 그냥 가르쳐드릴게요. 앙헬이라고 부르세요. 악센트를 넣어야 하는데, 그런 건 바라지도 않으니까 걱정하지 마세요."

이 사건은 사람들이 자기 이름을 정확히 발음한다는 것 이상의 의미가 있었다. 그에게 새로운 인생이 시작되었다는 것을 의미했다. 자기 이름을 되찾는 것이 그에겐 절실한 일이었다. 그의 후견인의 의도는 좋았다. 하지만 그는 자신의 생각으로 살아가는 사람, 공립학교의 행정직원이 서류에 쓴 대로 불리는 사람이 아니라 원래 그 사람의 비전에 부합하는 사람이 되기를 간절히 바랐다. 한번 생각해보자. 요즘 우리가 생각할 때 아주 평범한 소망들, 예를 들어 대학에 가고, 좋은 직장을 잡고, 멋진 집을 소유하는 것과 같은 소망이 앙헬 같은 배경을 지닌 사람들에게는 전혀 평범하지 않고 얼토당토않을 만큼 비현실적인 꿈이었다. 특히 냉전의 골이 깊어지고 앙헬 자신이 쿠바 이민 사회의 문화적 전통을 지키려는 입장을 고수하면서, 그런 소망은 더욱 요원해 보였을 것이다.

앙헬의 어린 시절 이야기를 듣고 있으면 이런 차이가 명확히 드러난다. 그의 이야기에는 끝없는 야망, 진정한 성공을 향해 노력하는 인생이 담겨 있다. 동등해지기 위해, 유명한 사람이 되기 위해, 위대해지기 위해 노력하는 삶. 그가 추구한 것은 내가 위대해지기 위해 시도한 방식, 즉 더욱 전통적이고 성공에 기반을 둔 위대함이 아니라 인생, 일상적인 삶 속의 위대함이었다.

앙헬은 성격이 다른 두 개의 비전을 갖고 있었던 것 같다. 하나는 다른 모든 사람과 동등한 사람이 되겠다는 비전이고, 또 하나는 특별한 사람이 되겠다는 비전이었다. 사실 이 둘은 동전의 양면과도 같았다. 두 비전은 그가 바라는 것과, 그가 되고자 하는 사람을 결합시킨다. 이것이 정체성의 핵심이다. 꿈을 목표와 결합하는 것이 진정한 비전의 핵심인 것처럼, 비전을 통합하면 다른 사람들이 생각하는 나의 한계를 날려버릴 수 있다. 그런 한계 너머로 삶에서 무엇을 바라는지, 어떤 인간이 되고자 하는지를 파악하지 못하면 옴짝달싹 못하게 될 가능성이 매우 높다. 위대한 성공으로 향하는 길은 어떤 경우에도 자신이 진정으로 원하는 수준 이하에서의 타협을 용납하지 않는다.

스티브와의 저녁식사 자리로 화제를 되돌려보자. 스티브는 자신의 꿈이 군대 또는 프로팀에 고용되어 일하는 물리치료사인 줄 알았다. 사실 그의 꿈은 해안가에 살면서 가족과 함께 시간을 보낼 수 있도록 하루에 몇 시간씩 재택근무를 하는 것이었다. 그가 혼란스러워한 것은 당연했다. 그는 물리치료사가 자신의 꿈이라는 것을 깨닫지 못했기 때문에 그 꿈을 실현할 수 있다고 확신하지 못했다. 그것은 그의 인생길에 놓인 하나의 목표이자 실제 꿈을 달성하는 수단에 지나지 않았다. 그가 추구한 것은 자기 인생의 주인이 되는 것, 그리고 아이들이 성장하는 모습을 지켜보는 소박한 사치였다. 이렇게 목표가 명확해지면 그것을 달성하기 위한 진짜 계획을 세울 수 있다.

"정말로 힘든 것은 자신을 판단할 기준이 없는 미래 속으로 투영하는 능력을 키우는 것입니다."

앙헬은 자신의 어린 시절 이야기를 들려주면서 이렇게 말했다.

"당신이 가끔 차를 바꾸고 좋은 집에서 살고 멋진 휴가를 즐길 수 있는 부유하고 건실한 중산층 가정에서 자랐다면요……. 전 지금 먼 나라의 이야기를 하는 것이 아니라 평범한 중산층 가정의 아메리칸드림을 말하는 것인데…… 글쎄요, 저에게 성장한다는 것은 완전히 상상 속의 이야기입니다. TV 시트콤 「비버는 해결사 Leave it to Beaver」(1950년대 미국 중산층 가정의 이야기를 다룬 시트콤-옮긴이)에서나 볼 수 있는 이야기죠. TV에 나온 그 집은 저에게 궁전이었어요. 나도 저런 집을 가질 수 있다고 믿는 것은 정말로 비현실적 꿈이었죠."

기록에 따르면 제2차 세계대전에서 장군으로 참전했고 훗날 프랑스 대통령이 된 샤를 드골은 이렇게 말했다.

"위대한 성공은 미지의 세계로 나 있는 길이다."

맞는 말이지만, 내 생각에는 일부분만 맞다. 미지의 세계가 무엇인지 우리는 안다. 이 '미지의 세계'가 바로 우리가 가야 할 곳이다. 이것이 바로 나를 포함한, '스쿨 오브 그레이트니스'의 학생들이 성공으로 향하는 첫발을 내디딜 때 가장 힘들게 씨름하는 문제다. 위대한 성공은 그곳에 있는 사람들의 몫이다. 그들은 그런 과정을 모두 거쳤다. 이유를 불문하고 그들은 영광을 누릴 자격이 있다. 나는 누구인가? 나는 그런 위대한 것들을 성취할 자격이 있을 만큼 잘 살고 있는가? 나는 오하이오의 루이스일 수도 있고, 로스앤젤레스의 스티브일 수도 있으며, 브롱크스의 앙헬일 수도 있다.

레슨 3 : 망원경의 방향을 반대로 돌려라

꿈과 목표를 명확히 규정했다고 비전 세우기가 끝난 것은 아니다. 이 작업에는 다른 면을 수반한다. 즉 그런 목표를 달성하고 꿈꾼 대로 살게 되었을 때의 모습을 마음속에 그려보는 것이다. 이 방법도 앙헬 마르티네즈에게 배웠다. 그가 말했다.

"어렸을 때 망원경을 갖고 놀다가 이런 아이디어가 떠올랐어요. 어느 날 망원경의 양쪽 렌즈를 모두 사용해서 볼 수 있다는 걸 안 거예요. 작은 구멍으로 들여다보면 사물이 멀리 보입니다. 하지만 한번 큰 구멍으로 들여다보세요. '우와, 망원경을 반대로 돌려서 보면 세상이 전혀 달라 보이네'라는 말이 절로 나올 것입니다. 저는 자신에게 확신이 없는 사람들을 보면 이렇게 말해줍니다. '망원경을 거꾸로 보듯이 인생을 뒤집어서 생각해보는 것도 괜찮습니다'라고요."

여러분도 이런 문제로 고민하고 있는가? 터무니없이 커 보이고 먼 곳에 있는 것만 같은 꿈도 생각보다 훨씬 더 가까이에 있다. 우리가 잘못된 구멍으로 들여다보기 때문에 멀리 보일 뿐이다. 앙헬의 생각이 너무 확고하고 비범해서 나는 내 사고방식을 다시 생각하지 않을 수 없었다. 뒤이어 그는 감동적인 이야기를 들려주었다.

"나는 어떤 장소든 그곳에 가는 것보다 그곳에서 오는 편이 쉽다는 결론을 얻었습니다. 리복에 있을 때 저는 우리가 나이키보다 낫다고 생각했어요. 사실 아직 그 정도까지 되지는 않았죠. 내가 데커스 사에 온 것은 이 신사옥을 짓기 전에 이 자리에 있던 고풍스런 빌딩에서 근무하고 싶어서가 아닙니다. 그때 나는 이미 망원경을 거꾸로 들고 이 회사를 들여다봤습니다. 이 회사의 직원들, 제품과 브랜드의 질 때문에 제 눈에는 이 회사가 수백만 달러의 자산 가치를 지닌 것으로 보였어요. 나는 내가 상상하는 존재가 될 거라고 생각했습니다."

'당신은 자신이 머릿속에 그린 존재로 변해간다.'

마이크 타이슨이 얼굴 문신의 멋진 이미지를 망치지 않았다면 (전 세계 헤비급 챔피언 마이크 타이슨은 2013년에 마오리족 전통 문양을 본뜬 문신을 얼굴에 새긴 채 활동했는데, 이 문신의 시술자인 S. 빅터 위트밀이 영화 「행오버 2」의 주인공이 타이슨과 흡사한 문신을 했다며 저작권 침해 소송을 낸 뒤 운동선수 등 유명인의 몸에 새겨진 문신이 대중매체에 노출될 경우 저작권 분쟁의 소지가 있음이 알려지게 되었다-옮긴이), 난 이 글귀를 이마에 거꾸로 새겨 넣어 아침에 일어날 때마다 거울을 보며 읽으려 했을 것이다. 이것이 바로 진정한, 위대함을 향한 비전의 힘이기 때문이다. 이것은 종착점이나 괄목할 만한 성과가 뒷받침되는 특정 분야의 업적이 아니다. 이것은 당신이 그동안 설정한 모든 목표를 총망라하는, 진행 상태를 의미한다.

당신은 자신이 머릿속에 그린 존재로 변해간다.

지금 내가 하는 일, 그리고 '스쿨 오브 그레이트니스'의 선생님들과 함께 보내는 시간이 내게 주는 이점은 이들과 만나고 나면 이전보다 항상, 훨씬 더 지혜로운 사람이 된다는 것이다. 이것은 엄청난 선물이고, 이 선물을 세상 사람들과 골고루 나누는 것이 내가 수행할 미션의 핵심이다. 그것이 바로 내가 여러분에게 들려줄 이야기를 신중하게 골라야 했던 이유다. 예를 들어 앙헬 마르티네즈는 성공의 기본이 되는, 성격적 특질을 모두 갖춘 드문 인물 중 한 명이다. 이 책의 앞부분에 그의 성공 스토리, 즉 모든 면에서 진정한 비전의 힘을 보여주는 이야기를 소개한 것은 앙헬이 우리가 꿈이나 자신에 대한 확신을 잃었을 때 비교 기준으로 삼을 수 있고 우리에게 희망을 주는 사람이기 때문이다.

앙헬의 원동력은 비전이었다. 그것은 앙헬이 드디어 마음껏 늦잠을 자도 될 만큼 많은 돈을 번 지금까지, 50년 전부터 그를 매일 아침 잠자리를 박차고 나오게 하는 힘의 원천이다. 우리가 할 일은 매일 아침 침대에서 벌떡 일어나게 만드는 비전을 창출하는 것이다. 아직까지 그런 비전이 없다면, 다시 이불 속으로 들어가 더 큰 꿈을 꿀 때까지 기다려야 한다.

나는 여러분이 무엇을 원하며, 왜 원하고, 언제 그것을 원하는지 명확히 파악할 수 있는 효과적인 훈련 방법을 찾아냈고 발전시켰다. 성공을 추구하고 달성하려면 자기 운명을 자기 손으로 작성하는 저자가 되어야 한다. 글쓰기는 다음과 같은 네 가지 훈련법으로 시작한다.

연습 1 : 성공 증명서
COA, Certificate of Achievement

자신의 목표를 적은 다음 프린트한다. 액자에 넣는다. 눈에 잘 띄는 곳, 매일 보지 않을 수 없는 곳에 걸어놓는다.

　종이에 목표를 적는 것은 매우 효과적이다. 자신의 비전을 선언하고, 마치 그것이 '반드시' 이루어져야 할(또는 앙헬의 말처럼 이미 이루어진) 일인 듯 달성할 날짜를 적어두면 더 효과적이다.

　이 연습은 (내가 스티브에게 한 것처럼) 자기가 원하는 것과 그것을 원하는 이유를 명확히 한 다음, 그 비전을 앞으로 6개월 또는 자신이 생각하는 기간 동안 매일 되뇌기 위해서다. 그것은 경제적 목표일 수도 있고, 개인적 목표 또는 건강이나 직업에 관련된 목표일 수도 있다. 비전의 내용은 중요하지 않다. 한 가지 규칙만 지키면 된다. 달성하기 힘든 목표여야 한다는 것이다. 그것은 존경하는 사람에게 털어놓으면 왠지 모르게 겁이 나는 목표여야 한다. 아울러 당신이 노력하면 정해놓은 기간 안에 달성할 수 있는 목표여야 한다. 그 목표가 달성되면 다시 새로운 목표를 작성한다.

　목표를 글로 작성하는 아이디어를 처음 생각해낸 사람은 내가 아니다. 나보다 앞서 많은 사람이 이와 비슷한 방식을 권유했다. 나는 그분들에게 배우지 않았다. 솔직히 말해 나는 꽤 어린 나이에

이 방법을 스스로 생각해냈다. 나는 선수 생활을 하면서 많은 팀에서, 셀 수 없이 많은 코치의 지도를 받았다. 어느 때는 잘했고, 어느 때는 엄청 잘했다. 잘되지 않은 적도 있었고, 비참할 정도인 적도 있다. 대부분의 경우 성공과 실패는 종이 한 장 차이로 갈렸다. 성패의 원인을 알 수 있는 경우는 거의 없었다. 코치들이 그것을 파악하려 했는지는 잘 모르겠다. 시간이 지나자 나는 좋은 팀과 나쁜 팀, 또는 성공을 부르는 코치와 실패하는 코치를 가르는 특징 하나를 알아냈다. 코치가 선수들에게 팀의 비전과 개인적 목표를 종이에 적게 한 시즌은 늘 성공적이었다. 선수들이 공유한 비전이 팀워크의 바탕이 되었기 때문이다. 그것이 없으면 우리는 목적의식 없이 뛰는 선수에 불과하다. 목적의식으로 무장하는 이유를 알자 선수들은 동료를 위해 희생할 수 있었다. 비전 없이 뛰는 팀에는 절대로 불가능한 일이다.

나는 명확하고 구체적으로 진술된 비전의 위력을 절실히 깨달았기 때문에, 운동을 그만둔 뒤 그 방법을 사업과 삶에도 적용할 수 있는지 알아보고 싶었다. 나는 평생 고민해온 문제, 즉 대중 연설이라는 과제를 갖고 실험해보기로 했다. 나는 대중 앞에서 말을 잘 못했다. 나는 절대로 많은 사람들 앞에 나서서 말하지 못했다. 학창 시절, 교실 앞에 나가 말할 때도 어김없이 땀이 나고 떨리고 극도로 불안해졌다. 다시는 그런 일을 겪지 않으리라 다짐했다.

부상을 당해 여러 차례 휴식기를 거친 뒤, 나는 프로 미식축구 선수 생활에서 1년을 할애해 토스트마스터스 인터내셔널Toastmasters

International(1924년에 설립된 미국의 비영리 단체로, 프레젠테이션과 대중 연설 기술 및 리더십 기술을 연습과 피드백을 통해 가르친다-옮긴이)이라는 교육기관에 가입했다. 이곳은 회원들에게 의사소통 기술과 대중 연설 기술을 가르친다. 나는 대중 연설의 공포를 극복하겠다는 목표 아래 1년간 매주 이 단체에서 주관하는 모임에 참석했다. 당시 나의 목표는 구체적이지 않았다. 비전도 명료하지 않았다. '향상'이라는 표현은 너무 모호했다. 프로그램이 중간쯤 진행되었을 때, 나는 이전보다 조금 나아져 기분이 좋았지만 그 방향에서는 만족하지 못했다. 나는 무시무시한 목표, 즉 '1회 강연에 5,000달러를 벌겠다'는 구체적인 목표를 종이에 적었다. 당시 나는 이 목표를 달성한 능력이 없었기 때문에 두려움이 앞섰다. 나라는 상품을 보고 행사장에서 한 번 강연하는 대가로 이런 거액을 줄 사람이 있을 리 없었다. 그럼에도 두려움을 향해 한 발짝 다가가는 데서 마법이 시작된다는 것을 나는 알고 있었다. 마음속에서 의구심이 생겼다. 나처럼 젊은 사람의 강연을 누가 듣고 싶어 할까? 사람들에게 무슨 메시지를 전해야 할까? 나는 나 자신에게 이런 문제를 해결하는 데 9개월이라는 시한을 정해주었다.

나는 종이에 목표들을 적었다. 그런 다음 액자에 넣어 매일 아침마다 들여다보는 거울에 걸었다. 미식축구 선수로 뛸 때 선수들이 공유한 팀의 비전을 종이에 적은 것처럼, 유능한 강사가 되겠다는 목표(달성 시점도 포함되어 있다!)를 액자에 넣어 걸어놓으니 비로소 목적과 목적지를 의식하게 되었다. 이 행위가 나에게는 망원경의 방향을 돌려놓은 셈이었다. 나는 기한 내에 그 목표를 달성했다. 요즘은 무대에 오르기가 훨씬 편안해졌으며, 전 세계의 행사장에서 정기적으로 강연하면서 연간 2만 5,000달러 이상의 개런티를 받는 귀한 몸이 되었다. 이 모든 성공은 명확한 비전을 설정하고, 그것에 수반되는 목표를 종이에 열거한 행동에서 시작되었다. 나는 이런 연습을 15년째 이어가고 있다. 나는 이 종이를 '성공증명서'라고 부르면서, 증명서 작성을 정식으로 성공 추구 과정의 필수 코스에 포함시켰다. 이 방법은 지금도 운동과 사업, 양면에서 나에게 큰 도움을 주고 있다.

성공 증명서를 성실히 작성해 출력한 다음 액자에 넣어 자신이 매일 볼 수밖에 없는 자리에 걸어놓아라. 그 글을 항상 머릿속에 담아두고 속으로 중얼거릴 정도로 일과의 핵심으로 삼아야 한다.

🏃

연습 2 : 완벽한 날의 하루 일정표
PDI, Perfect Day Itinerary

이것은 매우 효과적인 연습이므로 충실히 임해주기 바란다. 나는 이 연습법을 이용한 조언을 방황하는 경제계 사람들에게 해주었는데, 대부분 이 방식이 자기 인생을 바꿔놓았다고 말했다. 나는 놀라지 않았다. 나 역시 오래전에 직접 이 연습을 한 뒤 정말로 항상 마음속에 그려온 인생을 창조할 수 있었고, 매일 그렇게 살 수 있었다.

이 연습에서 여러분이 할 일은 비전을 성취하는 과정에 놓인 완벽한 날을 그려보는 것이다. 이 연습은 거시적인macro 부분과 미시적인micro 부분으로 나뉜다. 먼저 거시적인 부분에서는 완벽한 날이 보편적인 눈으로 볼 때 어떤 모습일지를 파악한다. 모든 날이 똑같지는 않을 것이다. 전날 무슨 일이 있었는지에 따라 조금씩 다를 것이다. 당연히 조금씩 달라야 한다. 그렇지 않으면 인생이 지루하고 단조롭지 않겠는가. 그래도 넓은 의미에서 각각의 완벽한 날에 대해 큰 그림을 그려야 한다. 이것은 다음과 같은 질문으로 시작한다.

- 나는 하루하루가 어떻게 전개되기를 바라는가?
- 나는 매일 어떤 기분을 갖고 싶은가?
- 나는 매일 무엇을 만들어내는가?
- 나는 누구와 함께 시간을 보내고 있는가?
- 나는 어떤 장소에 가장 자주 가는가?
- 나는 어떤 활동에 열정을 쏟고 있는가?

빈 종이 한 장을 갖다 놓거나 컴퓨터 화면에 새 문서창을 띄운 다음 첫 페이지의 절반을 위 질문에 대한 개괄적인 답으로 채워라.

다음은 내가 처음 이 연습을 했을 때 작성한 답안지다.

Part 1. 나의 완벽한 날

나의 완벽한 날, 아침에 나는 멋진 여성의 옆에서 일어나고 그녀는 기쁨의 눈물을 흘린다. 우리 두 사람의 삶이 너무 행복하기 때문이다. 나는 2016년도 올림픽을 앞두고 미국 핸드볼 대표팀 선수로 선발되었으므로 체력을 단련하고 기술력을 높이기 위해 코치와 함께 강도 높은 훈련이 예정되어 있는 체육관으로 향했다. 당시 나는 주요 지상파 방송 프로그램을 진행 중이었고, 사업 분야에서는 사람들에게 자신이 열정을 쏟을 수 있고 좋아하는 일을 추구하도록 동기를 부여하는 우리 회사의 교육팀을 돕고 있었다.

이제 'Part 2'(미시적인 부분)에서는 완벽한 날의 자세한 일정을 종이 하단에 적는다. 여기에는 하고 싶거나 해야 할 일, 그리고 그 일을 정확히 언제, 어떻게 하고 싶은지가 명시되어야 한다.

내가 운동선수로 성공적인 시즌을 보낸 모든 해에는 이런 세부적인 일정표를 작성했다는 공통점이 있다. 우리는 아침에 한 번, 훈련을 시작하기 전에 한 번 일정표를 받았으며, 그것은 우리가 승리하는 원동력이 되었다. 무엇을 언제 할지, 그 일에 시간을 얼마나 투자할지는 더 이상 고민하지 않았다. 모든 답은 그 자리에 명확하게, 단계별로 제시되어 있었다. 이것은 모든 프로 스포츠 팀에도 똑같이 적용되는 진리다. 성공하는 팀에는 비전이 달성될 수밖에 없도록 잘 작성된 일일 활동 계획이 있다. 그 계획표는 내가 여러분에게 권하는 것과 똑같지는 않지만 여러 면에서 상당히 비슷하다.

다음은 내가 이 책을 쓰면서 작성했던 일과표다.

Part 2. 내일의 완벽한 날

오전 7시 30분 일어난다. 명상한다. 발코니에서 바깥 경치를 즐긴다.

오전 8시 야채 주스 또는 스무디를 곁들인 건강식으로 아침식사를 한다.

오전 9시 크로스핏CrossFit(미국의 그레그 글래스먼이 창시한 피트니스 브랜드로, 일상생활에 맞게 디자인된 운동 프로그램이다. 실용적이고 실질적인 신체 능력의 극대화를 추구한다-옮긴이)이나 킥복싱, 또는 개인 훈련을 한다.

오전 10시 45분 팀 사무실에 연락해 일정을 체크한다.

오전 11시 오늘 잠자기 전까지 완수해야 할 과제들 중 가장 중요한 세 가지를 수행한다.

오전 12시 집에서 건강식으로 점심을 먹거나 나에게 자신감을 주는 사람과 점심식사를 한다.

오후 1시 30분 중요 과제 세 가지를 다시 수행한다. 인터뷰를 녹화하고 비디오를 만든다. 또는 팀에 관련된 일을 한다.

오후 3시 몸의 유연성을 키우는 물리치료를 받는다.(1주일에 2일)

오후 5시 즉석 야구 시합 또는 친구들과 하이킹을 하거나 바다에 나가 수영을 즐긴다.

오후 7시 30분 집에서 건강식으로 저녁식사를 하거나 친구들과 외식을 즐긴다.

오후 9시 책을 읽거나 영화를 감상한다. 또는 동네 유지들이 참석하는 행사에 함께한다.

오후 11시 오늘 가장 감사해야 할 일의 목록을 작성한다. 오늘 한 일들 중 '완수된 일의 목록'을 만든다. 내일 가장 하고 싶은 일 세 가지를 작성한다.

오후 11시 30분 명상한다. 잔다. 꿈을 꾼다. 몸의 피로를 푼다.

자신이 마음먹기에 따라 다르겠지만, PDI(완벽한 날의 하루 일정표)는 우리의 1년(또는 앞으로 여러 해)을 가정과 직장에서 최고의 날로 가득 차게 만드는 매우 효과적인 연습이 될 수 있다.

이 연습을 통해 우리가 올바른 비전을 설정했는지 알 수 있으며, 그와 반대인지도 판단할 수 있다. 만약 비전이 거시적 수준이나 미시적 수준에서 자신의 완벽한 날에 들어맞지 않는다면, 비전을 바꾸어야 한다. 아니면 '비전을 달성하는 데 무엇이 필요한가'라는 문제에 더 열린 마음으로, 더 솔직하게, 더 창의적으로 접근해야 한다.

연습 3 : 개인적 원칙 선언서
PPD, Personal Principles Declaration

세 번째 연습은 아무리 힘든 시기에도 어떤 사람이 될지, 자신의 삶에서 어떤 가치를 중시할지를 진술하는 것이다. 나는 이 연습을 '개인적 원칙 선언서PPD'라고 부른다. 정말로 선언하는 행위이기 때문이다. 여러분은 지금 소원 목록을 작성하거나 문득 떠오른 생각을 끼적이는 것이 아니다. 자신과 자신의 세상을 향해, 삶에서 무슨 일이 닥치든 다섯 가지의 원칙을 옹호하고 평생의 신조로 삼겠다고 선언하는 것이다. 우리는 일이 잘못되거나 생각대로 풀리지 않아도, 실패의 악순환에 빠져 무기력한 상황의 희생자가 되지 않고 이 신조에 의지할 수 있다. 상처 받은 자존심에 굴복해서는 안 된다. 비전이 자존심보다 더 크고 중요하기 때문이다. 자존심이 개인적 원칙의 준수를 방해하도록 내버려둔다면 절대로 원하는 것을 얻지 못할 것이다.

다음은 나의 PPD다.

1. 나 자신, 주변의 모든 사람, 세상의 모든 것을 사랑하라.
2. 다른 사람들과 세상을 이롭게 하라.
3. 내가 하는 모든 일에서 가장 위대한 성과를 거두기 위해 항상 최선을 다하라.

4. 풍족하게 살아라.

5. 모든 일에 윈윈win-win(모두에게 유리한)하는 태도로 임하라.

다음은 앙헬 마르티네즈가 작성한 PPD다.

1. 진실을 말하라.

2. 곤경에 처한 가족과 친구를 도와줘라.

3. 다른 사람의 의견을 존중하라.

4. 내가 모든 답을 알지 못한다는 사실을 인정하라. 질문하라.

5. 겸손하라.

6. 인내심을 가져라.•

자신의 PPD를 출력하거나 카드에 적어 지갑 속에 간직하라. 그 원칙들을 수시로 읽어라. 우리의 자존심은 매우 강하다. 특히 급박한 상황이 닥치면 더욱 강력한 힘을 발휘한다.(적어도 나의 자존심은 그렇다) 하지만 우리가 원칙을 고수하는 한, 비전을 달성하는 길에서 우리를 막아서는 것은 없다. 어떤 역경이 닥쳐도 상관없다. 비전이 클수록 역경은 찾아온다. 그럴 때 원칙은 성공으로 향하는 여정에서 여러분을 지원해줄 강력한 도구 세트다.

• 물론 앙헬은 여기에 한 가지를 덧붙였다. 적당한 노력만으로는 이전의 위치에서 현재의 위치에 오를 수 없다!

연습 4 : 개인적 목표 계획표
PSP, Personal Statement Plan

이 연습은 비전의 모든 요소를 결합해 행동 계획을 만들 수 있도록 고안되었다. 우리는 생각하고, 계획을 세우고, 희망하고, 소원을 말할 수 있다. 하지만 비전을 달성하기 위한 구체적인 행동을 취하지 않으면(다음 장을 읽어보면 알 것이다), 그것은 꿈에 불과하다.

빈 종이에 다음과 같이 계획표를 작성한다.

이름 _____

오늘 날짜 _____ **오늘부터 6개월 또는 12개월 뒤** _____

다음 물음에 답하라.

나는 누구인가? _____

_____

_____

_____

_____

_____

_____

_____

내가 옹호하는 가치는? _____

_____

_____

_____

_____

나, 우리 가족, 세계에 대한 나의 비전은? _____

_____

_____

_____

_____

다섯 가지 원칙을 적어라.(개인적 원칙 선언서)

1. _____

2. _____

3. _____

4. _____

5. _____

    이것은 자신이 정말로 무엇을 원하는지 명확히 인식할 수 있는 기회다. 일단 확실히 해둘 것이 있다. 비전을 구현하는 삶은 하나의 약속이다. 시간과 헌신적 태도를 요구한다. 절대로 가볍게 여겨서는 안 된다. 필요하다면, 잠시 숨을 고른 뒤 인생의 비전을 종이에 옮긴다. 하지만 반드시, 이 연습에 대한 생각이 마음속에 생생하게 살아 있는 24시간 안에 마무리해야 한다.

여러분이 다음 6개월 또는 12개월 안에 성취하거나 유지하고 싶은 중요 목표 세 가지를 다음에 나오는 항목 밑에 적어라. 항목은 가정생활, 인간관계, 사업, 돈, 건강, 오락, 종교 생활 또는 정신적 성장이다.

각각의 목표 밑에 그것을 달성하기 위한 행동 계획을 자세히 적어라. 누구라도 당신의 계획표를 읽고 정확히 따라해 자신의 목표를 달성할 수 있도록, 단계별로 짜증날 정도로 자세하고 구체적으로 작성하라. 다음은 세 개 항목에 대한 계획표의 견본이다.

가정생활
목표 1 : 1년에 두 번 부모님과 형제를 만난다.

1단계 내 일정에서 6개월에 한 번씩 비행기 편으로 집에 갈 수 있는 시간을 낸다.(3일 안에 실행할 것)

2단계 부모님과 형제들에게 전화해 언제 만날 수 있는지 확인한다.(7일 안에 실행할 것)

3단계 만나기로 약속한 날짜와 비행기 예약 날짜를 달력에 표시한다.(2주일 안에 실행할 것)

사업

목표 1 : 다음 6개월 동안 한 달에 1만 달러씩 벌어들인다.

1단계 이 목표를 달성하려면 몇 명의 고객과 접촉해야 하는지 계산한다.(하루 안에 실행할 것)

2단계 목표 금액을 달성하려면 1주일, 그리고 하루에 몇 건의 판매를 성사시켜야 하는지 각각 계산한다.(하루 안에 실행할 것)

3단계 기존의 잠재 고객과 1주일에 한 번씩 온라인 상담 일정을 잡아 판매 계약을 성사시킨다.

건강

목표 1 : 60일 안에 몸무게를 15파운드(약 6.8킬로그램) 줄인다.

1단계 즐겁게 몰두할 수 있는 운동 계획을 세운다.(24시간 안에 실행할 것)

2단계 코치 또는 책임 파트너(결심을 꾸준히 지키도록 옆에서 지켜보고 격려해주는 사람 또는 감시자 역할을 맡은 동료-옮긴이)를 구한다.(3일 안에 실행할 것)

3단계 향후 60일간의 운동 계획표를 만들고, 운동하는 날과 시간을 구체적으로 명시한다.(3일 안에 실행할 것)

4단계 4일 안에 운동 계획표에 맞춰 훈련을 시작한다!

앞의 목표를 6개월 또는 12개월 안에 달성하려면 자신이 어떤 인간형이 되어야 하는지를 생각해보고 그 모습을 적어라.

예 나는 이 목표를 달성하는 데에 전념할 것이다. 무엇보다 부담감과 스트레스를 버려야 하고, 혼자서 이 모든 일을 하려 하지 말고 주변 사람들이 나를 도와줄 수 있도록 한다. 나는 업무를 더 깊이 파악하고 세상 이치를 더 잘 알아서 세상의 흐름에 맞춰 살 수 있도록 해야 한다.

나는 _____

_____

_____

_____

_____

이제 목표를 달성하려면 내가 어떤 사람이 되어야 하는지를 알았다. 앞으로 취해야 할 행동이나 마음가짐을 적어라.

예 수동적인 반응이나 방어적인 태도 버리기. 편안하게 마음먹고, 결국 모든 것은 '사소한 일'이며 일이 잘 풀리지 않아도 나에게 도움이 되지 않는 식으로 반응할 필요가 없다는 사실 인식하기.

_____

_____

_____

_____

_____

이것은 완성되지 않은 형태다. 기회가 있을 때마다 계속 수정해 나가야 한다. 6개월 또는 12개월마다 이 기록을 다시 꺼내 보면서, 자신이 비전을 실천하는 삶의 진로를 올바르게 가고 있는지 확인해야 한다.

행동 전략

인생은 소중하다. 꿈도 그렇다. 그것들이 중요하다는 걸 행동으로 보여줄 때다. 가장 좋은 방법은 나의 꿈이 어떤 모습으로 펼쳐질지 마음속에 그려보고, 그것을 달성하기 위한 일일 계획표를 짜는 것이다. 성공의 비결은 인생에서 원하는 것을 달성하고 자신이 스스로에게 자극을 주는 존재가 되는 것이다. 여러분이 스스로 자극 받는 삶을 창출하면, 주변 사람들도 그렇게 살아야겠다고 자극 받을 것이다. 그 파급 효과는 아주 크다.

모든 사람이 성취감과 영감을 주는 삶에 전념하면 어떻게 될지 상상해봐라. 그러면 세상은 어떻게 변할까? 숙제를 다 했으면 친구나 좋아하는 사람에게 보여주고 내가 꾸는 꿈과 추구하는 가치를 얘기해줘라. 이런 비전 훈련에 참여하라고 권해라. 그러면 단짝 친구를 앞에서 이야기한 책임 감시자로 삼을 수 있다. 그런 다음 이 사실을 소셜 미디어에 올려라. 그 커뮤니티의 회원들이 성공으로 향하는 당신의 여정을 응원할 것이다.

여러분은 잘할 수 있다. 내가 도와주겠다. 기적 같은 일이 일어날 때가 되었다. 그 기적은 여러분이 인생에서 원하는 것, 그것을 원하는 이유를 정확히 파악하는 작업과 함께 시작된다. 잘해봅시다!

Adversity

제2장
역경을 기회로 바꿔라

폭풍은 나무가 뿌리를 더 깊이 내리게 만든다.
_돌리 파튼

살아오면서 내가 원했던 모든 것이 그러했듯, 성공은 매번 똑같이 어려운 도전과 함께 찾아왔으
며 앞으로도 그러할 것이다. 어린 시절 위대한 운동선수를 꿈꾸었지만 팀에서 선수를 선발할 때
도 그러했고, 선수 생명을 끝내게 만든 큰 부상을 당한 뒤 상처 입은 자아와 불안감을 달래지 못
한 채 누나 집의 소파에 앉아 창업하는 방법을 배울 때도 마찬가지였다.

역경이 닥쳤을 때 우리는 두 가지 방식으로 대응한다. 첫째, 아무것도 하지 않는 것이다. 불행의
파도에 파묻혀 상황의 희생자로 전락한다. 그와 다른 한 가지는 도전을 받아들이고 역경에 정면
으로 맞서 성공 스토리의 일부분으로 승화시키는 것이다. 우리는 이런 순간에 대비해야 한다.
우리가 원하든 원치 않든, 역경은 삶의 모든 분야에서 일어날 테니까. 이런 사실을 알고 역경을
받아들이는 법을 깨닫게 되면, 곧 그것을 극복하고 나에게 유리한 방향으로 활용할 수 있다.

나는 살아가면서 도전에 직면할 때마다 앞에서 소개한, 친구 카일 메이나드를 비롯해 내가 얼마
나 감사할 게 많은 사람인지를 일깨워주는 위대한 사람들을 떠올린다.

우리 같은 보통 사람들은 레슬링 챔피언이나 미식축구 선수, 역도 선수, 이종격투기MMA 선수, 산악인 등으로 변신하는 것을 상상하지 못한다. 이런 목표의 달성을 가로막는 장애물이 너무 많기 때문이다. 돈, 기회, 훈련, 재능과 적성, 자신감 등을 꼽을 수 있다. 이런 장애물은 언제 어떻게든 우리의 감격스러운 꿈을 좌절시킬 수 있다.

자, 어떤 사람이 위에 열거한 목표를 서른 번째 생일 케이크를 자르기 전에 모두 달성한다는 꿈을 꾼다고 상상해보자. 내 친구가 바로 그랬다. 그의 이름은 카일 메이나드다. 나에게 가장 큰 영감을 준 스승 중 한 명이다. 그가 젊었을 때만 해도 위에 열거한 육체적 위업들은 그의 버킷리스트(죽기 전에 꼭 해야 할 일이나 달성하고 싶은 목표들-옮긴이) 중 일부에 불과했다. 그의 버킷은 절대 비어 있는 날이 없는데, 나중에는 다른 사람들도 그런 위대한 목표를 성취하도록 자극한다는 목표까지 포함될 것 같다. 카일은 위대함을 갈망하는 사람이 어떤 성공을 원하는 것처럼, 이런 목표를 간절히 달성하고 싶었다. 그는 스물여섯 살 때인 2012년 중반까지 자신의 목표를 모두 달성했다. 그는 중학교에 다닐 때 미식축구 선수로 뛰었고 고등학교 시절에는 레슬링 챔피언이 되었다. 3학년 때에는 학교 대표 선수로 레슬링 대회에 나가 36승을 거두었다. 3라운드 짜리 이종격투기 시합에도 나가 풀 라운드를 뛰었다. 그리고 해발 2만 피트(약 6,000미터)에 달하는 킬리만자로 산을 등반했다.

이런 목표 자체는 그리 대단해 보이지 않을지도 모른다. 사실 나는 똑같은 꿈이지만 이보다 훨씬 더 높은 수준에 오른 사람을 많이 보았다. 하지만 그중에 카일과 같은 방식으로 꿈을 달성한 사람은 없었다. 그런 사람들이 이런 목표를 달성했을 때 ESPN(미국의 오락·스포츠 전문 케이블 방송-옮긴이)은 카일에게 그랬던 것처럼 두 개의 에스피 상ESPY Award(ESPN이 주관하는 스포츠계의 시상 프로그램으로, 스포츠계의 '그래미 상'이라 불린다. 남녀 최우수선수 및 최우수코치·팀·경기, 눈부신 활약을 한 선수 등 19개 부문에 걸쳐 34개의 상을 수여한다-옮긴이)을 수여하지 않았다. 왜 그럴까? 카일이 이룩한 업적은 다른 사람들이 그 나이에 달성한 것보다 훨씬 더 위대하기 때문이다. 더 이상 말할 필요가 없다. 카일의 키는 3피트 8인치(약 112센티미터)밖에 되지 않는다. 그는 선천성 사지절단증을 앓고 있는 장애인이다. 양막대증후군Amniotic Band Syndrome으로 인한 선천적 장애 때문에 보통 사람들에게는 당연히 있는 팔다리가 없다. 그는 자신에 대해 이렇게 말한다.

"쉽게 말해, 나의 팔은 여러분의 팔꿈치가 있는 곳에서 끝난다. 양팔은 길이가 비슷하고 다리는 무릎 바로 위에서 끝나지만 발은 둘 다 있다. 모양은 조금 다르지만."

양막대증후군은 자궁과 섬유성 양막대 내의 혈전이 태아의 사지 발달을 막을 때 발생한다. 아직까지 그 원인을 밝혀내진 못했지만, 의사들은 정상적인 임신 상태에서 이 병이 발생할 확률은 1,000만 분의 1 정도라고 말한다. 카일이 자라면서 부딪혀야 했던 전형적인 외적 장애는 우리 같은 보통 사람들이 살면서 한두 번씩 맞닥뜨리는 것이 아니었다. 그는 차원이 완전히 다른 장애와 사투를 벌여야 했고, 그것은 그가 태어난 순간부터 삶의 일부가 되었다. 그런데도 그는 자신이 꿈꿔온 모습을 모두 현실화했다.

모든 것은 행동에 달려 있다

카일 메이나드를 불쌍하게 여기면 안 된다. 동정심은 그가 원하는 감정이 아니다. 나는 그와 몇 차례 대화하면서 많은 것을 깨달았다. 그 덕분에 목표와 성공의 본질을 어느 때보다 깊이 성찰하게 되었다. 비전의 창출은 자신이 원하는 것(목표)이 무엇인지, 그리고 자신이 어떤 사람이 되고 싶은지(꿈)를 명확히 정의하는 행위다. 그런데 목표와 비전은 같은 것이다. 둘 다 우리 마음속에서 만들어지며 상상의 산물일 뿐이다. 누구나 자신이 이 세상에서 창출하고자 하는 것, 즉 비전을 갖고 있다고 말할 수 있다. 하지만 우리가 현실 세계에서 무엇을 창출하는지, 그것이 어디에서 일어날 수 (그리고 실제로 일어나고) 있는지를 구체적으로 드러내는 것은 우리의 행동이다. 목표가 현실화되는 것은 행동에 달려 있다.

뭔가를 잘하려면 재능과 비전, 그리고 행동이 필요하다. 성공은 재능과 비전이 역경을 만났을 때 탄생하고, 아무리 역경이 닥쳐도 꺾이지 않는 것이다. 이것이 바로 카일을 위대한 스승으로 승화시킨 덕목이며, 그가 고난을 극복하고 성공에 이르는 방법을 모든 사람에게 가르쳐줄 수 있는 이유이기도 하다. 성공에 관한 한, 그를 보면 우리 같은 사람에게는 변명의 여지가 없다.

"어렸을 때, 열 살쯤 되었을 때에는 가끔 밤에 혼자 울었어요. 일어났을 때 팔과 다리가 있게 해달라고 빌면서 울었어요. 하지만 아무리 열심히 소원을 빌어도 그런 일은 절대 일어나지 않았죠. 우리가 통제할 수 없는 것을 붙들고 아무리 열정을 쏟아도 불행밖에 오지 않습니다."

이런 사고방식은 역경에 맞닥뜨리면 오래가지 못하고 바람직한 결과를 낳지 못한다. 아무 소용도 없다. 옛말도 있지 않은가.

'한 손으로 소원을 빌고, 다른 손으로 똥을 받아봐라. 어느 손이 먼저 가득 찰까?'

이것이 바로 카일이 어렸을 때 받아들일 수밖에 없는 현실이었다. 그의 말처럼, 아무리 열심히 빌어도 달라지는 건 없다. 역경이라는 문제와 관련해 나는 미식축구 경기장에서 깨달았는데, 카일 역시 무릎을 치는 해결책은 미식축구 경기장에 있을 때 떠올랐다. 그가 열한 살인 때였다.

"내가 미식축구 선수로 뛰면서, 열한 살 때 처음으로 태클을 성공했어요. 별것 아닌 사건 같아 보이겠지만, 내 인생은 그 순간부터 바뀌었어요. 그때부터 나는 미래에 일어날지도 모를 일을 걱정하지 않아요. 어떻게 살아가야 하나, 하는 문제로 고민하는 일도 없어졌어요. 그전에는 늘 혼자 '영원히 엄마 아빠랑 살아야 할까?', '여자친구를 사귀거나 취직할 날이 오려나?' 같은 문제로 고민했지요. 재미있는 것은, 그렇다고 이런 질문에 답을 얻지도 못했다는 거예요. 나는 그냥 축구만 했을 뿐이었거든요."

카일은 생각하거나, 걱정하거나, 소원을 빌지 않았다. 그 대신 '행동'을 취했다. 열한 살짜리가 그랬다. 역시 대단하다! 행동을 개시하고 어떤 악조건에서도 인내심을 발휘할 때 장애물은 무너지기 시작한다. 이렇게 그는 성공을 향해 굳건한 첫발을 내디뎠다. 이것은 그에게 '역경의 철학', 다시 말해 그날부터 계속 지켜온 삶의 원칙이 되었다.

"그날의 태클 사건 이후 내 인생은 도전의 연속입니다. 미래에 대한 걱정과 두려움은 점점 사그라들다가 결국 거의 사라졌지요. 그것이 가능했던 가장 큰 이유는 나 자신을 불편한 상황 속에 몰아넣고 상황이 나아질 때까지 버텼기 때문입니다. 열아홉 살 때에는 세계에서 가장 성공한 기업가 수천 명 앞에서 강연을 했어요. 오바마 대통령과 스티븐 코비 박사 알죠? 『성공하는 사람들의 7가지 습관 The Seven Habits of Highly Effective People』을 쓴 베스트셀러 작가 말입니다. 그 두 사람의 중간 순서로 무대에 올랐지요. 그런 강연을 하고 나니까, 당연히 그 이후에는 강연하기가 훨씬 더 쉬워졌지요!"

놀랍지 않은가! 여기서 잠시 생각해보자. 매일 밤 혼자 울며 나중에 여자친구를 사귀거나 직업을 구할 수 있을지, 이 세상에 자기가 서 있을 자리가 있을지 고민하던 아이가 8년 만에 미래의 미국 대통령과 사상 최고의 성공을 거둔 자기계발서의 작가 사이에 무대로 올라가 수많은 쟁쟁한 기업가 앞에서 연설을 하는 청년으로 발전했다. 그리고 이 모든 일이 작은 행동 하나, 즉 미식축구 경기장에서 벌어진 한 번의 태클로 시작된 것이다.

"역경을 극복하는 데 있어서 우리의 가장 큰 동맹은 우리 자신입니다. 우리는 믿을 수 없을 만큼 크게 자극을 받을 수 있어요. 모든 것은 우리가 역경에 맞닥뜨렸을 때 그것을 어떻게 인식하고 대처하느냐에 달려 있어요."

역경은 낯선 언어와 같다

역경, 특히 내가 겪은 역경에 관련된, 오랜 시간이 걸려 깨달은 사실은 역경이 항상 외부에서 오거나 외형적 실체를 띠지 않는다는 점이다. 오히려 그렇지 않은 경우가 많다. 나는 이 사실을 크리스 리(다음 장에서 자세히 소개할 것이다)와 감성지능이라는 주제를 놓고 일할 때 깨달았다. 한편 역경이 우리 인생에서 얼마나 광범위하게 닥칠 수 있는지를 깨달은 건 니콜 라핀Nicole Lapin과 돈에 관해 진지하게 토론하고 나서였다.

니콜은 CNBC, CNN, 그리고 블룸버그 통신 같은 굵직한 방송

국에서 기자이자 앵커로 오랫동안 일하다가 경제 전문가로 독립한 사람이다. 그녀가 체계적인 경제생활에 관해 쓴『돈 많은 녀석 Rich Bitch』은 뉴욕 타임스 베스트셀러에 올랐다. 그녀의 책은 훌륭하다. 남녀를 불문하고 돈이나 금융 문제로 고민하고 있다면 무조건 이 책을 사서 처음부터 끝까지 읽어야 한다.

니콜을 만났을 때 내가 가장 놀란 것은 그녀가 경제 전문 기자의 길을 걷게 되기까지의 과정이었다. 그 경력은 열여덟 살 때부터 시작되었다. 그것은 전혀 새로운 종류의 역경, 내적 역경 때문에 시작하기도 전에 끝나버린 여행과 같았다.

니콜은 미국 이민 1세대이며 백퍼센트 현금으로만 가정생활을 꾸리는 이주민 부모 밑에서 어린 시절을 보냈다. 이들은 신용카드도 사용하지 않았고 은행 대출도 없었다. 평범한 미국인의 경제생활을 나타내는 그 어떤 수단도 없었다. 언제나, 오로지 현금만 사용했다.

"우리 집 부엌에는 〈월스트리트 저널〉 같은 신문이 없었어요. 집에서 주식이나 채권, 돈에 관련된 이야기를 한 적이 없었죠. 학교에서도 전혀 배우지 못했어요. 어렸을 때에는 경제에 대해 상당히 무지했다고 할 수 있죠. 직불카드도 갖고 다니지 않았어요. 친구들과 식당에 가면 현금을 한 움큼 내거나 수표를 긁적거리는 이상한 여자애로 통했어요."

결정타는 그녀가 시카고의 노스웨스턴 대학교에 다니던 중에 급히 비행기 표를 사야 했던 때에 날아왔다. 물론 가장 편한 방법은 재빨리 컴퓨터 앞에 앉아 인터넷으로 표를 사는 것이었다. 이때 문제가 딱 하나 있었다. 그녀에게는 신용카드가 없었다. 할 수 없이 그녀는 은행에서 현금을 인출한 뒤 공항 계산대로 달려가 현금을 한 뭉치 내고 표를 사야 했다.

"속으로 말했어요. '이젠 더 못 참겠다. 이건 말도 안 돼.' 내 인생과 내 경제생활은 내가 알아서 하겠다고요."

하지만 어떻게? 이렇게 작은 부분도 해결하지 못하는데, 가능할까? 경제문제가 근본적으로 낯선 개념인데, 어떻게 자신의 경제생활을 직접 관리하고 경제 뉴스 분야에서 진로를 개척한단 말인가. 부모에게 배울 수도 없는데? 초등학교에서도, 고등학교에서도, 심지어 경제 과목을 수강해도 돈 문제에 통달하거나 관리하는 법을 아무도 가르쳐주지 않는 시골에서 사는데?

"그때 깨달았어요. 이것은 언어다, 새로 배우는 과목 같은 것이다. 아주 낯선 언어라고요."

그녀의 말이 전적으로 옳았다! 우리가 인생에서 새로 시도하는 것은 모두 새로운 언어와 같다. 이종격투기, 등산이라는 언어는 카일을 미치도록 겁에 질리게 했을 것이다. 내가 누나 집의 소파에 앉아 그동안 스포츠계에서 쌓은 경력(이것은 내가 유창하게 말할 수 있는 언어다)이 끝나가는 신세를 한탄하던 시기가 있었다. 나는 그때 접했던 링크드인이라는 언어, 비즈니스라는 언어가 반쯤 죽었다 할 정도로 무서웠다.

무엇이든 새로운 것을 시도할 때에는 '시작' 부분이 가장 어렵다. 우리는 잘못 말하거나 바보처럼 보일 수 있다는 근심과 두려움을 극복해야 한다. 여기에는 많은 수치심이 뒤따르는데, 그 때문에 중요한 일이나 자기가 좋아하는 일을 못한 사람이 적지 않다. 니콜도 그러한 점을 알아채고 이 일에 달려들기로 결심했다. 그녀는 시카고 상업거래소Chicago Mercantile Exchange의 매장에 취직했다. 그녀는 당시의 심정을 이렇게 털어놓았다.

"그 언어를 쓰기 시작하면, 내가 이 땅에서 중국어로 말하는 기분이에요. 거래소 현장에서 일할 때의 기분이 그랬어요. 그들이 쓰는 말을 빨리 배워야 했죠. 이것은 새로운 언어를 배우는 것일 뿐이며, 이 말을 배우면 나도 그들의 대화에 끼어들 수 있다는 사실을 깨닫자 비로소 힘이 나더군요."

나는 그녀의 말을 충분히 이해한다. 지난 2006년에 살사 춤을 배우려 할 때, 나도 그와 똑같은 심정이었기 때문이다. 당시 나는 매주 한 번씩 살사 춤을 가르쳐주는 재즈 클럽의 위층에 살고 있었는데, 멀대 같은 백인 남자가 기필코 살사 댄서가 되겠다고 굳게 마음먹고 때가 되면 아래층으로 내려갔다. 나는 아주 무서웠지만 석 달 동안 훈련하고, 공부하고, 그룹 강좌를 들었다. 개인 레슨도 받고 유튜브에 나온 동영상도 보았으며, 거울 앞에 서서 아가씨와 춤추는 듯이 혼자 연습했다. 이 이야기를 듣는 지금 여러분도 이상하다고 생각할 텐데, 직접 이 짓을 한 나는 얼마나 어색했겠는가!

그럼에도 나는 드디어 살사라는 외국어를 마스터한 순간을 잊을 수가 없다. 정말이다. 처음 시작할 때만 해도 이것은 나에게 '완전히' 외국어였다. 니콜의 표현이 정확하다. 그야말로 중국어 회화를 배우는 것 같았다. 그러다 어느 순간 살사라는 춤을 이해하니까, 마치 외국어를 마스터한 것처럼 하늘을 나는 듯한 벅찬 감정을 느꼈다. 그 무엇이든 한번 마음에 꽂히면 어떠한 육체적·정신적 장애, 또는 내적·외적 장애가 나를 가로막더라도 해낼 수 있을 것 같았다.

니콜의 스토리는 내가 역경을 대하는 관점, 즉 역경의 성격과 원인뿐 아니라 그것에 대처하고 극복하는 방법 등을 재정립하는 데 도움을 주었다. 이것은 내가 새로운 도전에 뛰어들 때마다 안고 가야 할 교훈이다. 성공을 추구하는 길은 말할 것도 없고 우리의 인생에서 피할 수 없는 것을 하나 꼽으라면, 그것은 '역경'이다. 우리는 꿈을 꾸지만 냉혹한 현실은 우리의 뺨을 후려친다. 우리는 미래를 위한 비전을 창출하지만, 곧 세상은 그것에 (그리고 우리에게) 전혀 관심이 없다는 것을 알게 된다. 어느 때에는 이 세상이 작정하고 나의 진로를 방해하려는 것 같다. 학교에서 공부할 때, 첫키스를 망칠 때, 운동 연습을 할 때, 새로운 사업을 시작했을 때 등 역경은 삶의 모든 분야에서 모습을 드러낸다. 우리는 많은 고통과 좌절, 그리고 추락을 경험한다.

이런 교훈을 카일 메이나드보다 더 잘 아는 사람은 없다. 그는 역경에 면역된 사람은 없다는 것, 아울러 주어진 역경을 견디는 것이 전적으로 나쁜 일만은 아니라는 사실을 가르쳐주었다. 탁월한 성적을 추구하는 과정에서 실패를 거듭하더라도 우리가 교훈을 얻고 위대한 인물로 성장할 수 있도록 도와준다! 그렇다, 카일은 나 같은 사람과 비교했을 때 자기 몫 이상의 역경을 견뎌냈다. 어쨌든 나는 선천성 불구가 아니니까. 하지만 나에게도 극복해야 할 장애가 있었다.

역경에도 좋은 점이 있다

나의 어린 시절은 철저하게, 딱 하나의 비전에 바탕을 두고 있었다. 그것은 올아메리칸이 되는 것이었다. 나는 그 목표가 오랫동안 뒹굴고 호흡해온 종목, 즉 미식축구 분야에서 이루어질 거라고 생각했다. 나는 최다 리시빙receiving(미식축구에서 공격수가 상대 진영으로 달려가다 쿼터백의 패스를 받는 것-옮긴이) 부문에서 경기당 최장 야드 기록(418야드)을 세웠고 시즌 종합 성적에서도 최장 야드 리시빙 부문에서 전국 2위를 기록한 대학 2학년 때 그 목표가 이루어질 거라고 예상했다. 당시 우리 팀은 간신히 승률 5할을 기록했는데, 평균적인 승률을 기록하는 팀의 선수에게는 올아메리칸의 지위를 부여하지 않는 경향이 있다. 설상가상으로 경기장 안팎에서 악재가 이어졌고, 코칭스태프는 우리 팀을 상위권에 올려놓을 능력이 없었다. 졸업반이 된 뒤, 결국 나는 꿈을 실현할 수 있는 학교로 옮겼다. 모교를 떠난다는 것은, 특히 나처럼 모교의 팀에서 줄곧 뛰었던 사람에게는 힘든 결정이었다. 새 학교는 전망이 무척

밝았다. 나는 이제까지 내 인생을 이끌어온 꿈을 접을 수 없었다.

새로운 팀에서 뛴 시즌 두 번째 경기에서 우리는 시카고 시의 반대편에 있는 팀을 상대했다. 나는 전체적으로 잘 뛰었고, 간간이 멋진 플레이를 보여주었다. 3쿼터에 들어갔다. 나는 상대편의 미들 라인배커들 위로 올린 대각선 패스를 잡으려다 상대팀 라인배커의 태클에 가슴을 세게 맞았다. 당시 통증을 조금 느꼈지만 경기가 주는 아드레날린 효과와 경쟁심 때문에 대수롭지 않게 여겼다.

그로부터 이틀 뒤 연습하는 도중에 문제가 터졌다. 나는 몸 풀기 게임을 하던 중 급히 방향 전환을 시도했다가, 몸속에서 나오는 엄청난 폭발음을 들었다. 순간적으로 상상도 못한 고통이 엄습했고, 나는 그 자리에서 쓰러졌다. 평생 그런 고통을 느낀 적이 없었다. 마치 누군가가 내 옆구리를 칼로 찌르고 나서 그 칼을 뒤튼 다음, 대형 해머로 상처 난 곳을 마구 두들기는 것 같았다. 팀 동료들은 내가 장난치는 줄 알았다. 아무도 나를 건드리지 않았으니까! 알고 보니 이틀 전에 치른 경기에서 상대 선수와 충돌했을 때 오른쪽 가슴을 둘러싸고 있는 갈비뼈 중 세 대에 실금이 생겼고, 그날 연습 때 급작스런 방향 전환을 하면서 갈비뼈가 완전히 부러진 것 같았다. 부러진 뼈에서 연골이 떨어져나갔고, 찢어진 근육은 경련을 일으켰다. 골절된 부위에서 뼈들이 서로 부딪히는 소리가 나는 것 같았다. 내 흉곽은 풍경(여러 개의 금속이나 유리 막대로 만든 악기-옮긴이)으로 변했고, 숨을 쉴 때마다 막대들이 더 심하게 팔딱거렸다. 말할 필요도 없이, 나는 시즌을 완전히 접어야 했다.

몇 달 동안 나는 엄청난 통증에 시달렸다. 거의 걷지 못했다. 2주 동안 잠도 못 잤다. 기침이나 재채기도, 심지어 웃지도 못했다. 침대에서 일어날 때에도 누군가의 도움을 받아야 했다. 고통스런 비명을 지르지 않고는 배에 힘을 줄 수 없었기 때문이었다. 그때까지 나는 한 번도 진통제를 복용한 적이 없었다. 그래서 의사가 처방한 약을 먹었을 때 내 몸은 그것에 어떻게 반응해야 하는지 몰랐던 것 같다. 약을 먹자마자 거의 다 토했는데, 나를 괴롭히는 통증 종합세트의 양을 배가시킨 전혀 다른 종류의 고통이었다.

육체적 고통은 정신적 고통보다 빨리 줄어들었다. 나는 완전히 박살이 났다. 꿈은 멀리 사라졌다. 그 라인배커가 내 갈비뼈를 박살냈듯, 이 역경은 나의 비전을 산산이 부수었다. 이때는 내가 인생에서 맨 밑바닥까지 내려간 시기였다.

부상을 당하고 몇 개월이 지난 그해 크리스마스 때, 나는 통증 없이 러닝머신에서 달릴 정도로 상당히 회복되어 있었다. 정신적으로도 조금 나아졌지만, 나에게 대단히 중요했던 원래의 목표에 조금도 가까워지지 못했다는 자괴감을 여전히 떨칠 수 없었다. 나는 졸업반이었고, 미식축구 시즌은 끝이 났다. 와이드 리시버wide receiver(공격 라인의 양 끝에 서서 전진 패스를 받는 포지션-옮긴이) 부문에서 올아메리칸으로 선발된다는 꿈은 이제 선택지에서 제외해야 했다. 무슨 수를 써야 했다. 다른 방법을 찾아야 했다.

이때 내가 NCAANational Collegiate Athletic Association(전미대학경기협회. 미국과 캐나다 내의 수많은 대학교의 운동경기 프로그램을 조직하는

비영리 단체로 1,281개 학교, 컨퍼런스, 조직 및 개인이 속해 있다-옮긴이)
소속 선수의 자격이 유지되는 몇 개월 동안 다른 종목에 참여하면
어떨까 하는 생각이 들었다. 여전히 회복 중인 갈비뼈를 제외하면
몸 상태가 좋은데다 예전에는 육상 트랙 종목에서 꽤 유능한 선수
로 통했다. 신입생 시절에는 높이뛰기에서 6피트 6인치(약 198센
티미터)를 뛰었고, 멀리뛰기에서는 22피트(약 6.7미터)를 뛰었으며,
100미터 달리기에서는 거의 11초 벽을 깼다. 물론 이런 종목별 기
록으로는 전미선수권대회 출전권을 따기는커녕 메달 시상대 근처
에도 갈 수 없다. 하지만 종합 성적으로 따져보면 예사롭지 않은
수준이었다. 트랙과 필드 경기는 봄철 스포츠다. 나는 크리스마스
와 새해 첫날 사이에 예전의 트랙 코치(올아메리칸 출신으로 올림픽
대표 선발전에 출전한 적이 있다)에게 연락해 10종 경기에서 올아메
리칸이 되려면 무엇이 필요하냐고 물어보았다. 10종 경기는 이틀
동안 열 개 종목에 걸쳐 선수들의 근력과 민첩성, 지구력 등을 겨
루는 경기이며, 이 종목의 올림픽 챔피언은 흔히 '세계에서 가장
위대한 운동선수'로 불린다. 가능하기나 할까요? 그녀는 가능하
다, 대신에 지금 당장 훈련을 시작해야 하고 앞으로 피 말리는 6개
월 동안 자신의 모든 지시를 따라야 한다고 말했다. 지름길은 없
다. 변명도 없다며.

니콜 라핀의 비유법을 빌리자면, 이것은 새로운 언어였다. 하지
만 상관없었다. 나는 이미 발을 들여놓았다. 이 새로운 비전은 나
의 모든 에너지를 쏟게 하는 동기와 원동력을 제공해주었다. 새로

운 비전은 무력감에 휩싸여 있던 나에게 목적의식을 불어넣어주었다. 불과 몇 달 전 미식축구 경기장에서 정상급 와이드 리시버로 승승장구하던 나의 발걸음에 활력을 주었다. 나는 다시 전투에 임하는 전사가 된 것 같았다. 강력한 비전은 우리에게 전사의 힘을 준다. 그것은 곧 우리가 큰 역경에 맞닥뜨렸을 때 상황에 맞게 최대한 빨리 비전의 눈금을 재조정해야 하는 이유다.

나는 즉시 예전 학교(프린시피아 대학. 나의 옛 트랙 코치는 이 학교를 중심으로 활동했다)로 다시 전학하는, 길고 힘든 작업에 착수했다. 6개월 뒤 나는 생애 최고의 몸 상태를 갖추었다. 이때 전미선수권대회 출전권을 따는 것은 물론이고 올아메리칸 팀(다음 장에서 자세히 이야기하겠다)에 선발되었으니, 아마도 내가 운동선수로서 절정의 체력 조건을 갖춘 시절이었다고 말할 수 있을 것이다. 그후 이런 성공도 충분하지 않았다는 듯이, 나는 그 모든 부상 전력이 고려되어 대학 선수로 1년을 더 뛸 수 있는 자격을 부여받았다. 10종 경기 훈련을 한 덕분에 사상 최고의 경기력을 갖춰 미식축구 경기장으로 복귀했고, 리시빙에 관련된 몇 개 부문에서 신기록을 세웠으며, 중요한 경기에서 환상적인 플레이를 여러 차례 펼쳤다. 결국 나는 올아메리칸에 두 번째로 선발되는 영예를 안았다. 이번에는 드디어, 필생의 목표였던 미식축구 분야에서 올아메리칸이 된 것이다.

나는 불리한 상황 속에 숨어 있던 좋은 점을 바깥으로 끄집어냈다. 처음에 내가 그토록 무서워했고 힘들게 극복해야 했던 사고,

즉 뜻하지 않은 부상이 실제로는 내 꿈에 더 가까이 다가가는 데 도움이 된 것이다. 이것은 내가 전혀 예상치 못한 성공이라는 점에서 보면, 원래의 꿈을 초과 달성했다고 할 수 있다. 어떻게 이런 일이 일어날 수 있을까? 부상, 즉 내가 전혀 예상치 못한 사고가 어린 시절부터 꿈꿔온 올아메리칸에 선발되는 확률을 어떻게 글자 그대로 배가시킬 수 있을까?

그때는 몰랐지만 내 친구이자 『돌파력The Obstacle Is the Way』의 저자인 라이언 홀리데이Ryan Holiday와 얘기하고 나자 모든 게 분명해졌다. 라이언은 베스트셀러 작가이자 아메리칸 어패럴 사의 전직 마케팅 책임자이며, 어느 마케팅 전략 회사의 창립자다. 그 회사는 그가 지금 원하는 삶을 살 수 있도록 해준 삶의 기반이기도 하다. 라이언 역시 다른 사람들만큼 역경을 겪었다. 그는 열아홉 살 때 대학을 중퇴했다. 그의 부모는 사실상 그와 관계를 끊은 상태였다. 그는 유명하고, 매우 까다롭고, 말썽 많은 고객들을 상대하기 시작했고, 이후 10년간 정말 열심히 일해 현재의 위치까지 왔다. 그는 이렇게 말했다.

"우리가 삶에서 맞닥뜨리는 고난이 끔찍한 비극일 수도 있지만, 기회일 수도 있다는 사실은 역사와 철학이 알려주는 영원한 진리입니다."

라이언에게 가장 큰 영향을 끼친 사람 중 한 명인 마르쿠스 아우렐리우스Marcus Aurelius(121~180년, 로마 황제이자 스토아학파 철학자-옮긴이)는 '행동의 장애물이 오히려 그 행동을 촉진시킨다. 길을 가로막는 걸림돌이 길이 된다'는 말을 즐겨 되뇌었다고 한다.

실제로 우리는 스토아 철학의 기본 요소이기도 한 이 개념의 흔적을 많은 역사적 인물에게서 찾을 수 있다. 토머스 제퍼슨과 조지 워싱턴은 젊은 시절에 소 카토Cato the Younger(스토아학파 철학자이자 로마 공화정 말기의 정치인인 마르쿠스 포르키우스 카토를 일컫는다. 같은 이름을 가진 대 카토의 증손자이기 때문에 흔히 '소 카토'라고 불린다-옮긴이), 에픽테토스, 마르쿠스 아우렐리우스 같은 스토아학파 철학자들과 정치 지도자들의 저서를 많이 읽었다. 이때 얻은 지식은 두 사람이 미국을 건국하는 과정에서 부딪혔던 수많은 역경을 극복하는 데 큰 힘이 되었다. 탐험가이자 작가인 로버트 루이스 스티븐슨Robert Louis Stevenson(소설 『보물섬』을 쓴 영국 작가-옮긴이)은 마르쿠스 아우렐리우스와 스토아 철학을 신봉했다. 외젠 들라크루아Eugene Delacroix 같은 화가들, 애덤 스미스 같은 저술가와 사상가들, 빌 클린턴 같은 정치인들도 마찬가지였다. 발명가이자 기업가이면서 나의 절친한 친구인 팀 페리스 역시 현대인의 삶과 밀접하게 관련되어 있는 이 고대 학파의 사상을 공개적으로 지지한다.

이런 사람들은 모두 성공을 이루어나가는 과정에서 많은 역경에 부딪혔다. 어느 때에는 큰 역경을, 어느 때에는 작은 역경을 극복해야 했다. 라이언의 말처럼.

"남녀를 불문하고 위대한 사람들에게는 한 가지 공통점이 있어요. 산소와 불의 관계처럼, 그들에게 장애물은 자신의 야망을 불태우는 데 필요한 연료가 되었다는 점입니다. 아무것도 그들의 전진을 막지 못합니다. 그들의 야망은 무엇으로도 좌절시키거나 억제하지 못하죠. (지금도 그러하죠.) 모든 장애물은 도전의 불길을 더욱 맹렬히 타오르게 하는 연료일 뿐입니다."

당신의 관점이 '선택'이다

카일 메이나드 역시 자신이 인식하든 못하든, 스토아학파다. "그 사람의 관점이 항상 그 사람의 선택이 된다"는 그의 말은 스토아학파 철학자들의 주장, 즉 세상에는 선한 것도 악한 것도 없으며 사물을 바라보는 인식이 다를 뿐이라는 주장을 고스란히 반영하고 있다. 그가 흔들림 없이 자기 꿈을 하나씩 이루어나가는 과정에서 가슴속에 새겨둔 말은 철학자이자 정치가인 세네카의 명언이었다.

'위대함의 절정으로 이어진 길은 험하다.'

카일이 고등학교에서 레슬링을 처음 시작했을 때 주변에서는 뭐라고 말했을까?

"사람들이 '넌 한 경기도 이기지 못할 거다'라고 말했어요. 내 앞에서 대놓고 얘기하진 않았지만, 뒤에서 수군거리는 소리를 다 들었죠."

그런 의구심은 대부분 선입관에 눈이 먼 사람들에게서 나왔다. 그들은 성취에 목마른 야심가를 눈앞에 두고도 알아보지 못했다. 사람들은 그가 갖추지 못한 것만 보았다. 그를 속박하고 가로막는 것만 보았을 뿐, 그것이 카일을 더 강인하고 더 단호하게 만들었을 지도 모른다는 사실과 레슬링 매트 위에서 전술적 우세로 작용할 지도 모른다는 사실을 간과했다!

사람들의 의구심과 부정적인 반응 중 일부는 거의 확실하게, 그의 잠재적 경쟁자들의 마음속에 존재하는 두려움과 불안한 마음에서 나왔다. '만약 이 팔다리도 없는 10대에게 지면 어떡하지?' '참 꼴좋겠다!' 그들의 두려움은 현실이 되었다. 카일은 3학년 때 치른 경기에서 36승을 거뒀을 뿐만 아니라 시니어 내셔널 선수권 대회에 나가 다른 주의 대표들과 자신보다 상위에 랭크된 선수들을 연파하며 자신의 체급에서 12위를 마크했다.

카일은 이같이 겁 많은 사람들의 잘못된 인식과 오해를 자신에게 유리한 방향으로 활용했다. 그는 비난을 일삼는 사람들에게서 자기 발전의 연료를 찾아냈다. 랄프 왈도 에머슨은 이렇게 말했다.

"그런데 사람들이 나를 오해하는 것이 그렇게 안 좋은가? 피타고라스도 오해를 받았다. 소크라테스, 예수, 루터, 코페르니쿠스, 그리고 갈릴레오와 뉴턴 등 이 세상에서 순수하고 현명한 인물들은 모두 오해를 받았다."

물론 지금 나는 카일이 소크라테스나 예수, 또는 갈릴레오와 동급이라고 주장하는 것이 아니다. 다만 힘든 싸움을 해야 하는 사람들의 이야기에 관한 한, 그보다 더 나쁜 경우도 많다는 뜻이다. 성공은 부분적으로 남들의 의구심을 사고 역경에 맞서는 데서 나온다. 그리고 그들의 위대한 성공을 낳는 것은 정확히 그런 투쟁이다.

1년 뒤 카일은 이종격투기에 도전하기로 결심하고 혹독한 훈련을 시작했다.

"사실 나는 이종격투기 선수 생활을 통해 나 자신에 대해 정말 많이 알게 되었습니다. 다른 사람들이 내가 하고 있는 일에 그토록 심하게 반감을 가진 적이 없었거든요."

조지아 주는 그의 첫 번째 경기를 무산시키려 했다. 조지아 주 체육협회는 그에게 공인 시합을 치르는 데 필수적인 파이터 자격증을 발급해주지 않았다. 레슬링 선수로 뛰던 시절부터 그를 괴롭혀온 온갖 유언비어가 인터넷 공간으로 자리를 옮겨 계속되었다. 사람들은 이제 자기 생각을 있는 그대로, 아무런 거리낌 없이 표현했다. 인터넷 공간에서 활동하는 논평가들은 주요 이종격투기 대화방과 커뮤니티를 돌아다니며 그에게 무자비하고 매정한 글을 퍼부었다. 사람들은 그를 협박했다. '다리 없는 괴물'이라 부르기도 했다.

"나의 핵심 신념 중 하나는, 사람에게는 열정적으로 추구하고 잠재력을 최대한 발휘할 수 있는 대상이 있어야 한다는 것입니다. 나는 프로 파이터가 되려는 게 아닙니다. 그런 환상은 갖고 있지 않아요. 그냥 이 스포츠를 경험하고 싶을 뿐이에요. 이 경기의 팬들 중 99.9퍼센트는 결코 케이지cage에 발을 들여놓는 일이 없을 테니까요. 괜찮습니다. 난 다만 겁먹는 것이 싫었어요. 케이지 안에 들어가 이 스포츠를 경험하고 싶었어요."

위대한 사람들은 모든 상황을 이런 식으로 파악한다. 그들은 역경을 자신의 전진을 가로막는 장애가 아니라 목표에 한 걸음 더 가까이 다가가게 하는 삶의 교훈으로 여긴다. 카일의 상대들과 그를 증오하는 사람들은 두려움 때문에 그를 몰아세웠다. 그들을 매트에서 나오게 하고, 케이지에서 내려오게 한 것도 두려움이었다. 하지만 두려움은 카일에게 자신의 한계를 시험하게 하고, 더 큰 에너지와 목적의식으로 자신의 꿈을 추구할 수 있게 했다. 위대한 가수인 라이오넬 리치Lionel Richie는 이렇게 말했다.

"위대함은 두려움에서 탄생한다. 두려움은 우리의 기능을 정지시켜 우리를 집으로 보낼 수도 있지만, 우리는 그것과 끝까지 싸울 수도 있다."

이것이 바로 역경이 그렇게 중요한 이유이며, 이 책에서 두 번째로 다룬 이유다. 우리는 먼저 비전을 품고, 그다음에는 장애에 부딪힌다. 위대한 사람들은 장애물을 크게 걱정하지 않는다. 장애는 피할 수 없다. 세상이 끝나는 것도 아니다. 그들은 오히려 이것을 현실의 한 측면이자 하나의 도전으로 여긴다. 새로운 언어를 배우기 위한 도전, 에너지를 자신의 진정한 진로 속으로 돌리기 위한 도전, 비전을 환상에서 실천 가능하고 현실적인 계획으로 업그레이드하기 위한 도전으로.

이것은 카일의 인생에 공통적으로 깔려 있는 정신이라는 생각이 문득 들었다. 사실 그는 다음과 같은 말을 끊임없이 되뇐다.

'좋아, 내가 못하는 게 뭐야? 어떻게 하면 돼? 그 방법을 어떻게 찾지?'

이런 태도는 그가 청소년기에 미식축구 경기장에서 상대편 볼 캐리어ball carrier(미식축구에서 볼을 가지고 있는 공격수-옮긴이)에게 태클을 걸 때, 10대 후반에 거물들과 함께 군중 앞에서 강연을 할 때, 20대에 킬리만자로 산에 오를 때에 모두 적용되었다. 그는 팔다리 없이 태어났다. 그래서 주변 환경과 일상에 맞춰 자신의 상황을 수정하고 조정한 뒤 적응해야 했다.

역경을 만나면 오히려 우리는 감사해야 한다. 우리가 원하는 곳에 오르는 데 도움을 주기 때문이다. 길을 가로막는 것이 바로 길이 된다. 예를 들어보자. 나는 카일이 전쟁터에서 팔다리를 잃은 퇴역 군인들과 함께 일하는 데 많은 시간을 보내고, 그들에게 고마움을 느낀다는 말을 듣고 충격을 받았다. 주저하는 마음이나 연대감, 혹은 동정심이 아니라 감사하는 마음이라니.

"나는 팔다리를 잃었을 때의 기분을 전혀 모릅니다. 원래부터 팔다리 없이 태어났기 때문에 그런 사태에 대한 인식이 없어요."

그는 매사를 이런 식으로 생각한다. 그는 퇴역 장병들이 느끼는 엄청난 상실감과 두려움을 경험한 적이 없다. 그들이 겪는 고통도, 오랜 부상 후유증도 경험한 적이 없다. 도대체 어떤 인생관을 지녀야 이런 자세로 살아갈 수 있는지 생각해보라. 다시 말해 어떤 인생관을 지녀야 이보다 훨씬 더 좋지 못한 과정을 거쳐 이 모양이 되지 않았다는 이유로, 선천적 장애인으로 태어난 것에 감사하는 태도로 살 수 있는지 생각해보라. 이런 인생관과 태도에 나는 자극을 받았다. '안 풀리는 날'이 올 때마다 나는 카일을 생각하며 나 역시 얼마나 감사해야 하는지 깨닫는다.

위대한 사람들은 남녀를 불문하고 이런 진리를 안다. 실질적인 문제, 장애, 또는 역경은 중요하지 않다. 중요한 것은 사고방식과 역경에 대처하는 자세다. 훌륭한 사람들은 이런 장애물을 통해 자기가 착수한 일을 달성하는 데 무엇이 필요한지를 깨닫는다. 역경이 닥쳐도 그들은 비전을 향한 꾸준한 전진의 중요성을 배운다. 그들은 세상을 향해 자신이 무엇을 원하고, 어떤 사람이 되고자 하는지를 말할 수 있도록 새로운 언어를 배운다.

앙헬 마르티네즈와 똑같은 화제로 이야기를 나눈 적이 있다. 나처럼 앙헬도 비전, 재능, 인내를 결합해 경제계에서 결국 성공했다.(물론 그가 나보다 훨씬 더 크게 성공했다!) 그는 자부심을 얻는 길은 노력이 필요하고 힘들며, 경쟁이 치열하고, 자부심은 처음 예상과 다른 곳에서 발견한다는 진리를 어렸을 때 깨달았다. 나는 이 길을 터치다운 패스를 받는 상대편 수비 진영에서 찾게 되는 줄 알았다. 알고 보니 그 길은 사람 잡는 열 개의 트랙과 필드 종목, 즉 10종 경기가 끝난 지점에 있었다. 앙헬은 그 길이 야구에 있다고 생각했다.

"다른 쿠바 출신의 아이들처럼 나도 메이저리그에서 야구 선수로 뛰고 싶었어요. 고등학교 1학년 때 나는 키가 5피트 3인치(약 160센티미터)에 몸무게가 112파운드(약 51킬로미터)쯤 되었을 겁니다. 타격도 그렇고 공을 던져도 내야를 벗어나지 못하는 거예요. 수비는 잘했죠. 대충 그 정도였어요. 1루나 2루에 공을 던질 수 있는 정도는 되었습니다. 리틀리그에서 뛸 때는 괜찮았지만, 고등학교에 진학하니까 상황이 완전히 달랐습니다."

카일과 나의 경우처럼, 앙헬의 어릴 적 꿈은 육체적 한계라는 극복하기 힘든 현실과 정면으로 충돌했다. 그도 우리처럼 그것을 피해가는 방법을 찾아야 했다. 앙헬에게 그것은 달리기였다.

"내가 달리기에 끌린 건 이 종목에서만큼은 내가 원하는 만큼 잘할 수 있기 때문이었습니다. 장거리 달리기에서는 코치들이 선수를 벤치에 앉히거나 너는 빠져, 라고 말하지 않아요. 그리고 기록을 재는 시계는 거짓말을 하지 않습니다. 주관적 판단이라는 것이 없어요. 처음 달리기를 시작할 때가 생각나는군요. 팀의 선배들이 이렇게 말했어요. '여기에는 한 가지 규칙밖에 없어. 그만두면 안 된다는 규칙이야. 필요에 따라 천천히 갈 수는 있지만, 그만두는 건 절대로 안 돼. 중도 포기란 없다!'"

느려도 꾸준하면 이기는 또 다른 경주

여러분이 비전을 추구하고 꿈을 달성하는 것에 대해 '스쿨 오브 그레이트니스'에서 얻는 교훈이 하나 있다면 다음과 같은 것이다.

'필요에 따라 천천히 갈 수는 있지만 절대로 도중에 멈춰서는 안 된다. 인생에서 최고의 노력을 투입하는 것을 포기하거나 도중에 그만둬서는 안 된다.'

앙헬도 부지불식간에 이 교훈을 클레어몬트 매케나 대학Claremont McKenna College에서 크로스컨트리 선수로 활약하는 아들에게 가르쳐주었다. 그는 나에게 아들 줄리안의 이야기를 들려주었다.

"그 아이는 내가 주변 사람에게 하는 말을 항상 듣고 자랐어요. 어느 날 그 아이가 시합하는 것을 보러 갔죠. 그런데 5마일(약 8킬로미터) 코스에서 절반쯤 달렸을 때 정강이 부위에 통증이 왔나 봐요. 속도가 느려지기 시작했고, 나는 뭔가 잘못되었다고 직감했죠. 곧장 달려가 '줄리안, 왜 그러니?' 하고 물었지만 얼굴만 찡그릴 뿐 대답하지도 않고 달리더군요. 그렇게 경주를 마쳤어요."

나중에야 2.5마일 지점에서 줄리안의 다리가 부러졌다는 사실이 밝혀졌다. 경주가 끝나고 두 시간 뒤, 줄리안은 다리에 깁스를 했다. 앙헬이 왜 기권하지 않았느냐고 묻자 줄리안은 간단하고 뻔한 대답을 했다.

"아빠, 전 도중에 관두지 않아요."

정말 그렇다. 위대한 사람들은 절대 포기하지 않는다.

물론 여러분도 장기적으로 자신에게 해가 될 트라우마나 고통 속으로(고통을 경험하는 자세의 중요성은 제5장에 자세히 설명되어 있다) 자신을 몰아넣고 싶지는 않을 것이다. 항상 최고의 노력을 다하되 포기하거나 도중에 그만두지 않는다는 자세에 깔린 사고방식과 의지가 중요하다. 이것이 바로 우리가 지금 논의하는 주제다.

언젠가 앙헬은 나에게 이렇게 말했다.

"달리기는 우리가 인생에서 필요한 것이 무엇인지를 알려줍니다. 우리가 배워야 할 많은 것에 비유할 수 있어요. 달리기도 인생처럼 매일 끊임없이 도전에 맞서는 행위입니다. 기분이 좋지 않은 날도 있고 아주 좋은 날도 있죠. 의욕이 전혀 생기지 않는 날도 있고요. 어느 때에는 폭우가 쏟아지고 온몸이 얼어붙듯 추워도 나가서 뛰어야 합니다. 이게 바로 어린 사람들도 배워야 할 아주 중요한 교훈이에요. 사람에게는 헌신적인 자세가 필요하고 자신을 믿어야 한다는 것, 그리고 자신이 원하면 무슨 일이든 할 수 있다는 것. 사람의 능력에는 한계가 없어요."

나도 10종 경기 선수로 훈련할 때 똑같은 깨달음을 얻었다. 미국 핸드볼 대표팀과 함께 훈련하는 지금까지 그 깨달음의 결실을 톡톡히 얻고 있다. 선수 생활을 하다 보면 훈련을 하고 싶지 않을 때가 많다. 부상을 당한 뒤에는 특히 더 심했다. 이 새로운 종목에 입문한 지난 4년 동안 나는 훈련 과정에서 숱한 부상을 당했다. 사타구니 염좌를 세 차례 앓았고, 팔꿈치에 바늘을 꽂아 물을 빼낸 경우는 셀 수조차 없다. 발목이 삐거나 손가락이 부러진 적도 있고, 팔꿈치에 목을 맞아 1주일 동안 피를 토한 적도 있다. 타박상과 골절, 멍든 횟수를 꼽자면 끝이 없을 것이다. 하지만 나는 부상을 당할 때마다 교훈을 얻었다. 부상에서 회복한 뒤에는 계속 전진하는 데 필요한 조치를 취했고, (희망이지만) 그 교훈을 더욱 발전하는 데에 유익하게 활용하려 했다.

이렇게 역경을 뛰어넘는 승리, 여러 면에서 자신의 한계를 극복하는 승리의 힘을 경험하면 벤치에서 나와 다시 경기장으로 들어갈 수 있다. 카일 메이나드 역시 이런 승리를 경험했다. 그는 삶에서 매일 경험한다. 단지 벤치에서 벗어나게 하는 데 그치지 않고 아프리카 한복판의 산기슭으로 그를 데려다놓는다.

카일은 2012년 초에 아홉 명으로 구성된 등반팀의 일원으로 탄자니아에 가서 킬리만자로 산(해발 5,895미터)에 올랐다. 팀원들과 인공 보조기의 도움 없이, 그는 순전히 팔꿈치로 땅을 짚은 채 '곰보행' 자세로 무려 12일 – 올라가는 데 10일, 내려오는 데 2일 – 동안 걸었다. 이 산에서는 매년 대여섯 명이 등반하다가 사망한다. 정상에 오른다는 것 자체가 엄청난 위업이다. 누구라도 카일처럼 이 일을 했다면, 글쎄, '위대하다'라는 말을 빼면 이 위업을 표현할 말이 있을 것 같지 않다.

물론 카일은 동의하지 않을 것이다. 자신의 상황을 이런 식으로 인식하지 않기 때문이다. 정말 놀라운 사실은 이 등반이 그와 상관없이 추진되었다는 점이다. 미 육군병원에서 육군 장병의 아들로 태어난 카일은 늘 참전 용사들과 함께 일하고 싶다는 열정을 품고 있었다. 이번에 추진된 킬리만자로 등반은 그들을 위한 미션이었다. 그 목표에 대해 카일은 이렇게 얘기해주었다.

"우리의 자유를 위해 글자 그대로 자신의 팔과 다리를 희생한 병사들에게 미흡하나마 '귀하에게 불행한 사고가 닥쳤지만, 귀하는 여전히 원하는 삶을 창출할 수 있습니다. 꼭 킬리만자로 등반 미션이 아니어도 됩니다. 누구나 하고 싶은 일이 있지요'라는 감사의 메시지를 전하는 것이었습니다."

살다 보면 누구라도 어느 시점에서 역경에 부딪힌다. 역경은 예고 없이 찾아오며 꽃과 사탕을 동반하지 않는다. 그 형태도 다양하고 사람을 괴롭히는 양상도 제각각이다. 이러한 역경에 대처하고 극복하는 방법은 어떤 상황이든 부러지지 말고 휘는 태도를 취하는 것이다. 그러려면 지혜와 열정을 내면 깊숙이 있는 에너지의 원천과 결합하여 자신을 긍정적인 방향으로 밀어내려는 노력이 필요하다.

킬리만자로 산을 오르기 시작한 뒤 4일 동안 끔찍한 통증과 함께 팔꿈치와 발이 부어오르면서, 등반을 포기하기 직전까지 이르렀을 때 카일이 해야 했던 노력이 바로 이것이었다. 앙헬 마르티네즈가 육상 선수 시절에 조금이라도 더 빨리 달리기 위해 자신을 다그칠 때도 마찬가지였다. 그가 더 빨리, 더 오래 달리려고 안간힘을 쏟을 때 직면했던 가장 큰 문제는 팀원들이 신은 운동화가 별로 좋지 않았다는 것이었다. 불편하지 않은 운동화를 신으려면 버클리(그는 이미 뉴욕의 브롱크스에서 샌프란시스코 만에 있는 베이 에리어로 이사한 뒤였다) 시내로 들어가 '블루리본 스포츠'라는 회사에서 수입한 운동화를 사는 수밖에 없었다. 수입업체의 주인은 누구일까? 그의 이름은 필 나이트Phil Knight, 바로 나이키를 설립한 사람이다.

앙헬은 이런 사람들이 자기가 좋아하는 스포츠 분야의 문제점을 해결하면서 돈도 벌고 있는 모습을 보자 이렇게 생각했다.

'나라고 못할 이유가 있나? 나라고 지금 열정을 쏟는 일[육상]과

어렸을 때 열정을 쏟았던 물건[멋진 운동화]을 연결해 돈을 벌지 못할 이유가 뭐야?'

그는 결국 작은 가게에 취직해 일하기 시작했고, 곧 가게 주인에게서 지분의 절반을 샀다. 그리고 몇 년 뒤 영국인들이 브랜드 하나를 팔기 위해 그를 찾아왔다. 그 회사가 바로 리복이었다.

앞에서 얘기한 '장애물이 길이 된다'는 말의 의미가 바로 이것이다. 키가 너무 작지 않았다면, 자신의 능력을 증명하고 싶지 않았다면 앙헬은 자기 인생을 송두리째 바꾼 이 사업, 즉 자신의 천직을 절대 접하지 못했을 것이다. 앙헬은 "자신을 지극히 평범한 사람으로만 보지 않으면, 주변에는 항상 도전할 대상이 있다"고 표현했다. 따라서 우리는 역경에 대비하고 그것을 맞이할 준비, 즉 그것을 최대한 이용할 준비를 해야 한다.

나는 몇 년 전부터 일이 정말 안 풀리면, 이유는 모르겠지만 항상 카일과 앙헬을 떠올리고 되된다.

'맙소사, 내가 가진 것들 중에 감사해하지 않아도 되는 게 하나라도 있는가?'

물론 다른 사람들처럼 나도 불만이 많다. 근거 없는 낙천주의자가 되어야 한다거나, 인생을 항상 장밋빛 유리를 통해 봐야 한다는 뜻이 아니다. 자기기만을 얘기하고 있는 것도 아니다. 지금 나는 눈을 크게 뜨고 주변을 보는 자세의 중요성을 말하고 있다. 예전에 나는 나쁜 일이 생기면 그냥 주저앉았다. 내 마음대로 일이 풀리지 않으면 좌절하곤 했다. 요즘은 다른 사람들에게는 없는 놀라운 장점이 나에게 많다는 점을 항상 잊지 않고 있다. 카일은 그 모든 위업을 달성했고, 앙헬은 브롱크스의 다세대주택에서 자산 가치가 수십억 달러에 이르는 대기업의 최고급 사무실로 자리를 옮겼다. 나도 일이 잘 풀리지 않을 때 부정적인 태도에 빠지지 않으면서 나의 꿈을 추구하고 나름대로의 위대함을 위해 노력할 수 있다. 역경이 닥칠 때마다 나는 이들이 보여준 모범 사례를 떠올린다. 그리고 이들과의 우정에 감사해한다.

눈을 크게 뜨고 전혀 다른 관점으로 세상을 볼 때 우리는 진정으로 대문 앞에 와 있는 기회를 발견하고, 그것을 유리한 방향으로 활용하는 방법을 알 수 있다. 만약 꿈을 달성하기가 쉽다면 모든 사람이 해냈을 것이고, 사람을 몰아치거나 좌절시키는 찜찜한 느낌에 시달리지 않을 것이다. 꿈을 이루고 비전을 성취하는 일이 그토록 특별한 것은 그 고지에 오르기까지 많은 노력이 필요하기 때문이다. 역경 따위는 나의 적수가 되지 않는다는 것을 증명하라. 무엇보다 그것이 가장 중요하다!

🏃

연습 : 내·외부의 역경을 모두 받아들인다

대부분의 사람들에게 역경은 주체하기 힘든 스트레스를 주는 장애나 불운을 뜻한다. 그와 달리 역경을 자신에게 유리한 방향으로 활용할 줄 아는 사람은 그 역경을 성공으로 이끄는 파워를 지니고 있는 것과 마찬가지다. 물론 말은 쉽다. 실제로 역경을 '좋아하는' 사람은 아무도 없기 때문이다. 누구나 준비되지 않은 상태에서 역경을 처음 맞닥뜨리면 실패했다는 느낌이 든다. 역경은 실패를 의미한다. 그리고 실패는 당신이 어떤 일을 잘 못했다는 것을 의미한다. 그것은 정말 더러운 기분을 안겨준다.

사실 실패는 우리의 행동에 따른 외적 반응일 뿐이다. 자신이 형편없다거나 뛰어나지 않다거나 무능하다는 뜻이 아니다. 실패(또는 반응)는 우리에게 무엇이 잘못되었는지를 되짚어보고, 그것을 바로잡을 방법을 찾는 기회를 준다.

모든 사람이 실패를 경험한다. 크게 성공한 사람도 보통 사람들처럼, 아니 그보다 훨씬 더 많이, 그것도 훨씬 큰 이해관계가 걸려 있는 게임에서 실패한다. 이런 진리를 깨달으면 실패를 기피 대상이 아니라 사랑의 대상으로 여길 수 있다. 토머스 에디슨은 전구를 발명하기 전에 무려 1만 번의 실패를 감수해야 했지만, 각각의 '실패'는 그가 아직 올바른 방법을 찾지 못했으며 그가 이번에 쓴 방법이 특정한 작업에 들어맞지 않는다는 사실을 일깨워주는 '반응'이었다. 그에게 실패는 무능력의 증거가 아니었다. 그 실패들은 오히려 그의 재능이 드러나는 계기를 마련해주었고, 다음번 시도가 성공작이 될 가능성을 높여주었다.

자신의 태도가 정작 자신이 직면한 가장 큰 장애인 경우도 많다. 부정적인 기분, 자기 회의, 자기혐오 등이 그것이다. 이런 태도는 모두 우리의 내부에서 나오는 것이며, 비전의 달성을 방해한다. 우리가 역경에 대한 인식을 바꾸고 실패가 우리에게 힘들게 주려 하는 메시지를 받아들일 때까지는 온갖 역경이 우리의 삶에서 떠나지 않을 것이다. '반응'에 귀를 기울이고, 그것을 다음 행동에 적용하라. 그러면 자신도 모르는 사이에 역경이 눈 녹듯 사라질 것이다.

이것은 부정적인 기분이 우리를 집어삼키려 할 때 연습할 수 있고, 또 해야만 하는 훈련이다. 이것을 매일 연습해야 하는 과제로 삼아라. 사고방식을 바꿔 어떤 역경이 와도 좌절하지 않고, 비전을 달성하는 데 도움이 되는 방식으로 꾸준히 삶을 지속할 수 있을 때까지 연습하라.

1단계 : 역경을 인지하라

역경은 누구에게나 닥친다. 고통은 불가피하지만 절망하느냐 그러지 않느냐는 자신의 선택에 달려 있다. 역경이 무엇이고, 왜 그것이 일어나는지 정확히 파악하자. 나에게 오는 역경은 그 종류에 상관없이 내가 책임져야 한다. 이유, 즉 역경의 뿌리에 주목하라.

역경에는 두 종류가 있다.

1. **일상생활에서 수시로 찾아오는 사소한 좌절** : 인간관계에서 사소한 갈등을 겪거나, 직장에서 원했던 임금 인상이 무산되거나, 주차권을 발급받지 못하거나, 제출한 과제에 낮은 평점을 받았거나, 지치고 스트레스를 받거나, 안전하지 못한 환경에서 살아가

는 경우 등이 여기에 해당한다.

2. **드물지만, 크고 두드러진 역경** : 가족의 죽음, 교통사고, 부상 또는 질병, 충격적인 이별, 실직, 파산 등이 여기에 해당한다.

인생에서 역경에 부딪히는 게 불가피하다는 사실을 깨달은 사람은 앞으로 그것이 발생할 때에 대비할 수 있다. 지금 나는 어떤 역경과 싸우고 있는가? 무엇이 나의 삶에서 비전의 달성과 성공을 가로막고 있는가?

자신이 겪고 있는 역경을 종이에 적어라. 하나씩 짚어가면서 나의 전진을 서서히 멈추게 하는 만성적이고 일상적인 역경인지, 아니면 나를 아예 성공 가도에서 벗어나게 하는 고난인지 파악하라.

이제까지 여러분은 이런 문제를 어떻게 해결해왔는가? 과거에는 이와 비슷한 문제를 어떻게 해결해왔는가? 그런 문제를 해결한 적이 있는가? 어떻게 해결했는가? 우리는 이런 문제에 대한 답에서 '어떻게 행동해야 할지', 아니면 '어떤 행동을 하지 말아야 할지'에 대한 지혜와 통찰력을 얻을 수 있다.

나의 코칭(인재 개발 기법 중 하나로, 코치와 코칭을 받는 사람이 파트너가 되어 직접 목표를 설정하고 효과적으로 달성하며 성장할 수 있도록 지원하는 과정 - 옮긴이) 지도를 받는 대부분의 고객이나 이 책에서 소개하는 위대한 스승들도 예전에 그러했듯, 비전을 추구하는 길에서 역경에 부딪혔을 때 가장 흔한 행위는 묵살하거나 회피하는 것이다. 어느 때에는 역경이 존재하지 않는 척 행동한다. 과거에 나도 그런 식으로 행동했으며, 그러했던 것에 죄책감을 느낀다.

두말할 필요도 없이, 절대 해서는 안 되는 행동이다. 역경을 회피하지도, 묵살하지도, 부인하지도 마라. 어떤 역경과 맞서고 있는지 인식하고, 있는 모습 그대로 받아들여라. 피하거나 저항하면 오래 지속될 뿐이다.

2단계 : 종이에 적거나 주변 사람들에게 알려라

일단 역경을 인식했으면 그 때문에 나의 기분이 어떻게 변했는지, 기분이 왜 그렇게 변했다고 생각하는지 종이에 적어라. 그럼으로써 지금 겪고 있는 스트레스를 어느 정도 해소하고, 그것을 자신에게 가장 해롭고 아픈 곳에서 떼어내는 데 도움이 된다. 이 과정을 마치면 우리는 시간이 지남에 따라 기분이 변하는 추이를 기록한 문서를 확보하는 셈이므로, 그 안에서 어떤 패턴을 찾고 발전 가능성이 있는 지점을 찾을 수도 있다. 펜과 종이를 준비해 적어라. 또는 휴대전화나 컴퓨터에 저장하라. 시간이 지나면, 언제든 참고할 수 있고 늘 마음속에 담아둘 수 있도록 이 모든 정보가 한 곳에 모여 있기를 바라게 될 것이다. 다 털어놓아라! 그리고 받아들여라!

예를 들어 '여자친구와 말다툼을 해 화가 났다(스트레스를 받았다, 또는 좌절감을 느꼈다)', '직장을 잃어 무척 심란하다', '교통사고 때문에 아직도 몸이 떨린다' 등과 같이 기록하면 된다.

이런 감정을 마음속에 가둬두면 더 많은 역경이 초래될 뿐이다.

명심하라, 억누를수록 오래간다.

만약 말로 표현하는 방식을 선호한다면 '역경 전문 친구'를 한 명 만들어, 실패해서 좌절감을 느끼거나 역경을 헤쳐나가느라 고생할 때 그 사람을 찾아가라. 그 사람과 서로 그런 역할을 해주기로 계약하라. 즉 나는 상대방이 자신의 기분을 마음껏 쏟아내도록 아무런 평가 없이 들어주기만 하고, 반대로 그 사람은 당신이 필요로 할 때 상담사 역할을 하는 식이다.

다음 장에는 실패했을 때 그 안에서 해결책을 찾는 데 도움이 되는 연습과 이야기가 소개되어 있다.

3단계 : 자신이 거둔 성과를 인정하라

일단 부정적인 기분이 사라지면 그 자리를 자신이 그날·그 주· 그 달·그해에 실행한 모든 것을 칭찬하는 마음으로 채워라. 지금 당신은 아주 중요한 일을 하고 있다! 설령 그것이 자신에게 사소해 보일지라도 지금 그것은 항상, 예전보다 훨씬 더 중요하다. 우리는 대체로 성공으로 향하는 여정에서 지금까지의 성과에 대해 자신을 칭찬하기보다 남들과 비교함으로써 손해를 자초한다. 지금 이 글을 읽는 자신의 똑똑함을 칭찬하라. 아는 것이 힘이다. 여기에서 당신의 좋은 의도를 엿볼 수 있다.

칭찬할 수 있는 자신의 좋은 점은 '늦지 않게 출근하기', '꾸준히 헬스장에 가거나 운동하기', '클린 이팅Clean Eating'(음식으로 몸을 깨끗하게 하자는 구호 아래 미국에서 최근 유행하는 식단 프로그램으로,

인스턴트식품과 화학조미료 사용을 자제하고 최대한 자연 상태의 원재료 섭취를 권장한다-옮긴이) 등과 같은 것이다.

4단계 : 고마운 마음을 표현하라

매사를 고마워하면 다른 일로 심란해하기가 어렵다. 배우자, 친구, 가족, 또는 주변 사람들에게 지금 이 순간 가장 고마워하고 있는 세 가지를 말해줘라. 그런 다음 그들에게 인생에서 가장 고마워하는 세 가지가 무엇이냐고 물어봐라. 그들에게 지금 당신이 자신과 싸우고 있다는 것까지 이야기할 필요는 없다. 하지만 항상 의식적으로 '감사의 대화' 모드로 들어가라. 주면 반드시 그만큼 온다. 칭찬이 다른 사람의 마음을 얼마나 잘 여는지 알면 놀랄 것이다.

예컨대 '나는 좋은 친구들을 둔 것에 고마워한다', '나는 나의 건강과 걷고 보고 느낄 수 있는 것에 감사해한다', '나는 가족에 대해, 그들이 내게 주는 힘에 대해 고마워한다', '나는 오늘 밤 누울 수 있는 침대를 갖고 있는 것에 감사해한다' 등과 같은 말을 할 수 있다.

5단계 : 비전과 행동을 연결시켜라

자기가 원하는 것과 그것을 원하는 이유, 즉 제1장에서 소개한 '성공 증명서'와 '개인적 목표 계획표'로 초점을 되돌려보자. 그런 다음, 자신의 비전을 실현할 다음 단계의 일을 구상하고 비전을 향해 행동을 취하라. 자신감과 긍정적인 생각, 기분 등은 탄력을 받을 때 더 잘 키워진다. 따라서 자신의 기분이 처져 있거나 역경이 닥쳤다고 생각할 때에는 곧바로 행동하는 것이 중요하다.

어떤 상황에서든 좌절을 겪거나 역경과 싸울 때 이 5단계 과정을 실천하면 서서히 우리 마음을 좀먹는 자멸적이고 부정적인 생각을 떨쳐버리고 비전의 달성과 성공으로 향하는 지도를 그릴 수 있다.

행동 전략

역경을 사랑하는 법을 배우자. 피해 의식과 사랑에 빠지거나, 역경을 자신의 족쇄로 여기지 마라. 오히려 그 안에서 꿈의 성취에 한 걸음 더 가까이 다가갈 수 있는 요소를 찾아라. 극도의 고난을 겪지 않고 위대한 업적을 성취한 사람은 아무도 없다. 이 말은 모든 난관을 헤쳐나가야 한다는 뜻이 아니다. 내 인생에서 좋은 점을 찾아 그것에 감사하고 자신을 신중하고 조심스럽게 애지중지함으로써 역경이 초래하는 난관들의 부정적인 영향을 상쇄하라. 스스로 힐링하고, 흐트러지고, 지금 자신이 떨쳐버리려고 안간힘을 쓰는 고통스러운 감정을 충분히 경험할 수 있도록 시간적 여유를 줘라. 우리는 결국 인간이다. 고난에 빠진 자신을 책망하는 것은 우리가 취할 수 있는 행위 중 최악이다. 따라서 반드시 자신을 사랑해야 하며, 나를 늘 지원하고 격려해주는 사람들을 주변에 두어야 한다. 자신의 비전, 자신의 성공 증명서, 내가 지지하는 원칙에 다시 주파수를 맞추고 음미하라. 일단 준비가 되면, 꿈과 완벽한 날을 실현하기 위한 행동을 취하라. 그것은 우리의 손이 닿는 곳에 있으며, 우리는 그 꿈의 실현에 조금씩 다가가고 있다. 역경을 받아들이고 포용하라. 실패는 반응에 불과하다. 그것을 활용하고 과감히 행동함으로써 늘 비전을 실현하는 데 전념하는 태도를 유지하라. 도중에 멈추지 마라. 계속 전진하라. 우리는 할 수 있다. 내가 밀어준다!

Champion's Mind

제3장
챔피언의 마인드를 키워라

나도 쉬운 일은 없다는 걸 안다.
나는 모든 일에는 그 이유가 있다고 말한다.
나는 어느 날 세계가 평화로워지는 꿈을 꾼다.
나는 모든 것에서 좋은 면을 보려고 노력한다.
나는 공중회전을 좋아하는 착한 소녀다.
_손 존슨

위대한 결과를 만드는 사람과 평범한 결과에 머무는 사람은 큰 차이가 있다. 그 차이는 두 귀 사이의 공간, 즉 뇌에서 오가는 대화 – 자신을 얼마나 믿는가 – 에서 시작된다. 자신의 능력을 믿으면 위대한 사람이 되는 길에서 이미 절반쯤 온 셈이다. 이렇게 되려면 자신이 성공으로 향하는 길에서 현재 도달해 있는 위치를 받아들여야 하고, 지금은 만족스럽지 않아도 나에게 그 상황을 바꿀 힘이 있다는 것을 깨달아야 한다. 당신이 할 일은 여기에 필요한 기술을 습득하고 올바르게 작동시키는 것뿐이다.

이 장에서는 그런 믿음을 강력하게 만들어 아무리 지독한 난관에 부딪혀도 마음이 흔들리지 않도록 하는 기술을 가르쳐줄 것이다. 중요한 내용을 메모하고, 강력한 내면의 목소리와 최고가 되는 데 필요한 것을 깊이 이해하라. 이것은 스포츠에만 적용되는 교훈이 아니다. 인생, 사랑, 사업, 정신생활 등 모든 면에 적용된다.

마이클 조던, 세레나 윌리엄스, 마이클 펠프스, 톰 브래디, 재닛 에반스, 마이클 존슨, 미아 햄, 마이클 슈마허.('마이클'이 많이 나오는데, 여러분도 무슨 명단인지 알 것이다) 이런 챔피언들은 어떤 사람이고, 이들의 정신세계는 어떠할까? 멀리서 보면 이들은 슈퍼맨이거나 재수가 아주 좋거나, 두 가지 조건을 모두 갖춘 것 같다. 모든 기회, 모든 돈, 모든 자리는 이들이 독차지한다. 볼은 항상 이들에게 유리한 방향으로 튀는 것 같다.

이들은 다른 모든 사람과 다른 세상에서, 자기가 원하는 대로 살고 있는 것 같다. 이들의 세계는 명료하다. 이들의 세상은 뿌옇지도, 시끄럽지도, 자기 의심으로 가득 차 있지도 않다. 우리가 비전을 명확히 규정하고 역경을 돌파하고 올바른 사고방식, 즉 챔피언의 정신 자세를 갖추면 우리의 세상도 그렇게 될 것이다.

챔피언의 사고방식은 집중력, 순리, 믿음, 감성지능으로 이루어져 있다. 이것은 미래의 성공이라는 비전에 철저하게 헌신하는 자세를 뜻한다. 나는 여러분이 이 장에서 배우게 될 '시각화' 연습을 통해 이런 개념을 스스로 이해해야 했다. 이 독특한 정신 상태를 지니면 우리는 자신의 모든 에너지를 육체적으로, 정신적으로, 감정적으로 가장 유리한 입장에 서는 데 쏟을 수 있다.

이 정신 상태가 독특하다는 내 말을 오해하지 마라. 소수의 사람만 이런 마음가짐을 터득할 수 있다는 뜻이 아니다. 내 말은 위대함을 추구하는 비전, 즉 사람의 마인드, 즉 사고방식을 규정하고 노력을 쏟도록 몰아치는 그 비전은 그 사람에게만 해당하는 비전이라는 뜻이다. 나는 또 이것은 여러분이 인생에서 앞으로 경험할 어떤 것과도 다른 사고방식이라는 점을 강조하고자 한다.

최고의 자리에 선다는 것

나는 이미 챔피언의 마인드를 맛보았다. 사실 대부분의 사람들도 그 맛을 보았다. 그 당시에 깨닫지 못했을 뿐이다. 나 역시 처음에는 알지 못했다. 그저 내가 해야 할 일을 했을 뿐이라고 여겼다. 내게 주어진 과제를 수행하는 데만 완벽하고 철저하게 몰두했을 뿐이다. 그런데 나중에 보니 그것은 챔피언의 마인드를 구성하는 아주 중요한 요소였다. 나는 장대높이뛰기 경기장에 설치된 15피트(약 4.6미터) 높이의 기둥 꼭대기, 그리고 40미터 달리기의 결승선에서 그것을 배웠다.

대학교 4학년 때의 초여름이었다. 나는 아이오와 주 웨이벌리에서 열리는 NCAA 전미육상선수권대회에 대비해, 내 인생 최고의 몸 상태를 만들기 위해 6개월째 스트레칭과 밀고 당기기 훈련, 근력 강화 운동을 하고 있었다. 나의 주 종목인 10종 경기는 이틀간

열렸다. 이 대회는 그동안 내가 쏟은 노력을 검증하는 시험대였다. 약 1년 전, 시즌 두 번째 미식축구 경기에서 갈비뼈가 부러지는 부상을 당한 뒤 나는 그 어느 때보다 강한 선수로 경기장에 복귀했다. 그 부상이 올아메리칸이 되겠다는 나의 꿈을 완전히 무산시켰다고 생각했지만, 10종 경기는 죽어가던 나의 꿈에 숨을 불어넣어 주었다. 8위 안에만 들면 그 꿈이 실현되는 것이다.

경기가 시작되었다. 몸속에서 아드레날린이 솟구치는 것 같았고 힘이 펄펄 났다. 첫날은 몇 종목에서 좋은 성적을 거뒀고 몇 종목에서는 저조했다. 나는 9위 정도의 성적으로 이튿날 경기에 돌입했다. 올아메리칸이 오르는 단상에 서려면 그날 세 번째 종목인 장대높이뛰기에서 우수한 성적을 올려야 했다.

장대높이뛰기 경기가 시작되면, 선수는 처음 뛰어넘을 바의 높이를 심판진에 통고해줘야 한다. 그다음, 각 높이에서 총 세 번씩 뛰어넘을 기회가 주어지는데, 최초의 높이에서 통과하지 못하면 그 종목에서 0점을 받게 된다.(그러면 사실상 우승 가능성이 사라진다) 이때 내가 1차 시기로 심판진에 통고한 높이는 12피트(약 3.7미터)였다. 자신만만하게 어프로치approach(도움닫기 판을 밟는 동작-옮긴이)에 들어가 힘차게 주로를 달린 다음, 높이 뛰어올랐다. 15피트(약 4.6미터) 높이를 시도해도 좋았을 만큼 바를 크게 초과하여 뛰어넘었다. 하지만 내려오는 과정에서 바를 살짝 건드리는 바람에 누운 채 바가 굴러떨어지는 모습을 지켜봐야 했다. 하지만 걱정하지 않아도 된다. 아직 두 번의 기회가 남았고, 다음 시기에서 성공할 수 있을 것 같았다.

2차 시기에서 나는 이전보다 더 빨리 주로를 달렸는데, 그 과정에서 보폭이 너무 커져 적절한 도약 지점을 맞추지 못했다. 나는 이상적인 도약 지점에서 2피트(약 61센티미터) 모자란 지점에서 달리기를 멈추었고, 탄력을 더하기 위해 그 자리에서 그대로 뛰어올랐다. 나는 곧바로 15피트(약 4.6미터) 정도 공중으로 올라갔지만, 바 근처에도 못 간 채 조주로에 떨어졌다.

당연히 세 번째이자 마지막 시기는 예기치 못한 부담감과 압박감을 주었다. 그때 나는 겨우 스물두 살이었지만, 내 인생 전체가 이 한순간에 달린 것 같았다. 성공하면 올아메리칸에 선발될 희망을 이어갈 수 있다. 하지만 실패하면, 이 순간을 대비해 구슬땀을 흘린 지난 6개월을 포함해 22년간의 내 인생이 물거품이 되고 만다. 그때 내 기분이 바로 그랬다. 내가 꿈꾸는 성공은 결국 이것이었다.

장대높이뛰기에서는 힘, 기술, 그리고 타이밍이 중요하다. 10종 경기에서 장대높이뛰기는 종합 우승의 향배를 좌우하는 핵심 종목이다. 1992년 앙헬 마르티네즈의 전 직장인 리복 사는 바르셀로나 올림픽 개막을 앞두고 미국 10종 경기 선수인 댄 오브리엔과 데이브 존슨에 '댄&데이브'라는 애칭을 붙여주고, 이들에게 초점을 맞춘 대대적인 홍보 활동을 전개했다. 그들은 세계 정상급의 10종 경기 선수였고 사람들은 그들이 메달을 획득할 거라고 기대했다. 단, 문제가 하나 있었다. 댄이 올림픽 대표 선발전에서 떨어진 것이다. 그 이유가 궁금한가? 장대높이뛰기 종목에서 세 차례의 점프를 모두 실패해 실격한 것이다. '댄&데이브'가 이제 '데이브와 나머지 선수들'이 된 셈이다.

코치는 날카롭지만 자신감에 찬 눈빛으로 조용히 나를 보았다. 나는 이상하게도 두렵지 않았고, 오히려 예닐곱 살 때 아빠와 함께 소파에 앉아 미식축구 경기를 보던 장면, 즉 아빠가 올아메리칸과 올아메리칸이 된다는 것의 의미를 설명하는 모습 등이 머릿속에 선하게 그려지기 시작했다. 운동선수로서의 성공보다는 명예심과 목적의식이 내 마음을 사로잡았다. 그러면서 혼돈과 정신적 방황이 해소되었다. 발목을 잡고 있는 무거운 족쇄가 떨어져나가는 것 같았다. 내가 해야 할 일이 무엇이고, 내가 누구이며, 무엇을 할 수 있는지도 정확히 깨달았다. 그 덕분에 나는 장대를 들고 조주로를 빠르게 달릴 때, 목표 지점에 장대를 디딜 때, 바 위로 가볍게 몸을 날릴 때 강력한 집중력을 발휘할 수 있었다. 안도감과 환희가 동시에 밀려왔다. 나는 계속해서 14피트(약 4.3미터)도 성공해 그날 장대높이뛰기에서 개인 최고 성적을 기록했고, 다음에 벌어진 두 종목에서도 좋은 성적을 올렸다.

그날 나는 올아메리칸에 선발되었다.

몰입하는 힘

나는 지난 10년 동안 스포츠 외에 사업과 인간관계 등 삶의 많은 분야에서 그날 발휘했던 레이저 같은 집중력을 한껏 발휘했다. 그것은 중독성이 있다. 아직도 이런 느낌을 경험하지 못한 사람들도 있을 것이다. 그들은 이것 때문에 자신이 어떤 성공을 놓치고 있는지 모르고 있을 것이다. 절정의 성적과 탁월한 성과에 따르는 느낌을 거의 못 느낀 사람들도 있다.

그날 장대높이뛰기 경기를 하기 전까지, 나는 내 최고 성적의 근처에도 올라간 적이 없다. 전에는 잘하지 못했다는 말이 아니다. 스포츠든, 사업 또는 인생이든, 자신이 잘하는 것과 그 상황에 철저하게 몰두하는 마음가짐, 즉 챔피언의 정신 자세가 위대한 성적을 올리는 필수적인 요소라는 말이다. 그리고 바로 그날, 나는 장대높이뛰기 경기장의 매트 위에 누워 아직 12피트(약 3.7미터) 높이의 바걸이에 걸려 있는 바를 올려다보면서, 인생의 모든 부문에서 상황의 핵심으로 몰입하는 힘을 느꼈다. 이제 나는 그것을 '레이저 포커스laser focus'라고 부르지만, 내가 그 순간에 무엇을 쏟아붓고 있었는지를 완전히 깨달은 것은 놀라운 두 사람, 즉 스티븐 코틀러, 미국 올림픽 대표 체조 선수인 숀 존슨과 얘기하고 나서였다.

스티븐 코틀러는 『슈퍼맨의 부상 : 궁극적인 인간 수행의 과학의 해독The Rise of Superman: Decoding the Science of Ultimate Human Performance』을 쓴 작가다. 그의 책이 바로 내가 평생 기다려온 책이라는 말은 사실 절제된 표현이다. 오하이오 주의 중부 지방에서 깡마른 백인 아이로 성장한 내가 오직 원했던 것은 모든 스포츠 종목에서 나의 경기력을 한 차원 높이고, 절정의 기량을 키우려면 운동선수로서 어떤 장점을 획득해야 하는지를 알아내는 것뿐이었다. 나는 올아메리칸에 선발된 선수들이나 존경하는 세계 챔피언들처럼 주어진 상황에 몰두하는 방법, 즉 스티븐이 말하는 '몰입 상태flow state'에 들어가는 방법을 알고 싶었다.

스티븐이 내게 말했다.

"'몰입'은 최적의 의식 상태입니다. 이 상태에 들어가면 최고의 성적을 올리고 최고가 된 기분을 느끼죠. 몰입 상태에 들어가면 앞에 놓인 과제에만 전념하기 때문에 모든 잡념이 사라집니다. 시간의 속도가 빨라져서 다섯 시간이 5분처럼 지나가기도 하고, 혹은 느려져서 교통사고를 당했을 때처럼 주변 상황이 정지 화면처럼 멈추기도 합니다. 자아의식, 남의 시선을 의식하는 마음 따위는 완전히 사라지고 정신적이든 육체적이든 성과에 관련된 모든 힘이 치솟죠."

그렇다! 이것이 바로 내가 아이오와 주 웨이벌리에서 육상 트랙에 마련된 조주로를 전력 질주해 장대높이뛰기 디딤대 안의 구멍에 장대를 꽂고 내 몸을 바 위로 날려 나의 꿈에 더 가까이 갔을 때 느낀 기분이었다. 하지만 스티븐과 얘기하면서 나는 한 가지 사실을 잘못 알고 있었음을 깨달았다. 그때 그 순간이 내가 몰입 상태를 처음 경험한 것이 아니었다는 사실이다. 그보다 2년 전, 대학 2학년 때 미식축구 경기장에서 나는 그와 비슷한 마음 상태를 경험했다. 당시 나는 마치 아무도 꺾을 수 없는 천하무적의 선수가 된 것 같은 기분을 느꼈다. 그 경기에서 나는 기록을 깨뜨렸다. 내 기억에 그날 상대편은 디펜시브백Defensive Back(수비의 최후 보루-옮긴이) 한 명을 나에게 붙였다. 그런데 상대편 세이프티 safety(미식축구에서 상대팀과 멀리 떨어져 있는 수비수-옮긴이)를 몇 번 따돌리자 어느새 나를 마크하는 상대팀 디펜시브백이 두 명으로 늘어나더니 다시 세 명으로 늘어났다. 나중에는 상대팀 선수 전원이 나를 저지하라는 임무를 받은 것 같은 착각이 들 정도였다. 하지만 내가 있는 쪽에 얼마나 많은 수비수를 붙였는지, 그들이 어떻게 플레이했는지, 혹은 어떻게 플레이하려고 했는지는 상관없었다. 공은 여전히 내 쪽으로 왔고, 나는 그 모든 패스를 받아냈다. 나는 2003년 「먼데이 나이트 풋볼Monday Night Football」(ESPN에서 방송하는 미식축구 중계 프로그램. 매주 월요일에 정규 시즌 경기를 중계한다-옮긴이)을 통해 중계된 경기에서 오클랜드 레이더스를 상대했던 그린베이 패커스의 와이드 리시버가 된 것 같았다. 당시 패커스의 쿼터백 브렛 파브르는 아버지가 돌아가신 다음 날 이 경기에 나섰는데, 팀의 와이드 리시버들은 그가 어디로 공을 던지든 다 받아냈다. 그날 내 플레이가 바로 그러했다.

재미있는 사실은, 그날 우리는 상대의 터치다운 한 번으로 지고 말았다(42 대 35)는 것이다. 내가 기억하기로, 경기가 끝난 뒤 나는 크게 좌절했고 내가 볼을 많이 잡지 못했거나 많은 거리를 전진하지 못했다고 생각했다. 그날 내가 세운 기록이나 플레이에 대해 전혀 알지 못했다. 그런데 우리가 라커룸에서 패드를 벗고 있을 때 갑자기 사람들이 몰려오더니 이렇게 말하는 것이었다.

"와, 너 오늘 믿을 수 없을 만큼 환상적인 플레이를 보여줬어. 네가 패스를 몇 번이나 잡은 줄 알아?"

난 전혀 몰랐다. 여덟 번, 아니면 열 번? 그 정도면 어느 팀의 와이드 리시버에게도 좋은 성적이었다. 하지만 그것에 대해 신경 쓰고 싶지 않았다. 샤워장에서 나는 자책하며 생각했다.

'어떤 점을 고쳐야 할까? 어떻게 하면 더 나은 팀원이 될 수 있을까?'

그날 나는 패배의 고통에서 헤어나지 못한 채 라커룸에서 마지막으로 나왔다. 그때 코치가 다가와 말했다.

"축하해. 네가 한 경기 최다 리시빙 야드 부문에서 세계 기록을 세웠어. 418야드(약 382미터)!"

정확히 말하면 열일곱 번의 패스 캐치에 418야드 전진, 여기에 네 번의 터치다운을 기록했다. 그래, 그날 나는 몰입 상태에 들어가 있었다. 챔피언들이 즐겨 겪고, 위대함이 탄생하는 정신 상태. 솔직히 말해 그때 나는 조금 충격을 받았다. 대학 미식축구 역사에서 한 번도 없었던 위업을 내가 달성했다는 소식을 들으니, 물론 행복했다. 하지만 나는 또 우리 팀의 패배에 책임감을 느꼈고 경기를 더 잘 풀어갈 수 있는 방법을 찾는 데 골몰했다. 그것은 괴로우면서도 즐거운 순간이었고, 나는 그 순간을 영원히 잊지 못할 것이다. 신기록을 세웠기 때문만이 아니라 내가 그 몰입 상태에서 슈퍼맨이 된 것 같았기 때문이다. 나는 경기장 안이든 밖이든, 항상 그런 기분을 느끼고 싶었다.

물처럼, 그리고 나를 믿어라

다행스럽게도 몰입은 운동선수에게만 일어나는 것이 아니라는 사실을 나는 스티븐을 통해 배웠다. 맥킨지 컨설팅 회사는 몰입 상태에 능한 최고경영자들을 대상으로 10년에 걸쳐 연구했다. 그 결과 몰입 상태에 놓인 최고경영자는 그렇지 않았을 때보다 생산성이 다섯 배나 높다는 사실을 발견했다. 즉 생산성이 500퍼센트 높다는 말이다. DARPA●는 육군의 저격수들을 대상으로 연구하면서 경두개직류자극술tDCS이라는 기법을 통해 인위적으로 몰입 상태를 유도한 다음, 그들에게 표적 획득target acquisition(효과적으로 공격하기 위해 표적을 발견·식별하고 위치 등을 상세하게 파악하는 행위-옮긴이) 기술을 가르쳤다. 저격수들은 그 기술을 무려 230퍼센트나 빨리 습득했다. 이와 별도로, DARPA가 비군사적 목적으로 실시한 연구에서도 몰입 상태를 인위적으로 유도한 결과, 신입 저격수들을 전문가 수준에 오를 때까지 훈련시키는 데 필요한 시간이 50퍼센트 감소되었다.

이것이 바로 몰입 상태의 본질이자 효과다. 하지만 그것을 어떻게 얻을 것인가? 418야드를 전진하고, 학습 속도를 230퍼센트나

●DARPA는 'Defense Advanced Research Projects Agency(방위고등연구계획국)'의 약자로, 미국 국방성의 연구·개발 부서다. 록히드 사에 스컹크 웍스Skunk Works(관료주의에 얽매이지 않게 자율적으로, 창의성을 바탕으로 이루어지는 비밀 프로젝트. 1943년 록히드 사 내부에 만들어진 선행 연구·개발 조직에서 유래했다 - 옮긴이)가 있듯이, 국방성에는 DARPA가 있다. 이 기관이 인터넷을 발명했다.

빠르게 하고, 생산성을 500퍼센트나 증가시키는 몰입 상태를 어떻게 해야 얻을 수 있을까?

스티븐이 설명했다.

"여기에는 양면성이 있습니다. 몰입은 한편으로 필요에 의해 발생하죠. 성적 수준이 아주 많이 올라가기 때문입니다. 운동선수들의 경우, 적어도 경기를 하고 있을 때 몰입 상태에 있지 않으면 결국 병원에 실려 가거나 죽을 겁니다."

이 상황은 내가 잘 안다. 무려 세 명의 수비수가 나한테 달려드는 상황이었으니, 만약 몰입 상태에 있지 않은 채 패스를 받기 위해 상대 진영의 가운데로 들어가면 엄청난 태클을 받아 그라운드에 쓰러지거나 또 한 번 갈비뼈가 부러지는 부상을 당했을 것이다.

몰입 상태가 생기는 두 번째 이유는 우리 주변에 이것을 유도하는 온갖 요인이 포진해 있기 때문이다. 진짜 위대한 사람들은 예외 없이, 자신이 최고의 집중력을 발휘할 수 있는 환경을 만든다. 그들의 삶 속에 있는 모든 것이 몰입 상태를 유발한다. 심리학자들은 이것을 내재적 동기의 소스 코드source code(컴퓨터가 이해하는 기계 언어로 변환되어 소프트웨어를 형성하는 프로그래밍 언어-옮긴이)라는 식으로 설명한다. 또 다른 방식으로 이 개념을 설명하자면, 몰입 상태에서 우리 몸에 생성되는 다섯 가지 신경화학물질, 즉 노르에피네프린, 도파민, 아난다미드, 세로토닌, 엔도르핀은 모두 세상에서 중독성이 가장 큰 물질이다. 이런 물질은 사람을 더 민첩하게, 더 빠르게, 더 강하게, 더 의욕적으로 만든다. 스티븐의 설명에 따르면, 이런 물질은 우리의 정신 능력을 높이는 면에서도 육체적 능력을 향상시키는 것과 똑같은 작용을 한다.

모든 문제가 한꺼번에 해결되는 설명이 아닐 수 없다!

스티븐의 말은 몰입하기 위해서는 정신 자세, 즉 우리가 주변 상황을 어떻게 인식하고 정보를 어떤 방식으로 받아들이느냐는 마음가짐이 가장 중요하다는 것이다. 몰입 상태를 얻으려면, 역경이 와도 대수롭지 않은 듯이 제쳐버리고 자신의 비전을 향해 도약할 수 있는 챔피언의 마인드가 필요하다.

존 리틀이 만든 「브루스 리 : 한 전사의 여정」이라는 다큐멘터리를 보면 브루스 리의 유명한 말이 나온다. 그는 물 같은 마음가짐을 설명하는 장면에서 몰입 상태를 이렇게 설명한다.

"마음을 비우라고 했잖아. 아무런 형태도 모양도 없는 물처럼 되어야 해. 물은 컵에 부으면 컵이 돼. 병에 부으면 병이 되지. 찻주전자에 부으면 찻주전자가 되고. 물은 흘러가기도 하고 바위에 부딪힐 수도 있어. 친구여, 물이 되어라. 그래, 그렇게."

나에게 챔피언의 마인드는 물처럼 되는 것이다.

물론 나 자신이 그런 상태를 맛본 적이 있고 그런 느낌의 성격을 스티븐에게 확인받았지만, 이런 개념을 실제로 생생하게 체험한 것은 나의 다음 선생님을 만난 이후였다. 분야에 상관없이 세상에서 숀 존슨보다 더 강력한 챔피언의 마인드로 무장된 사람을 찾으라고 하면 고생 좀 할 것이다. 4피트 9인치(약 145센티미터)의 단신에 몸무게가 90파운드(약 41킬로그램)인 열여섯 살 소녀는 수천만 명이 TV를 통해, 또는 현장에서 지켜보는 가운데 2008년 베이징 올림픽의 체조 평균대 종목에서 금메달 하나, 그리고 체조 단체전, 개인 종합전과 마루 종목에서 세 개의 은메달을 땄다. 그녀는 자신의 놀라운 의지가 우연의 산물이 아니라는 것을 증명하려는 듯이, 베이징 올림픽이 끝난 뒤 얼마 지나지 않아 「댄싱 위드 더 스타」라는 유명 댄스경연대회(시즌 8)에 출연해 우승했다. 이 사건을 계기로 미국 내에서 챔피언의 마인드를 인생의 다른 분야에 적용하는 방법을 놓고 열띤 토론이 벌어졌다.

나는 숀을 처음 만난 순간부터 그녀가 나에게 올바른 정신 자세를 가르쳐줄 수 있는 스승이라는 것을 알았다. 나는 키가 6피트 4인치(약 193센티미터)이고 그녀는 5피트(약 152센티미터)가 조금 안 된다. 우리는 자연스럽게 같이 크로스핏 운동을 하러 가서, 누가 이 적자생존의 전투에서 승리하는지 겨뤄보기로 했다. 이 책은 내 책이므로, 그녀가 어떻게 나를 박살냈는지 자세히 활자화하지는 않겠다. 다만 내가 (그 반의 모든 학생도 마찬가지지만) 너무 큰 점수 차로 져서 조금 창피했다는 정도로 그치겠다. 그녀는 투표권을 갖는 나이가 되기도 전에 수십억 명이 지켜보는 가운데 가장 난이도 높은 종목에 출전해 승자가 되었으니 당연하다는 말이 아니다. 물론 그녀는 육체적으로 재능을 타고났다. 하지만 우리 둘 다 그녀가 나를 (아, 그리고 전 세계의 모든 체조 선수를) 이긴 것은 다른 무엇보다 올바른 정신 자세의 힘과 관련되어 있다는 점에 동의하리라 생각한다.

"체조는 인생의 교훈, 책임감, 규율, 존경심 등 나에게 모든 것을 가르쳐주었어요."

손의 말이다. 또래 친구들이 비디오게임을 즐기고 첫 키스를 꿈꾸고 있을 때 그녀가 따라야 했던 혹독한 훈련과 생활 규율을 상상해보자. 그에 필요했던 모든 집중력과 명확한 목적의식, 자의식 등을 상상해보자. 그것들은 모두 챔피언의 정신 자세를 구성하는 요소다. 오랫동안 나 역시 그것들을 상상하려 했지만, 이 부분만큼은 내가 플레이한 경기에서 언제나 없었던 것 같다. 그것은 바로 위대한 인물들과, 실제로 몰입 상태에서 살고 있고 내가 항상 나 자신과 비교하는 운동선수들('마이클'이라는 이름을 가진 그 모든 사람)에게서 찾아볼 수 있는 요소들이다. 나는 오늘 이 순간까지 삶과 일에서 그것을 찾으려 안간힘을 써왔다. 그 투쟁은 지금도 주기적으로 계속되고 있다.

내 생각에 그것은 챔피언의 정신 자세가 본질적으로 믿음의 문제이기 때문인 것 같다. 만일 내가 챔피언들에 대해 아는 것이 하나 있다면, 그것은 그들 모두 뭔가에 강력한 믿음을 갖고 있다는 사실이다. 대체로 그런 사람들은 자기가 세계에서 가장 뛰어난 인물(전 세계 헤비급 권투 챔피언 무하마드 알리가 좋은 예다)이라고 믿거나 신의 손이 자기를 인도하는 은총을 받고 있다고 믿는다. 여러분도 큰 경기가 끝난 뒤 인터뷰하는 승자의 말에 귀를 기울여 정말 그런지 직접 확인해봐라. 아나운서가 챔피언을 붙들고 말한다.

"승리를 축하합니다. 오늘 아주 환상적인 경기를 했어요! 어떻게 그렇게 잘할 수 있었나요?"

그러면 승자는 보통 두 가지 중 하나로 대답한다. 즉 "우선 나에게 이런 재능을 주시고 항상 나를 지켜주신 하나님께 감사드리고 싶습니다. 모든 영광을 하나님께 바치겠습니다"라고 말하거나, 마이크를 빼앗은 다음 카메라를 정면으로 응시하면서 자기가 그동안 얼마나 열심히 훈련해왔으며 왜 아무도 자기를 이길 수 없는지, 왜 자기가 이 종목에서 지구상에 존재했던 선수들 중 가장 뛰어난지(권투 선수 플로이드 '머니' 메이웨더 주니어가 좋은 예다) 등을 끝없이 떠벌린다. 자존심이 관련되어 있는지는 일단 논외로 하더라도, 대부분의 '위대한' 운동선수는 자신의 능력을 굳게 믿고 목표를 달성하려는 욕망이 강하기 때문에 그 무엇도 막아서지 못한다는 점은 예나 지금이나 변함없는 사실이다. 실패조차 이들의 전진을 막지 못한다. 그들이 원하는 것을 이루고, 성공으로 향하는 길에서 보통 사람들과 다른 점은 바로 이 같은 백퍼센트의 자신감이다.

'승리'에 집착하지 않는다

나는 오하이오에서 활동한 이후 개인적으로 많은 목표를 달성했다. 나는 성공을 이루었고 많은 돈을 벌었지만 오랫동안 그 동력은 분노, 자존심, 분한 마음 등이었다. 이것들이 성공으로 향하는 나의 열정에 연료로 작용했고, 그 결과 개인적인 부침이 많았

다. 성공했다 싶더니 곧 상처, 고통, 불안감, 좌절, 고독으로 가득
찬 엄청난 침체기를 겪곤 했다. 그것은 내가 속으로 나 자신을 믿
지 못했고, 또 다른 사람들이 나를 믿는지도 확신하지 못했기 때문
이었다. 나는 명확한 비전을 갖고 있었고 다른 사람만큼, 아니 그
이상의 역경도 겪었지만 바로 이런 자기 신뢰가 없었다기보다 쉽
게 몰입 상태에 돌입하고 위대한 성적을 올릴 수밖에 없는 챔피언
의 마인드를 갖추지 못했던 것이다.

스물일곱 살 청년으로서 '스쿨 오브 그레이트니스' 출신의 또
하나의 놀라운 인물이고, 자기계발 코치이자 리더십 전문가인 크
리스 리Chris Lee와 나는 언젠가 바로 이 문제에 관해 깊이 대화했
다. 그는 이렇게 말했다.

"나는 가장 효과적인 자기계발 방법은 사람의 신뢰 체계를 완전
히 분석하고, 재설계하고, 재창조하는 것이라고 생각해요. 우리가
사업에서 성공할 수 있는 유일한 방법, 인간관계에서 성공하는 유
일한 방법, 그리고 성공적인 인생을 사는 유일한 방법은 현재의 자
신을 한 단계 끌어올리는 것이기 때문입니다. 자기가 지금 하고 있
는 일을 믿어야 합니다. 그런 태도는 그 사람의 인생에 바로 영향
을 줍니다. 사람이 똑같은 것을 계속 반복하면 똑같은 결과를 얻을
수밖에 없기 때문이죠."

크리스는 많은 사람이 위대함을 추구하는 과정에서 맞닥뜨리는
문제 하나를 지적했다. 우리는 똑같은 일을 반복한다. 그 과정에서
불만이 생기면 내부로 눈을 돌려 자신의 믿음을 되돌아보지 않고

외부 요인의 탓으로 돌리기 일쑤다. 한편 자기 신뢰에는 또 다른 면이 있는데, 내가 숀 존슨과 대화하면서 얻은 매우 강력한 교훈이기도 하다. 그것은 겸손에 관한 교훈이었다. 챔피언은 자부심이나 자신감이 자기기만으로 전락하도록 내버려두지 않는다. 자기 신뢰는 자신의 무기고에 보관된 강력한 무기가 되어야 하며, 우리는 그것의 위력을 존경하고 존중해야 한다. 다시 말해 그것을 나에게는 적이 없다는 호기나 우월의식을 낳는 난공불락의 갑옷처럼 사용해서는 안 된다. 이런 차이가 꿈을 달성하는 영광과, 실패해 눈이 머는 사태(혹은 정상에 오르는 데에는 성공하지만 올라간 뒤 급격히 추락하는 사태)를 가르는 요소가 될 수 있다.

숀은 자신의 믿음을 베이징 올림픽의 평균대 위에서 무기로 사용했다. 당시 해설자는 숀이 지상 4피트(약 1.2미터) 높이에 폭 4인치(약 10센티미터)짜리 평균대 위에서 정해진 동작을 연기할 때 이렇게 말했다.

"숀이 평균대를 완전히 지배하고 있군요. 보세요, 평균대를 휘어잡고 있죠."

숀은 자신에 대한 믿음을 지배하고, 따라서 자신과 맞닥뜨리는 모든 것을 휘어잡았기 때문에 금메달을 딸 수 있었다. 많은 사람은 그러지 못한다. 숀이 내게 말했다.

"저는 파괴적 결과를 낳을 수도 있는, 그런 자기 신뢰를 본 적이 있어요. 왜냐하면 '나는 이길 것이다, 나는 여기에 모든 것을 쏟아부었다'는 생각이 너무 강한 사람들은 실제 시합에서 마음을 열고 다른 선수들이 어떻게 하는지를 보고 그에 대응하지 못하기 때문이에요. 그런 경우, 어떤 역경에 부딪혔을 때 책임 회피의 구실로 삼을 수 있죠."

이것이 바로 외적인 결과에 상관없이 완벽과 탁월성의 추구가 챔피언의 마인드에서 똑같이 중요한 부분으로 간주되는 이유다. 이것은 '승리'를 위한 분발과 전혀 다른 개념이다. 숀은 다른 많은 운동선수처럼 '승리'에 강박관념을 갖는 스타일은 아니었고, 다만 자신이 하는 일에 최선을 다했다.

"나는 승리에 전념한 적이 없어요. 처음 운동을 시작하고, 39명 중에서 30등인가 했을 때엔 더욱 그랬어요. 운동할 때 승리는 전혀 중요하지 않았어요. 승리에는 신경 쓰지 않았습니다. 항상 조금이라도 나아지기만을 바랐어요. 나를 더 노력하게 만들고 메달 시상대에 오르고 싶게 한 유일한 동기는 성공했을 때 느끼는 뿌듯함이었던 것 같아요. 이것은 메달하고는 관계가 없어요. 순전히 가외로 얻는 기쁨이었죠. 말하자면 내가 최선을 다했으며 이걸로 내가 인정을 받았구나, 하는 것을 알았을 때 찾아오는 기쁨 같은 것이죠. 이것은 일이 다 끝났을 때, 나는 내 힘이 닿는 한 최선을 다했으며, 비록 점수가 꼴찌로 나오더라도 이보다 행복할 수 없을 때 느끼는 기분이에요."

한계를 무너뜨리는 방법

챔피언의 마인드는 하루아침에 키울 수 없다. 비전, 집중, 규율, 자기 신뢰, 겸손한 마음과 위대함의 추구는 모두 감성지능이 발달했을 때 나오는 결과물, 즉 엄청난 연습을 필요로 하는 고도의 기술이다. 사람은 절대로 이 모든 것을 한꺼번에 알고 한꺼번에 갖는 경지에 '오르지' 못한다. 성공은 남이 우리에게 주거나 우리가 남에게 전달해줄 수 있는 것이 아니다. 이것은 매일 갈고닦아야 할 기술이다. 여기에는 장기간의 헌신적인 마음, 규율이 필요하며 건강, 사업, 인간관계, 그리고 주변 세상에서 아무리 많은 변화가 끊임없이 일어나도 꾸준히 발휘하는 투지를 필요로 한다. 이런 정신자세를 발달시키는 과정에 헌신한다면, 우리는 예전에 깰 수 없을 것이라고 포기했던 모든 한계를 날려버릴 수 있다.

스티븐 코틀러는 '몰입'의 본질과, 그것이 생기는 이유를 보여주었다. 숀 존슨은 몰입과 성공의 전제 조건인 챔피언의 마인드와 그 요소가 무엇인지를 보여주었는데, 그중 가장 중요한 것은 집중력과 헌신하는 마음 자세, 그리고 겸손이 더해진 자기 신뢰 등이다. 크리스 리는 개인적인 믿음 체계, 즉 우리가 지금 하고 있고 우리가 닮고자 하는 모든 행동과 모든 인물의 바탕이 되는 사상과 원리를 재평가할 것을 간곡히 당부했다. 흔히 역경에 직면한 사람들이 즐겨 탓하는 것은 외적 요인이 아니라 성공으로 향하는 여정을 가로막는 이런 장애들이다.

사실 내가 이런 교훈들을 모두, 완전히 내 것으로 만든 뒤에야 나의 팟캐스트가 뜨기 시작했다. 대부분의 사람들은 '스쿨 오브 그레이트니스'라는 팟캐스트가 실제로 내가 인터넷 사업의 연장 선에서 시작한 사업이라는 사실을 잘 모른다. 다시 말해 이것은 어떤 원대한 계획을 세운 뒤에 시작한 일이 아니다. 다행스럽게도 내가 그동안 소셜미디어에 구축해놓은 인맥 덕분에 출범한 뒤 서너 달 만에 폭발적으로 인지도가 높아졌다. 아직까지 자랑할 만한 위치에 올랐다고 할 수는 없는데, 내가 이 팟캐스트의 비전을 정확히 규정하지 못했기 때문이다. (내 개인적으로, 모든 위대한 스승의 생각을 선별해 소개하고 싶지만 그것만으로는 부족하다.) 따라서 나에게 필요한 집중력을 계발하기가 불가능했던 것이다. 그 결과, 어떤 역경에 직면하든 그것은 작은 흙 두둑이 아니라 거대한 산처럼 느껴졌다. 크리스 리와 함께 일하면서부터 나는 사물을 반대 시각으로 보고 정말로 내 개인적 믿음을 반영하는 모습을 보이는 데 전념하기 시작했으며, 힘이 닿는 한 많은 사람에게 도움을 주기 시작했다. 매우 편안한 공간에 있으니 자신감이 생기고 이전에는 경기장에서만 느꼈던 에너지와 열정도 생겼다. 그러자 나도 모르는 사이에 팟캐스트가 뜨기 시작했고 오늘 이 자리까지 오게 되었다.

여러분은 이렇게 물어볼지도 모르겠다.

"어떻게 하셨죠? 어떤 과정을 거치셨나요?"

숀 존슨처럼 수많은 챔피언들은 내면의 세계로 눈을 돌려 긍정적인 자질을 계발한다. 그들은 시각화, 명상, 마음챙김, 그리고 감성지능을 계발함으로써 성공할 수 있다는 강력한 믿음을 얻는 방법을 터득했다. 다시 말해 그들의 비전은 명확하며, 그들의 장애물은 극복 가능하고, 성공으로 향하는 그들의 여정은 현실이 된다.

나는 시각화, 명상, 마음챙김, 감성지능 등 이 과정에 포함된 각 단계에서 여러분에게 도움이 되는 연습법을 많이 개발했다. 이런 연습을 실행하면, 챔피언의 정신 자세를 구성하는 요소들이 저절로 제자리에 구축되기 시작할 것이다.

연습 1 : 시각화

시각화의 목적은 자기가 창출하고자 하는 것의 결과를 실제로 나타나기 전에 미리 보는 것이다. 이것은 내가 스포츠계에서 활동할 때 매 시즌마다 했던 (그리고 일상생활에서도 정기적으로 하는) 행위다.

미식축구 선수였을 때 나는 위대한 와이드 리시버가 되고 싶었고, 제리 라이스Jerry Rice(1980년대에 샌프란시스코 포티나이너스 등에서 와이드 리시버로 활약한 흑인 미식축구 선수-옮긴이)의 플레이를 즐겨 보았다. 나는 그의 화려한 플레이가 담긴 하이라이트 영상을 반복해서 보았고, 내가 그와 똑같은 플레이를 펼치는 모습을 상상했다.

경기 전날에는 나 자신이 운동장에 서 있는 모습을 마음속에 그렸다. 머릿속으로 모든 플레이를 복습하고, 어떻게 하면 공격 루트를 완벽하게 달려 패스를 완벽하게 잡고 상대편 엔드 존까지 질주할 수 있는지 상상했다.

경기가 시작되기 서너 시간 전에 나는 그라운드를 직접 걸으며 내 포지션에서 내가 상상한 대로 경기하는 모습을 그려보았고, 환상적인 플레이를 펼치고 승리했을 때의 느낌을 미리 느껴보았다. 이 과정을 통해 나를 막는 모든 것에 대비할 수 있었고, 내 몸으로 그동안 머릿속에 수없이 그렸던 플레이를 창출할 수 있는 마음 자세를 갖출 수 있었다.

나는 이런 연습을 사생활과 사업, 양면에서 늘 반복했다. 이 책이 바로 완벽한 사례다. 이 책을 집필하기 오래전부터 나는 머릿속에서 서점에 들어가 문 안쪽에 있는 커다란 테이블의 가장 좋은 자리에 놓인 내 책을 보는 모습을 그려보곤 했다. 책 사인회 행사장에 앉아 사인을 해주고, 수천 명의 독자들 앞에서 강연을 하고, 이 세상에 더 큰 영향을 주려는 마음에 '성공'을 가르치는 핵심 레슨을 독자들에게 펼쳐 보이는 모습도 머릿속에 그려보았다. 나는 책상 앞에서 이 책에 들어가는 첫 단어를 쓰기 전에 이런 연습을 수년 동안 해왔다.

개인적인 용무든 일 때문이든, 나는 누군가에게 전화를 할 때에도 사전에 모든 과정을 시각화하는 연습을 한다. 그 대화에서 내가 만들어내고자 하는 것, 예컨대 사업상 거래에 관련된 특정 결과라든지 내가 상대방에게 기대하는 기분이나 경험, 또는 곤란한 상황이 닥쳤을 때 내가 바라는 해결 방식 등을 머릿속에 그려본다. 나는 이 모든 과정을 시각화한다.

매일 밤, 나는 다음 날 수행하려고 하는 과제를 상상해본다. 무대 강연, 온라인 강의 등이 예정되어 있으면 내가 그 자리에서 대중에게 주고자 하는 효과를 구체적으로 머릿속에 그려본다. 여러분도 누군가와 데이트하러 나가거나 원하는 요리를 하거나, 또는 삶에서 자신이 원하는 어떤 일을 할 때 사전에 이런 연습을 할 수 있다. 시각화는 굉장히 큰 효과를 발휘한다. 이 훈련을 하면 여러분의 마음은 성공에 적합한 상태에 놓인다.

시각화 훈련의 노하우

집중을 방해하는 것이 없는 깨끗한 공간을 확보하라. 나는 자연 속의 공간을 선호하는 편인데, 개인적으로 좋아하는 공원이나 해변 같은 곳에서도 연습할 수 있다. 아니면 잠자리에 들기 전이나 잠에서 깼을 때, 침대에 누운 채 이 연습을 해도 된다. 나는 샤워장에서 쏟아지는 물줄기 아래에 서서 마치 폭포 아래에 있는 듯이 상상하면서 동시에 이 연습을 하기도 한다.

현재 이성관계에 몰두하고 있다면, 두 사람 다 웃음을 머금은 채 그 순간 완전한 일심동체가 된 상태에서 자기가 그 사람을 포옹하고 있는 모습을 상상하라.

만약 사업적 성공이 큰 관심사라면, 거래를 성사시키는 모습이나 사무실로 들어가 고객들을 돕는 모습을 상상하라.

모든 상황에서 냄새와 맛은 어떤지, 색깔은 어떤지, 어떤 소리가 들리는지를 파악해 그 상황을 둘러싼 분위기 속으로 흠뻑 빠져야한다.

시각화의 핵심은 무엇을 상상하든 그것을 완전한 상황으로 인식하는 것이다. 그런 다음 자신이 그 순간 무엇을 느낄지 자문해본다. 모든 감각기관을 동원하니 어떤 느낌이 오는가?

마음이 편안해질 수 있다면 배경음악을 틀어놓아도 좋고, 그냥 조용한 환경에서 이 연습을 해도 된다.

나는 여러분이 자신이 시작한 일(이 연습을 하는 데 비전이 크고 작은 것은 문제되지 않는다)의 결과를 머릿속에 그려보는 연습을 매일, 적어도 5분씩 하기를 권한다. 또한 자기 앞에 놓인 큰 기회 속으로 달려들기 전에 반드시 이 훈련을 하기를 권한다. 그 기회를 잡기 전에, 잠시 짬을 내어 자기가 그 기회를 통해 창출하고자 하는 모습을 머릿속에 그려보라.

연습 2 : 명상 – 15초 중심잡기 호흡법

만약 시각화의 핵심이 마음을 자신이 원하는 이미지로 채우는 것이라면, 명상의 목적은 마음에서 그 외의 모든 것, 즉 온갖 방해 요소, 강박관념, 의구심, 그리고 집중을 방해하는 하찮은 문제를 깨끗이 몰아내는 것이다. 이것은 매일 아침 잠에서 깨어났을 때, 매일 밤 잠자리에 들기 전에 해야 할 일이다. (적어도 나는 매일 아침과 밤에 이 연습을 했을 때에는 힘차고 의미 있는 나날을 보냈다.) 여러분도 명상으로 하루를 시작하고 명상으로 하루를 마감하면 챔피언처럼 살 수 있다.

명상의 핵심은 자신의 호흡에 집중하고, 호흡을 인식하는 것이다. 여러분은 모든 전기 제품의 전원을 뽑아버리고 숨만 쉬어야 한다. 기쁨을 들이마시고 스트레스를 내보낸다. 기쁨은 안으로, 스트레스는 바깥으로. 자신이 세상, 우주, 그리고 가장 중요한 자기 자신과 연결되어 있다는 느낌을 갖도록 하라. 일, 직장, 스트레스, 극심한 생존경쟁과 단절시키는 것은 무엇이든 좋다.

내가 가장 좋아하는 호흡 연습은 스포츠 심리학자로서 나에게 배움의 은혜를 입게 해준 또 한 명의 위대한 인물, 짐 아프레모Jim Afremow 박사에게서 배운 호흡법이다. 그는 자신의 책 『챔피언의 마음 : 위대한 운동선수들이 생각하고, 훈련하고, 성공하는 방법 The Champion's Mind: How Great Athletes Think, Train, and Thrive』에서 챔피언처럼 좋은 성적을 올리는 데 차지하는 호흡의 중요성에 대해 많은 지면을 할애했다.

짐은 우리가 대화하는 자리에서 나에게 말했다.

"사람은 일단 압박감에 사로잡히면 숨을 참는 경향이 있습니다. 그러면 우리 몸에 필요한 산소가 들어오지 않을 뿐만 아니라 근육의 긴장도가 높아집니다. 근육의 긴장은 스포츠에서 가장 큰 적입니다. 수영 선수라면 속도가 처지겠죠. 장대높이뛰기 선수는 높이 뛰지 못할 것입니다. 심호흡은 우리 마음에서 스트레스와 기대감을 몰아내는 데 도움이 되고, 몸을 편하게 해줍니다. 내 생각에는 명상하는 습관을 갖든지, 아니면 최소한 하루 종일 심호흡을 하면서 동시에 그 호흡이 편하고 깊은지 주의 깊게 살펴보는 습관이 중요한 것 같습니다."

15초 중심잡기 호흡법

1. 최대한 배를 팽창시키면서 코를 통해 숨을 들이마시고 '1, 2, 3, 4, 5'까지 센다.
2. 숨을 참고 '1, 2'를 센다.
3. 입을 통해 숨을 내쉬어 배 안의 공기를 빼내면서 '1, 2, 3, 4, 5, 6, 7, 8'까지 센다.

각오하라. 이것은 큰 호흡을 필요로 한다. 평상시의 호흡과는 다르다. 그 목적은 여러분의 호흡법을 완전히 바꾸는 것이다. 내쉬는 숨이 들이마시는 숨보다 조금 더 길어야 하는데, 그럼으로써 이완 반응의 효과를 얻을 수 있다.

짐이 설명했다.

"심호흡에 대해 이야기하면, 대부분의 사람들은 들이마시는 숨만 생각하고 크게 들이마시죠. 이 동작은 정말 스트레스를 주는 부분이에요. 그와 달리 모든 공기를 몸에서 내보내는 동작은 바로 몸을 이완시키고 최고의 기분을 느끼게 해주지요."

잠자기 전이나 중요한 회의 또는 경기를 앞두고 이 동작을 했을 때의 기분을 한번 맛보면 놀랄 것이다. 자신의 호흡에만 정신을 집중하면 스트레스나 두려움이 마음속으로 비집고 들어오지 못한다. 당장 이 호흡법을 연속해서 4회(총 1분) 연습해보라. 감당하기 어려운 부담감을 느끼거나 스트레스를 받을 때마다 60초 동안 이 호흡법을 실행하라. 그러면 어떤 상황에서든 명료한 머리를 되찾을 수 있을 것이다.

🏃

연습 3 : 마음챙김

여러분이 지금 감사의 일기를 쓰고 있는지 모르지만, 쓰지 않고 있다면 한번 써보라고 권하고 싶다. 자신의 생각과 감사하는 마음을 글로 써봐라. 매일 밤 감사의 일기를 씀으로써 그날 잘된 일은 무엇이고, 잘못된 일은 무엇인지 깊이 생각하는 시간을 갖자. 짬을 내어 자랑스러운 것, 나를 신나게 하는 것들을 적고 그날 놀라운 성과를 거둔 자신을 칭찬하라. 그런 다음, 그런 자랑스러운 일에 더욱 매진하기 위해 앞으로 전념해야 할 일들을 적는다.

예를 들어보자.

오늘, 내 인생 최대의 거래를 성사시켰다. 나 자신이 자랑스럽다. 꿈이 실현되었으니까.

내일도 계속 내 제품(서비스, 메시지)을 세상에 널리 알려서 더 많은 사람에게 도움을 줘야겠다.

그다음에는 자신에게 오늘 닥친 일, 또는 실행했지만 효과가 없었거나 원하는 결과를 얻지 못한 일을 모두 기록한다. 그 일을 하는 과정에서 부족했던 면(인내심, 사랑, 용기, 자신감 등)을 생각해본다. 그러고 나서 이제 헌신적으로 창출해야 할 것은 무엇이고, 그런 순간이 다시 닥쳤을 때 어떤 사람이 되고 싶은지 생각해본다.
예를 들어보자.

오늘 나는 거래를 성사시키지 못했다.
아쉬운 점은, 내 제품에 자신감이 없었고 그 잠재적 고객에게 배려하는 마음을 보여주지 못한 채 세일즈의 성사에만 몰두해 그 사람을 지나치게 몰아붙인 것이다.
나는 그 고객과 좋은 인간관계를 유지하는 데 최선을 다하지 않았다. 그 고객과 계속 연락을 취할 것이며, 다음에는 내가 원하는 결과에만 신경 쓰지 말고 그 사람이 필요로 하는 것과 원하는 것을 잘 파악해야겠다.

우리는 이런 문제들을 머릿속에서 끊임없이 생각하지만, 정작 입으로 내뱉거나 종이에 적는 경우는 거의 없다. 이런 생각을 말하거나 글로 쓰면 우리가 일상에서 창출하는 것이 무엇인지, 자신의 삶에서 잘되고 있는 점과 잘 안 되고 있는 점이 무엇인지를 인식하고 유념할 수 있다. 시간이 지나면 잘된 일과 실패한 일의 기록, 즉 일을 더 잘 풀리도록 한 것과 해보았더니 (혹은 하지 않아서) 일을 더 꼬이게 한 것의 기록도 만들 수 있다. 그러면서 깜짝 놀랄 만한 자신의 행동 패턴을 찾을 수 있을지도 모른다. 따라서 이 마음챙김 연습을 통해 당장 어떤 결과를 얻지 못하더라도 자신은 지금 가까운 장래에 성과를 거둘 수 있는 작업을 하고 있다는 사실을 인식해야 한다.

연습 4 : 감성지능 – 현재에 충실하고 너 자신을 알라

성공을 이루는 첫 번째 비결은 미래의 비전을 갖는 것이다. 하지만 그 비전의 힘을 최대한 끌어올리는 가장 좋은 방법은 그 순간의 과제에 주의를 모두 쏟을 수 있도록 감정적으로 현재에 충실한 태도를 갖는 것이다.

나는 살사 춤을 아주 좋아하는데, 스텝을 밟을 줄 아는 아름다운 여인들과 함께하는 춤이기 때문만은 아니다. 이 춤이 나를 현재에 철저히 몰두하고 충실할 수밖에 없게 해주기 때문이다. 당신이 외모에 대해, 또는 지금 어떤 실수를 하고 있지 않은지, 제대로 못하고 있지 않은지 걱정하고 있다면, 혹은 지금 당면한 일에 몰두하지 않고 다른 일에 정신을 팔고 있다면 당신의 파트너도 (그리고 당신을 지켜보는 모든 사람도) 눈치를 챌 것이다. 살사 춤을 잘 추려면 반드시 그 순간에 충실해야 하고, 자신이 표현하고자 하는 감정에 완전히 몰입해 있어야 한다. 그래야 상대방을 다음 스텝으로 이끌거나 상대의 리드에 따라갈 수 있으며, 음악이 흐르는 동안 춤을 이어갈 수 있다.

그런 점에서 인생은 살사 춤과 많이 닮았다. 의미 있는 삶을 살고 싶으면 현재에 충실해야 하고, 다른 사람과 계속 유대감을 유지하고 전력을 다해 그 사람을 웃게 해야 한다. 이것은 항상 쉽지만은 않은 일이다. 그런 식으로 전력을 다해 자신을 던진다는 것이 두려울 때도 있지만 지극히 효과가 크고 마법 같은 결과를 만들어낸다!

우리는 자신의 현재 모습에 자신감을 갖고 자신을 믿는 법을 배워야 한다. 챔피언들은 두려움에 휩싸였을 때에도 자신을 믿고, 자신이 원하는 위치에 오르기 위해 그동안 쏟은 노력을 굳게 믿는다.

감성지능에는 순간에 몰입하고 자신의 감정을 인식함으로써 감정에 지배되거나 감정의 방해를 받는 일이 없도록 하는 능력이 포함되어 있다. 다시 말해 우리는 그것을 전진하는 데 활용해야 한다. 감성지능을 더 많이 계발할수록 자기 자신, 가정, 친구들, 그리고 연인 관계나 직장 생활 등 삶의 어느 분야에서든 감정이 개입되는 상황을 통제하는 능력은 더욱 커질 것이다.

요컨대 감성지능은 자신의 감정과 다른 사람의 감정을 파악하고 통제하는 능력을 말하며, 그 힘을 사고방식과 행동을 올바른 방향으로 인도하는 데 이용하는 능력을 뜻한다.

감성지능의 핵심 요소 중 하나는 자기 자신, 즉 자신의 강점과 약점을 아는 것이다. 다른 사람들의 반응은 이 목적을 달성하는 데 활용할 수 있는 좋은 수단이다. 반응은 자신이 남의 눈, 세상의 눈에 어떻게 비치는지를 알려주는 정보다. 그 정보가 있으면 자신의 강점과 약점에 대해 더 많고, 더 정제된 인식을 얻을 수 있다.

1단계

자신의 강점과 약점을 다음과 같이 각각 다섯 개씩 열거한다.

강점

추진력이 뛰어나다.	다정다감하다.
열정적이다.	헌신적이다.
규율을 잘 지킨다.	

약점

자기주장이 강하다.	겁이 많다.
규율을 지키지 않는다.	남에게 비판적이다.
확대 해석하는 경향이 있다.	

2단계

자신에게 잔인하다고 할 만큼 솔직한 세 사람과 만나, 그들에게 나의 장단점을 다섯 개씩 꼽아보라고 부탁한다. 답이 나오면, 두 가지 목록을 나란히 붙여놓고 공통점을 찾는다. 이 연습을 통해 자신이 일상생활에서 더 강화해야 할 점(장점)이 무엇인지, 자기 발전을 위해 고쳐야 할 점(약점)이 무엇인지 알 수 있다. 또한 자신을 바라보는 타인의 생각을 평가할 수도 있다. 나에 대한 스스로의 평가가 타인의 평가와 엇비슷한가? 아니면 긍정적인 방향이든 부정적인 방향이든, 나는 자신에 대해 철저하게 착각하고 있는가?

자신에 대해 잔인할 만큼 솔직할 수 있다면, 그리고 여러분에게 잔인할 만큼 솔직하게 말해줄 사람을 찾을 수 있다면 이 연습은 자신에 대해 반성할 거리를 많이 얻을 수 있는 확실한 방법이다.

보너스 연습 : 과거에 알고 지낸 사람들 중에서 한때 아주 친밀한 관계였지만 지금은 접촉하지 않는 사람(한때 친밀한 관계를 맺었던 이성 친구나 옛 친구, 또는 연락이 끊긴 친척 등)을 찾아 연락하라. 그들에게도 나의 장단점을 말해달라고 부탁하라. 아마도 그들의 반응에 놀랄 것이다. 나는 여러분에게 이 방법으로 그런 사람들과의 대화를 통해 어떤 교훈을 얻을 수 있는지 알아볼 것을 강력하게 권한다.

행동 전략

사람은 위대하다. 사람은 저마다 독특하며, 이 우주의 역사에서 나와 똑같은 사람은 없었고 앞으로도 나타나지 않을 것이기 때문이다. 대부분의 사람들은 자신이 상상하지 못할 만큼 얼마나 특별한 존재인지 인식하지 못하기 때문에 자신이나 자신의 능력을 믿지 않는다. 실제로 우리는 모두 특별한 존재이며, 나를 믿는 능력은 나에게만 있다. 다른 사람들은 우리와 함께하며 옆에서 응원해줄 수는 있다. 하지만 세상에 존재하는 그 모든 지원에도 불구하고 어떤 사람들은 여전히 자신의 발전을 제 손으로 방해한다. 인생이라는 게임에서 컨트롤 키는 우리 손에 있다. 플레이하는 선수는 우리 자신이다. 내면의 목소리, 즉 자신에 대한 믿음이 정신 상태를 규정한다. 그리고 사고방식이 인생의 성패를 가른다.

우리에게는 선택권이 있다. 우리는 평범하게 생각하고, 평범한 결과를 얻을 수 있다. 챔피언처럼 생각하여 놀라운 수확을 할 수도 있다. 어느 쪽을 원하는가? 사실 자신감을 갖는 데 필요한 노력은 자신을 격하시키는 데 들어가는 노력보다 조금 더 많을 뿐이다. 그 에너지를 자신의 마음가짐을 향상시키는 데, 그리고 자신을 실망시키는 일이 아니라 자신감을 얻을 수 있는 일을 하는 데 쏟아라. 나는 매우 독특하고 강력한 재능을 갖고 있다는 사실을 항상 되뇌어라. 이런 사실을 다른 어떤 사람보다 먼저 깨달아야 할 사람은 나 자신이다. 당장 실행하자!

Hustle

제4장
투혼을 길러라

누구도 나에게 성공을 안겨주지 않는다.
세상에 나가 내 손으로 잡아야 한다. 그것이 내가 여기에 있는 이유다.
지배하는 것. 정복하는 것. 세상과 나 모두를.
_작자 미상

나에게 성공한 이유를 하나만 들어보라고 한다면 이번 장의 주제, 즉 '몸을 사리지 않는 투혼'을 꼽을 것이다. 이런 투혼의 역사는 한참 거슬러 올라가, 중학교 농구팀에서 뛰던 7학년 시절부터 시작되었다. 나의 소망은 농구팀에 입단하는 것, 즉 뭔가 대단한 것의 일부가 되어 좋은 쪽으로 조금이라도 보탬이 되는 것뿐이었다. 팀에 들어가 쓸모 있는 선수가 되는 것으로 충분했다. 사람은 모두 남들 눈에 가치 있는 사람으로 보이고 싶어 한다. 자기가 중요한 사람이고, 자기가 하는 일이 의미 있게 보이기를 바란다. 이 농구팀은 내가 조직이라는 형태 속에서 그런 마음을 경험한 첫 번째 기회였다. 당시 나는 몸도 기술도 크게 성장하지 못했다. 하지만 입단 테스트에서 떨어지고 싶지 않았다.(그전에 다른 팀에 꼴찌로 선발된 적이 있었는데, 그때의 나에게는 큰 공포로 작용했다) 나는 코트에서 미친 사람처럼 뛰어다녔고, 아무 데서나 공을 향해 몸을 날리는 등 이 세상에서 최고의 열정과 투혼을 갖고 있는 듯한 모습(현명한 코치들은 모두 이것을 최고의 자질로 여긴다)을 보여주었다. 그날 나는 함께 있던 다른 아이들과 달리 내 한 몸을 희생할 마음이 있었다. 다른 아이들이 바보처럼 보이기 싫어서, 혹은 부상을 당할까 싶어 주춤할 때 나는 다른 비전을 갖고 있었다. 그 덕분에 나는 팀에 입단했을 뿐만 아니라 처음 몸담은 구단에서 선발 선수 자리를 꿰찼다.

성공에는 투혼 이상의 자질이 필요하다. 다른 사람들이 하지 않으려 하는 것도 불사한다는 불타는 욕망이 없는 한, 누구도 성공할 수 없다. 이 과정에서 어떠한 희생은 불가피하다. 그리고 멀리 보면, 투혼 넘치는 플레이를 위해 제 몸을 희생할 마음이 조금이라도 있는 사람이 반드시 성공한다. 약해지려는 마음을 다스려 위대한 성공을 향해 한 발 내디딜 때가 되었으니, 각오하라.

1991년 미국 중서부 지방의 한 대학에서 음악을 전공하던 2학년생이 엉뚱한 사람에게 마약을 파는 실수를 저질렀다. 그 사건이 벌어지기 전까지, 그 학생은 대마초를 피우거나 그중 일부를 친구들에게 파는 것 외에 별다른 죄를 저지른 적이 없었다. 고등학생 시절에 저지른 몇 건의 경미한 공공 기물 파손이 그의 범죄 기록에서 가장 큰 중죄였다. 그런데 열여덟 살짜리 청년들이 흔히 그러듯이, 그는 도를 넘어 자신의 한계를 시험하기 시작했다. 그는 LSD 같은 강력한 환각제를 시험적으로 제조하기 시작했다. 그는 순진했으며, 젊음의 무모함이 그의 이성을 마비시켰다. 그는 자신이 만든 LSD 중 일부를 밖에 나가…… 잠복근무 중인 경찰관에게 팔았다. 설상가상으로 '주말의 명화'의 한 장면처럼, 판사는 이 젊은이를 시범 케이스로 삼아야 한다는 심리적 부담감에 쫓겨 그에게 단기 6년에서 장기 25년의 징역형을 선고했다.

이것은 인종, 계급, 종교를 초월해 어느 시대에나 일어나는, 별특징 없는 이야기다. 한 젊은이가 자기 인생은 물론이고 가족의 인생까지 영원히 바꾸는 큰 실수를 저지른다. 우리는 모두 이런 스토리의 통상적이고 뻔한 결말에 너무나 친숙하다. 청년은 자기 인생에서 감수성이 가장 예민한 시기를 철창 안에서 보내고, 교도소에 들어갈 때보다 더 나쁜 상태로 출소한다. 바깥세상은 그가 감당하기에 너무 힘들다. 그는 다시 범죄를 저지른다. 범죄는 점점 더 대담해진다. 이 악순환이 이어진다.

하지만 이번 이야기는 조금 다르다. 젊은이는 그 뒤 다시 교도소에 가지 않았기 때문이다. 그는 모범수로 인정받아 5년 뒤에 출소했고, 나중에는 세계 정상급 재즈 바이올리니스트가 되었다. 그는 앞으로 미친 듯이 열심히 살겠다고 다짐하며 교도소에서 나왔다. 그는 바이올린을 연습하고, 죄를 뉘우치고, 겸손하게 살았으며, 의미 있는 인생을 사는 데 필요한 것이면 무엇이든 몸을 사리지 않았다. 그에게는 어떤 과제도 사소하지 않았고, 어떤 공연도 하찮지 않았으며, 어떤 잠재적인 팬도 대수롭게 보이지 않았다. 그는 자신이 가진 모든 것을 쏟아부었다.

이 이야기가 특별한 것은 또 다른 이유가 있기 때문이다. 이 젊은이의 이름은 크리스티안 하우스Christian Howes, 나의 형이다.

크리스의 인생은 성공과 관련하여 가장 중요한 교훈 중 하나, 즉 투혼을 발휘하라는 교훈을 나에게 주었다. 아니, 길거리에서 마약을 파는, 그런 종류의 투혼이 아니라 좋은 투혼을 말하는 것이다. 나를 땀나게 하고 남들을 나의 투철한 직업의식에 감탄하게 하는 투혼을 말한다. 물론 요란한 교훈들처럼 이것 역시 처음부터 우여곡절 없이 얻어진 것은 아니었다. 이 교훈은 필요와 역경이 만난 결과였다.

크리스는 내가 여덟 살 때 교도소에 갔다. 이 사건은 우리 가족 모두에게 큰 충격이었다. 지금도 내 머릿속에는 법원 밖에 세워둔 차 안에 앉아 내가 엄마에게 무슨 일이 일어났느냐고 물어본 것과, 엄마가 하염없이 울던 모습이 선하다. 나는 엄마에게 왜 이런 일이 일어났느냐고 계속 물었지만, 부모님은 형이 판결을 받을 때까지 아무 말도 하지 않았다. 이 소식이 온 동네에 퍼지자(오하이오 주의 작은 교외 주택가에서 이런 소문은 금세 퍼진다), 우리 집에서 자기 아이들을 놀게 내버려두는 엄마는 없었다. 그때 나는 2학년이었는데, 집에 부모님과 누나들이 있었지만 늘 외로웠고 무력감에서 벗어나지 못했다.

되돌아보면 크리스가 처한 상황은 놀랄 만한 것이라고 할 수 없다. 형은 자신에게 신동이라는 별명을 안겨준 음악적 재능을 타고났는데도 늘 사고뭉치 젊은이로 살았다. 형은 말했다.

"나는 그때 아무런 의욕이 없었어. 목표도 없었고, 그냥 설렁설렁 살았어. 거짓 인생이었지."

그래도 그에게 일어난 일은 도무지 이해되지 않았다. 실감이 나지 않았다. 나는 살인한 사람들만 교도소에 가는 줄 알았다. 형은 전혀 그런 짓을 저지르지 않았다. 게다가 형은 내가 어렸을 때 알고 있던 죄수들과 전혀 닮지 않았다. 형은 만화영화 「벅스 버니 Bugs Bunny」에 나오는 갱처럼 코가 뭉개지지도 않았고, 난폭한 오토바이 폭주족처럼 턱수염을 덥수룩하게 기르거나 등짝에 난잡한 문신을 새기지도 않았다. 그는 그냥 형, 내가 우러러보는 크리스였다. 형은 여전히 멋진 남자였다. 다만 조금 어리석은 판단을 했을 뿐이었다. 게다가 철창 안에 있는 형을 직접 보았을 때 그는 나에게 영웅이었다.

그렇다고 이 사고가 우리 두 사람의 인생에서 정신적 외상을 남길 만큼 충격적인 부분이라는 사실은 달라지지 않았다. 식구들 중한 명이 교도소에 갔다 오면 그 가정은 절대로 아무 일도 없었던 듯이 원래 상태로 회복되지 않는다. 형 크리스는 언제나 전과가 있는 흉악범 취급을 받았고, 나는 언제나 형이 없는 결손가정의 아이였다. 우리는 항상 동네에서 '그 집'이라 불렸다. 만약 형 크리스가비슷한 경우의 다른 사람들처럼 절망의 덫에 빠졌다면, 그 트라우마에서 헤어나지 못하고 교도소에서 복역하면서 주변 세상을 향한 분노와 원망만 키웠을지도 모른다. 그는 경찰, 사법제도, 또는제 부모를 탓했을지도 모른다. 그냥 인생을 포기했을지도 모른다. 열심히 찾아보면, 자기 자신 외에 책임을 돌릴 만한 대상은 무수히많다. 그러나 형은 죽은 인생을 부활시키고 전과자라는 오명과 좌절을 극복하겠다는 명확한 선택을 했다.

형은 자신의 음악적 재능을 살리는 데 다시 전념했다. 나중에 형은 이렇게 말했다.

"교도소에 들어갔을 때 목표가 하나 있었어. 나는 더 나은 사람이되고 싶었어. 사람이 되고 싶었고 인생을 의미 있게 살고 싶었어."

음악이 바로 그 의미가 될 터였다. 형은 단조로운 교도소 생활을인내로 이겨냈고 올바른 마음가짐을 갖추었다. 매주 교도소 악단과 시간을 맞춰 연습했다. 그는 가스펠, 랩, R&B, 소울 음악을 주

레퍼토리로 삼는 교도소 밴드에서 유일한 백인 멤버로 활동하면서 자신에게 닥친 모든 도전을 받아들였고, 결국 음악 감상과 인간 영혼의 회복력이라는 학문 분야가 있다면 석사 학위를 받을 만한 성과를 거두었다. 형은 정신과 육체 양면에서 비할 데 없이 많은 능력을 계발했다. 그럼으로써 재즈계에서 그를 돋보이게 했고, 불가능해 보였던 그의 비상을 촉진시켰다.

교도소에서 살아남으려면 원래의 마음가짐을 극복하고, 내 것(내 물건, 내 존엄성, 내 분별력, 내 자유 등)을 빼앗아가려는 주변 사람들로부터 자신을 보호해야 한다. 강해져야 한다. 정신뿐만 아니라 육체적으로도 강해져야 한다. 절망과 무력감에 굴복해서는 안 된다. 출소한 뒤 바깥세상에서 생존하려면 정반대의 도전을 극복해야 한다. 즉 당신은 자신에게 필요한 것(존경심, 기회, 선의의 판단 등)을 내주려 하지 않는 세상 사람들의 벽을 돌파해야 한다. 출소한 뒤 형은 전과자라는 현실과 사회 경력을 쌓는 과정에서 부딪힐 수밖에 없는 주변 사람들의 싸늘한 시선, 편견, 그들이 느끼는 두려움 등을 극복해야 했다. 그는 교도소 안팎에서 열정과 투혼의 희한한 합작품으로 그런 장애를 극복했다.

수치심을 두려워하지 않는 절박한 마음

로마 시대에 노예였지만 높은 지혜로 훗날 유명해진 푸블릴리우스 시루스Publilius Syrus는 '위대함을 향해 올라갈 때 맨 밑에 있는 계단을 가벼이 보지 마라'는 말을 남겼다. 그의 말은 곧 '당신은 그렇게 잘난 사람이 아니니 잘난 척하지 마라'는 것이다. 형 크리스가 그랬다. 처음 세상에 나갔을 때, 형은 어느 곳이든 가서 연주했다. 그저 자신을 세상에 알리고 조금씩 명성을 쌓아가기 위해, 우선 동네 식당들을 찾아가 무료로 연주하기 시작했다. 그러고 나서 호텔 라운지, 심야까지 문을 여는 허름한 동네의 술집, 관객이라곤 다섯 명밖에 없는 조그만 재즈 클럽 등을 찾아다녔다. 그는 업주들이 원하는 시간대에 원하는 시간 동안 군소리 없이 연주해주었다. 공연할 때마다 그는 자신의 피와 땀과 눈물, 그리고 영혼을 백퍼센트 쏟아부어 가는 곳마다 대박을 터뜨렸다. 그의 열정은 결국 터뜨릴 대박이 없는 곳에서도 대박이 터지는 결과를 낳았다.

형이 말했다.

"나는 그런 데서 연주할 때 전혀 두려워하지 않고 나를 알렸어. 대부분의 사람들은 그런 공포를 극복하지 못해. 예술계에서는 점잖아야 한다는 불문율이 있지. 넌 그냥 연주만 해라, 그러면 사람들이 알아서 나한테 온다는 식이지. 그러면 나는 이렇게 말하지. '거짓말하지 마. 난 내가 뭘 바라는지 알아. 나는 위대한 재즈 바이올리니스트가 되고 싶어. 위대한 음악가들과 함께 무대에 올라가고 싶어'라고. 그리고 나는 그 목표를 향해 정말 열심히 달렸어."

공연 때마다 형은 마지막 곡이 끝나면 다시 마이크를 잡고 자신을 홍보했다. 자기 음악을 들어준 사람들에게 감사의 마음을 전한 다음, 자신의 CD 뭉치를 들고 테이블마다 돌아다니면서 손님들에게 음반을 팔았다. 형은 자신을 내세우는 것을 두려워하지 않았다. 한번은 형에게 손님이 아무리 싫다고 해도(심지어 '절대 안 산다'고 말해도) 아랑곳하지 않고 왜 그렇게 열심히 음반을 팔려고 하느냐고 물었다. 형은 이렇게 대답했다.

"내 일에 부끄러울 게 없으니까."

그의 말이 옳았다. 그는 부끄러움 없이 순수한 마음으로 자신을 내세웠다. 그리고 그것은 효과가 있었다. 사람들은 그의 음반을 샀다.

크리스가 당시 썼던 작전은 올림픽에서 금메달을 열여덟 개나 획득한 마이클 펠프스가 CNN에 출연해 피어스 모건과 자신의 수영 훈련에 관해 대화하던 중 잘 표현했던 작전인 것 같다. 펠프스는 "최고가 되고 싶으면 남들이 하려고 하지 않는 것을 해야 합니다"라고 말했다. 나는 형이 사력을 다해 손님들에게 자기 음반과 미래에 투자하라고 설득하는 모습을 놀란 눈으로 바라보았다. 그것은 그에게 생존의 문제, 즉 갓 꾸민 자기 가족을 부양하는 문제였다. 그것도 운 좋게 자신이 좋아하는 직업을 통해 부양하는 문제였다. 그는 무엇이 필요하든 가리지 않고 할 용의가 있었다.

"사람은 사업을 하든 예술을 하든, 기회를 추구해야 돼. 나 같은 사람은 특히 더하지. 그 많은 잃어버린 시간을 보충해야 하니까."

모든 사람이 다 잃어버린 시간을 보충하고 있다는 사실은 참 아이러니하다. 그것은 성공에 '투혼', 즉 필요한 일이 있으면 무엇이든 하고, 마치 목숨이라도 달려 있다는 듯이 절박한 자세로 기회를 좇는 정신이 필요한 이유다. 실제로 그렇기 때문이다. 성공은 정말로 역경이 닥쳐와도 무엇이든 필요한 행동을 하겠다는 의지와, 기회가 어디에 있든 그것을 잡겠다는 마음가짐으로 장기간에 걸쳐 비전을 추구한 끝에 얻는 결과물이다. 요컨대 성공은 우리에게 제발로 오지 않는다. 우리가 그것이 있는 곳으로 가야 한다. 게다가 그것은 항상 움직인다. 당신이 속도를 늦추면 그것은 더 멀리 달아난다. 당신이 멈추면 그것은 아예 지평선 너머로 사라진다.

형은 한동안 작은 재즈 클럽과 이름 없는 축제장에서 활동한 뒤, 드디어 세계 투어를 시작했다. 여러 잡지의 표지에 등장하고 링컨 센터와 카네기홀에서 연주했다. 레스 폴, 그렉 오스비, D. D. 잭슨, 스피로 자이로 같은 거물들과도 협연했다. 형과 협연한 음악가와 거래처의 명단을 적으면 정말로 내 팔뚝만큼 길 것이다. 그는 명문 버클리 음대 교수를 역임했고 재즈 바이올린 캠프를 설립해 크게 성공시켰다. 지금은 전 세계에서 직업 바이올리니스트들이 찾아와 그의 교습을 받는다. 이 모든 것이 놀랄 만한 일이었지만 나는 전혀 놀라지 않았다. 형은 성공을 추구하는 과정에서 분투하는 정신의 중요성을 이해하고 있었기 때문이다.

먼지를 털고 일어나라

나는 형 크리스가 교도소에 있는 동안 행복한 어린이로 살지 못했다. 나는 한 번도 반에서 가장 똑똑한 아이였던 적이 없었다. 오히려 그 반대였다. 나는 못생겼고 이상한(적어도 고등학교 때까지는 그랬다) 아이였다. 나는 외로웠다. 친구가 없었다. 무엇을 하든 맨 마지막에 간신히 뽑히곤 했다. 선생님에게 "저는요, 그냥 죽었으면 좋겠어요"라고 수없이 말했던 기억이 난다. 초등학교에 다닐 때 말썽을 피워 교장실에 불려간 적이 있었다. 방에 들어가자마자 교장 선생님에게 또 그렇게 말했다.

"저도 왜 사는지 모르겠어요. 죽는 게 나을 것 같아요."

앞으로 중요한 사람이 될 것 같지 않았다.

형 크리스가 드디어 출소했을 때 나는 열두 살이었다. 대부분의 젊은이들에게 최악의 시기로 꼽히는 중학생 시절을 한창 보내고 있었다. 하지만 이 시기는 내 인생에서 황금기였다. 형은 아빠 차인 1988년형 올즈모빌Oldsmobile(미국 제너럴모터스 사의 자동차 브랜드-옮긴이)의 카폰으로 우리 가족에게 전화를 걸어 이렇게 말했다.

"동생아, 라지 사이즈로 피자 두어 판 시켜라! 나 지금 집에 가는 중이야!"

형은 집 안에 들어와 나를 와락 껴안았다. 당시 내게 필요한 건 그것뿐이었다. 그동안 나는 온갖 종류의 좌절감과 고통스럽고 혼란스런 감정에 빠져 살고 있었다. 드디어 내가 우러러보고 감탄할 수 있는 사람, 고통과 정신적 혼란을 실제로 겪어본 사람이 내 주변에 생긴 것이다.

여기서 중요한 것은 불운 중에서도 위안거리가 있다는 점이 아니라 이런 부정적인 환경에 대한 형 크리스의 반응, 나를 구렁텅이에서 끄집어내는 그의 능력이었다. 형은 내가 어렸을 때 늘 원했던 (또 실제로 했던) 것처럼, 주저앉거나 울지 않았다. 형은 자리를 박차고 일어나 맹렬히 움직였다. 언젠가 형은 나에게 이렇게 말했다.

"이제는 더 밑으로 내려갈 수도 없어. 이미 밑바닥에 가 있으니까. 나는 나 자신과 우리 가족을 난처하게 만들었고 모든 사람을 실망시켰어. 이제 아무것도 두렵지 않아. 특히 쪽팔릴 걱정은 전혀 안 해."

사회로 복귀한 뒤 형은 처음에 식당 같은 데서 무료로 연주하곤 했는데, 무슨 에이전트에 미리 전화해 일정을 잡는 식이 아니었다. 무작정 쳐들어갔다. 공연을 허락하는 식당이 나올 때까지 그 많은 식당을 일일이 찾아갔다. 형은 그야말로 무에서 유를 창출했다. 그래야만 했다. 형에게는 더 이상 물러설 곳이 없었다. 형은 능력이 닿는 한, 최고의 재즈 바이올리니스트가 되겠다는 자신의 비전에 헌신했다. 어떤 역경도 자기 열정을 바치는 일로 생계를 꾸리겠다는 그의 의지를 막지 못했다.

그런 형의 모습, 옆에서 형이 꿈을 그리고 그 길을 가로막는 모든 장애물을 무너뜨리는 모습을 보는 것만으로도 나에게 큰 자극제가 되었다. 그것이 얼마나 특별한 경우인지 잘 알고 있는 지금은 그의 변신이 더욱 대단하게 느껴진다. 음악을 향한 열정, 그리고 팬에게 다가가고 새로운 팬을 만드는 과정에서 형이 보여준 투혼은 훗날 내가 힘들었던 시절에 오하이오 주 콜럼버스의 누나 집 소파에서 나오도록 한 자극제가 되었다. 나의 선수 생명을 끝내게 만든 손목 부상을 당한 뒤 그 집 소파에 1년 남짓 누워 있었는데, 그중 6개월은 팔에 통째로 깁스를 한 상태였다. 그 부상을 당한 뒤 나는 프로 미식축구 선수로 처음 치른 시즌에 고통스러운 수술을 받아야 했다. 신용카드 빚과 대학 시절에 받은 학자금 대출을 갚을 돈도 없었고 학위도 없었다. 나는 성공을 정의하고 달성하는 것은 고사하고, 과연 마음을 추스르고 내가 도대체 이 세상에서 살아야 할 이유라도 알아낼 수 있을까 하는 의구심을 떨쳐내지 못했다. 나의 존재 가치는 운동선수로 크게 성공한다는 꿈 위에 세워져 있었다. 비록 올아메리칸이 되겠다는 목표를 일찌감치 달성했음에도 프로 스포츠 세계에서 밀려났다는 이유로 당시 나는 자기 연민에 빠져 괴로운 나날을 보내고 있었다. 나의 비전은 박살났다. 나는 우울했고 망연자실해 있었다.

형 크리스가 출소한 뒤 보여준 투혼을 보고 나는 비전이 사라져서 우울한 것이 아니라는 사실을 깨달았다. 슬픔의 질곡에서 빠져나와 몸과 마음을 추스르고, 다음 행동을 생각하는 노력을 하지 않았기 때문에 우울했던 것이다. 투혼을 발휘할 때는 끝나지 않았다. 다만 성격이 달라졌고 대상이 바뀌었을 뿐이다.

그런 깨달음을 얻은 직후 나는 수많은 사람에게 손을 내밀어 지도를 부탁했다. 아버지의 친구들, 코치 선생님들, 형(최고의 지원군인 형에게 도움을 청하지 않을 이유는 없다), 내가 다니던 대학의 총장님까지 찾아갔다. 그분의 이름은 스튜어트 젠킨스다. 나는 그분의 지혜와 도덕적 용기를 존경했다. 스튜어트는 그 대학의 개혁과 발전을 위해 초빙되었고, 함량 미달의 교직원들을 솎아내겠다는 그의 결정은 학교 내에서 인기가 없었다. 하지만 그의 노력 덕분에 학교의 학력 수준이 크게 높아졌다. 그는 나에게 무엇이 옳고 그른지를 말해주기보다 곧잘 이렇게 말했다.

"이것이 자네에게 도움이 되나?"

그 '불확실성의 시대'에 스튜어트는 나에게 소셜미디어 웹사이트인 '링크드인(LinkedIn.com)'에 들어가보라고 권했다. 당시 이 사이트는 막 경제계의 전문가들 사이에서 인기를 끌기 시작했다. 나는 여기서 거물급 기업가, 많은 전문가와 인간관계를 맺을 수 있는 다양한 잠재적 기회를 발견했다. 나는 곧 미친 듯이 사람들과 접촉하기 시작했다. 나는 스포츠 업계에 종사하는 사람들에게 중점적으로 연락을 취했다. 나 자신이 얼마 전까지 프로 미식축구 선수로 뛰었기 때문이었다. 그리고 이 점이 내가 거의 들어보지도 못했고, 더더욱 만난 적도 없는 사람들과 접촉하는 데 훌륭한 무기임을 알았다. 다행스럽게 내 생각이 맞았다. 나의 연결 신청에 따른 수락율은 상당히 높았다.

첫해에 나는 무려 1만 건의 연결을 기록했다! 터무니없이 많은 숫자였지만 나는 말할 수 없이 기뻤다. 말콤 글래드웰이 베스트셀러『티핑 포인트The Tipping Point』에서 말한 커넥터가 된 것 같았다. 이것은 하루아침에 일어나지 않는다. 나는 열정과 에너지를 쏟아 하나씩 인맥을 쌓아나갔다. 사람들을 직접 만나고, 전화로 대화하고, 그 사람들의 기술을 얻으려는 이들에게 소개시켜주었다.

내가 '링크드인 인맥 쌓기 행사'를 주최해 푼돈이나마 벌기 시작한 때가 바로 나의 프로 선수 생활이 끝나고 팔에서 깁스를 뗀, 이즈음이었다. 이듬해까지 나는 주요 도시에서 20여 건의 행사를 주최했는데, 보통 행사장에 300~500명이 참석했다. 그들은 프로 운동선수 출신으로 학위도 없는, 스물네 살짜리 애송이가 이런 전문직 인맥 구축 행사를 주최해 이렇게 많은 사람을 모을 수 있었다는 사실에 매우 놀라워했다. 그들이 몰랐던 것은 내가 나의 링크드인 인맥에 속한 그 모든 사람에게 일일이 이메일을 보내 행사에 오라고, 혹은 내가 사람들을 결속시키려고 만든 여러 그룹에 참여하라고 요청했다는 사실이었다. 나는 형 크리스가 출소한 직후 취한 접근법, 즉 '내가 못할 일은 없다'는 생각으로 밀고 나갔다. 나는 이미 바닥을 쳤으므로 이제 올라가는 일만 남았다. 물론 나의 인맥은 계속 넓어졌기 때문에 모든 사람에게 개별적으로 계속 이메일을 보낼 수는 없었다. 하지만 이것은 내가 지금 하고 있는 모든 일의 시발점이었고, 나에게 투혼에 관한 소중한 교훈을 주었다. 성공을 원한다면, 게다가 불리한 상황에서 시작했다면 다른 사람들이 꺼리는 일을 주저하지 말고 해야 한다는 교훈을.

나는 결국 링크드인에 구축한 존재감을 매우 수익성 높은 인터넷 비즈니스로 연결하기 시작했다. 나에게는 사업체를 설립한 경험이 없었지만 혼자 힘으로 했고, 배짱으로 밀고 나갔고, 멘토들에게 조언을 구했고, 필사적으로 뛰어다녔다. 쉬는 날도, 커피 타임도 없었다. 나는 형 크리스의 투혼을 창업 단계에 적용했고, 그의 영업 방식을 조금 변형한 뒤 여러 사업을 맨땅에서 시작하여 키우는 실제적 현실에 적용시켰다. 그 결과 불과 2~3년 전만 해도 한 푼이라도 벌려면 무엇을 어떻게 해야 하는지조차 몰랐던 나에게 돈이 들어오기 시작했다.

좌절감과 초창기에 느꼈던 두려움은 내가 투혼을 발휘하는 데 동력이 되었다. 나는 실패자가 되고 싶지 않았다. 눈에 띄지 않는 사람으로 계속 살고 싶지 않았다. 나는 미친 듯이 뛸 것이고, 필요하다면 그 어떤 고통도 참고 견딜 준비가 되어 있었다. 이런 태도는 오늘날까지 잘못된 만남이나 실패를 겪을 때 나에게 그것을 극복하는 힘을 준다. 요즘 나는 더욱더 다른 사람들의 성공을 돕겠다는 비전에 따라 움직이며, 가장 암울하고 힘든 시절에 내가 강한 투혼을 잃지 않게 해준 것도 바로 이 비전이다.

다윗의 저주-더 열심히, 더 지혜롭게

큰 투혼을 발휘하는 사람들은 모두 약자다. 실제로 약자가 아니더라도 자신은 그렇게 생각한다. 그들은 늘 불만스러워하거나 자기 수준보다 높은 것을 추구한다. 왜냐하면 자기가 선두에 있으면 투혼을 발휘하기가, 즉 목표에 모든 에너지를 쏟기가 더 힘들어지기 때문이다. 자신의 성적을 비교 평가할 대상이 없어지고, 결승선 말고는 쫓을 대상이 없어진다. 사람은 약자일 때, 즉 골리앗이 아니라 다윗의 입장에 있을 때 생산성이 더 높다.

톰 브래디Tom Brady에게 물어봐라. 브래디가 NFL 사상 최고의 쿼터백이라는 것은 거의 틀림없다. 그는 의심할 여지 없이 명예의 전당에 오를 선수다. 그는 슈퍼볼 우승 반지를 네 번 꼈고, 슈퍼볼 MVP로 세 번 선정되었다. 그에게는 두 아이와 슈퍼모델 출신의 아름다운 아내가 있다. 그는 경기 때마다 다윗 같은 약자의 투지로, 또는 고철 하치장의 사나운 개를 연상시키는 불같은 투지로 플레이를 한다. 그의 어깨 위에 골리앗만 한 불만 덩어리가 얹혀 있기 때문이다. 미시간 대학교에 들어간 뒤 그는 뎁스 차트Depth Chart(구단의 포지션별 전력과 가용 자원을 나타내는 차트-옮긴이)에서 일곱 번째(그 팀에서 가장 낮은 순위의 쿼터백 후보)에 이름을 올렸을 뿐만 아니라 2학년 때 어렵사리 선발 라인업에 진입하고 나서도 또 다른 쿼터백인 드류 헨센Drew Hensen과 자리 경쟁을 벌여야 했다. 감독은 그가 2학년 때 치른 시즌 경기 중 처음 절반은 헨센과 브래디를 교대로 출전시켰다. 그는 미시간 대학 시절 여러 기록을 세웠고, 빅텐 컨퍼런스Big Ten Conference(NCAA가 주관하는 대학 미식축구의 여러 디비전 중 미국 중서부의 10대 명문대가 속한 디비전 1-A리그-옮긴이)에서 최우수선수로 선정되었는데도 2000년도 NFL 신인 드래프트에서 6라운드, 전체 199순위로, 그것도 보상 선발권(정규 드래프트 외에 전년도 성적에 따라 구단에 부여되는 선수 선발권-옮긴이) 행사로 뉴잉글랜드 패트리어츠에 간신히 선발되는 수모를 겪었다. 사실 톰 브래디의 어깨에 골리앗만 한 불만 덩어리가 올라앉았다는 말은 절제된 표현이다. 그를 짓누르고 있던 불만은 그보다 앞서 선택받은 198명과, 그를 드래프트할 네댓 번의 기회가 있었지만 드래프트하지 않은 29개 팀을 합친 크기였다. 그는 누구보다 열심히 노력해 그 모든 사람에게 자신을 보여주었다. 그런 의미에서 그는 진짜 다윗이다.

내 가운데 이름이 '데이비드David'(다윗의 영어식 발음-옮긴이)다. 그래서인지 나는 늘 자연스럽게 성서 속 이야기와 약자의 입장에 마음이 끌린다. 사실 나는 인생의 거의 모든 대목에서 스스로 약자라고 여겼다. 어렸을 때에는 학교 운동부에 들어가고 싶었지만 맨 꼴찌로 입단하거나 아예 뽑히지도 않았다. 방과 후 나와 친해지고 싶어 하는 사람이 없어서 혼자 놀아야 할 때도 있었다. 이것 역시 내가 누구보다 열심히 훈련하고 누구보다 나은 사람이 되게 만든 요인 중 하나다. 내가 덩치가 가장 커지거나, 힘이 세지거나, 머리가 좋아질 턱이 없다는 것을 알았기 때문이다. 그렇게 되더라도 나는 여전히 무엇이 되었건 승리할 방법을 찾아야 할 것이다. 그리고 모든 에너지, 열정, 욕망을 쏟아부어야 할 것이다. 필요하다면 나는 밴시banshee(아일랜드 전설에 나오는 유령. 구슬픈 울음소리로 가족 중 누군가가 곧 죽게 될 거라고 알려준다-옮긴이) 같은 사람처럼 굴 수도 있다. 나는 언제나 기꺼이, 내가 가진 모든 시간과 에너지를 쏟을 것이다. 초등학교 시절 모든 일에 늘 꼴찌로 뽑혔을 때의 기분, 그리고 살고 싶지 않을 때의 기분을 기억하고 있기 때문이다.

투혼을 키우려면 더 열심히 살겠다는 마음가짐이 아니라 더 현명하게 살겠다는 마음가짐이 중요하다는 말은 잘못되었다. 둘 다 중요하다. 악바리들은 더 유능하면서 더 악랄하다. 그들은 이 세상에서 제힘으로 자신의 위치를 차지한다. 그들은 그 위치가 제 발로 찾아오기를, 혹은 남이 그것을 가져다주기를 기다리거나 바라지 않는다. 성공이 손에 잡힐 듯 가까이 있을 때 이들에게 결정적인 추진력을 주는 것이 바로 이들의 어깨에 얹혀 있는 다윗 식式 약자의 분노다.

형 크리스는 글자 그대로, 그리고 비유적 의미에서 나의 남자 전우brother-in-arms다. 그리고 나의 여자 전우는 마리 폴레오Marie Forleo다. 마리는 작가이며 TV 프로그램 진행자, 비즈니스 코치로 활약하고 있다. 그녀는 자신을 '멀티 열정을 지닌 경제인'이라고 부르는데, 이 말은 자기가 고철 하치장의 사나운 개처럼 눈앞에 무엇이 닥치든 열정적으로 처리하고 미친 듯이 돌아다닌다는 말을 점잖게 표현한 말이다. 그녀는 자기가 좋아하지 않는 일이나 자기가 할 일이 아닌 경우에도 그렇게 행동한다. 그녀가 그러는 데에는 이유가 있다.

그녀는 이렇게 말했다.

"나는 어디에 있든 챔피언처럼 행동하려고 노력하는데, 그런 태도 덕분에 많은 기회를 얻을 수 있었어요. 대학에 다닐 때 카페에서 바텐더로 잠깐 일한 적이 있어요. 내가 월스트리트의 증권회사 현장 사무실에 첫 직장을 잡을 수 있었던 것도 그때 손님 한 분에게 너무 정성 들여 카푸치노를 서빙했기 때문이었습니다. 그분이 이렇게 말했어요. '학생은 자기가 하는 일에 정말 신경을 많이 쓰는군. 졸업하고 무슨 일을 하고 싶어요?' 나는 경제학을 전공하고 있지만 회사의 회계 부서나 사무직에서 일하고 싶지는 않다고 대답했어요. 그랬더니 그분이 '내 동생이 증권회사 객장에서 일하고 있어요. 나한테 이력서를 줘봐요'라고 말하더라고요."

설마 이 정도의 인연으로 월스트리트의 회사에 취직했을까 하는 의구심과, 형 크리스를 보고 깨달았듯이 투혼의 힘을 절대로 과소평가해서는 안 된다는 생각이 반반이었다. 투혼은 믿을 수 없을 정도로 많은 기회와 잠재력의 빗장을 풀어준다. 월스트리트의 직장을 그만둔 뒤에도 마리는 그와 같은 에너지로 삶에서 부딪히는 모든 문제에 접근했다.

"전에 크런치Crunch(뉴욕에 본사를 두고 있는 헬스 체인. 연극, 춤, 음악 등을 가미한 피트니스 프로그램으로 유명하다-옮긴이)에서 힙합 춤을 가르친 적이 있어요. 힙합을 영원히 가르칠 생각은 없었지만, 힘이 닿는 한 세계 최고의 힙합 강사가 되고 싶었죠. 제가 강좌를 많이 했고 반마다 수강생이 꽉 찼기 때문에 회사의 윗사람들이 저를 나이키가 새로 추진하는 프로그램의 오디션장에 내보냈어요."

결과는 어땠을까? 마리는 전 세계를 돌아다니며 강습을 하는 초대 나이키 '엘리트 트레이너' 네 명 중 한 명이 되었다. 그녀는 남이 알아주기를 바라며 기다리는 스타일이 아니었다. 그녀는 상대방의 눈앞에 자신의 재능을 들이대어 그것을 보지 않을 수 없게 한다.

그녀가 말했다.

"그런 식으로 접근하면 전혀 예상치 못한 기회들이 생길 수 있어요. '이 일을 마스터하겠다, 최고의 성적을 내겠다'는 마음가짐으로 돌아다니면 기분도 좋아집니다. 힘이 더 나니까 당연히 결과도 더 좋아질 것입니다."

형 크리스 역시 출소한 뒤 누가 어떻게 해줄 때까지 기다리지 않았다. 다른 사람들이 자기를 불쌍하게 여기거나 자신이 소망하는 기회를 줄 거라고 기대하지 않았기 때문에 바깥세상에 나가 악바리처럼 뛰었다. 언젠가 유명한 기타리스트인 레스 폴Les Paul은 이렇게 말했다.

"예전에는 훌륭한 재즈 바이올리니스트를 보기가 힘들었습니다. 그런데 요즘은 정말 훌륭한 바이올리니스트가 네댓 명 있어요."

내 생각에 형 크리스를 최고의 바이올리니스트로 만든 원동력은 교도소에서 4년을 보낸 적이 없는 모든 연주자와의 경쟁이었던 것 같다. 그것이 형을 악바리로 만들었고, 자수성가하겠다는 결심을 하게 했다. 레스 폴의 기준에 따르면, 형의 노력은 빛을 보았다. 왜냐하면 지금 정말 훌륭한 바이올리니스트는 네댓 명밖에 안 되지만, 그의 말대로 '크리스티안 하우스보다 더 유능한 연주자는 없기 때문이다'. 재즈 바이올린 분야에 마이크 떨어뜨리기(공연이나 연설이 끝난 뒤 승리의 표시 또는 환호에 대한 답례로 마이크를 땅에 떨어뜨리는 행동-옮긴이)와 같은 관행이 있다면, 아마도 이 말이 그것에 해당할 것이다.

투혼의 기술과 고통을 모두 사랑하라

일본에 '행동 없는 비전은 백일몽이다. 비전 없는 행동은 악몽이다'라는 격언이 있다. 위대한 업적을 이룩하려면 비전과 행동이 모두 필요하다. 비전은 우리에게 길을 인도한다. 행동은 우리를 앞으로 나아가게 한다. 그런데 대부분의 사람들은 꿈꾸는 것에 안주한다. 꿈꾸는 것은 무료이고 쉽기 때문이다. 꿈꾸는 데에는 행동이나 투혼이 필요하지 않다. 행동이나 투혼은 때로 큰 대가를 치러야 얻을 수 있는데, 대부분의 사람들은 이러한 대가를 치르려 하지 않는다. 바로 여기서 진정으로 위대한 사람들이 두드러진다. 언젠가 무하마드 알리는 이렇게 말했다.

"나는 훈련하는 1분 1분을 모두 증오했다. 그러면서 혼자 되뇌었다. '여기서 멈추면 안 돼. 지금 고생하고 평생을 챔피언으로 살자'고."

훈련? 고생? 이것이 바로 분투하는 정신이다.

앞에서 나는 아침에 잠자리에서 빨리 일어나게 하는 비전을 갖고 있지 않으면, 그런 비전을 찾을 때까지 자리에서 일어나지 말라고 농담처럼 말했다. 그 말은 진심이다. 이 점은 매우 중요하다. '나는 아침에 늦게까지 자리에 누워 있는 사람들 중에서 위대함과 명성을 얻은 사람을 본 적이 없다'는 조너선 스위프트Jonathan Swift(『걸리버 여행기』를 쓴 영국의 풍자 소설가-옮긴이)의 말보다 더 진실한 말도 없을 것이다. 비전은 사람을 아침에 자리에서 빨리 일어나게 만드는 것이다. 궁극적으로 우리는 그렇게 부지런하지 않으면 안 된다. 우리는 고생이 지긋지긋할 때에도, 아니 그런 날에도 더욱더 자신에게 남아 있는 마지막 한 줌의 에너지까지 짜내어 그렇게 하고, 또 하고, 또 해야 한다.

고등학교 미식축구 시즌의 개막을 앞두고 그 무더운 여름에, 다른 아이들은 수영장에 가거나 여자아이들과 노닥거릴 때, 내가 체육관에서 실시하는 1일 3회 훈련 프로그램을 즐겁게 했을 거라고 생각하는가? 절대 아니다! 그 어떤 것보다 지겨웠다. 하지만 나는 두 개 종목에서 올아메리칸으로 뽑혔고, 프로 선수가 되었다. 그 결과, 미국 국가대표 핸드볼 팀의 선수로 뛰었다. 내가 죽도록 고생하고 있을 때 수영장에서 놀던 사람들…… 그들은 지금 무엇을 하고 있으며, 무엇을 내세울 수 있을까? 전혀 모른다. 그 누구도 모른다. 이것이 핵심이다.

세상 그 누구보다 악바리 정신을 증오할 권리가 있는 사람을 꼽으라면 단연 카일 메이나드일 것이다. 심각한 신체적 제약을 지닌 채 태어난 그가 자기 앞에 놓인 장애를 끈기 있게 극복해나가는 하루하루 자체가 위대한 승리라고 할 수 있을 것이다. 하지만 카일은 거기서 멈추지 않았다. 위대함을 향한 그의 비전을 성취하려면 자신의 전진을 방해하는 사람들과 맞서는 데에 그치지 않고 한층 더 노력을 쏟아 그들이 모두 틀렸으며, 그런 방해를 무릅쓰고 성공했다는 사실을 증명해야 했다. 그가 이종격투기 선수로 뛰는 것을 원치 않은 당국과, 그가 고등학교에 다닐 때 레슬링 선수로 뛰는 것을 반대한 학부모들은 '말이 0퍼센트에 행동이 100퍼센트'인 사람에게 상대가 되지 않았다. 그는 매일매일 고난을 헤쳐나갔고, 매우 노력했기 때문에 두 종목에서 모두 기회를 얻을 수 있었다. ESPN은 이상하게도 카일의 킬리만자로 등반 이야기를 듣지 못했다. 그는 좋은 일이 자신에게 올 때까지 기다리는 사람이 아니다. 그는 바깥세상에 나가 악바리처럼 뛰어다니며 자신의 계획에 관심을 갖는 모든 사람에게 홍보했다. 그는 누구도 따라올 수 없는 열정으로 자신의 이상에 신경을 썼다. 그는 자신의 이상을 믿었고, 자신이 주려 하는 메시지가 세상에 널리 퍼지기를 원했다.

숀 존슨도 특히 재능과 관련해, 분투하는 정신과 열정에 대해 나에게 얘기한 적이 있다. 너무나 많은 사람이 재능만 있다면 스케이트를 타듯 순탄하게 목표에 도달하고 꿈을 이룰 수 있을 것이라고 오해한다. 그녀는 '악바리 팀'의 진영에 확고하게 포함되어 있다. 왜냐고?

"아무리 크고 많은 재능을 갖고 있어도, 자신이 하는 일을 좋아하지 않으면 그 재능은 드러나지 않고 잘 발휘되지도 않아요. 반드시 아주 큰 재능을 갖고 있을 필요가 없어요. 그 일을 위해 노력하고 그 일을 좋아하면 더 나은 결과를 얻을 수 있을 테니까요."

그녀의 말은 지극히 옳다.

숀이 악바리 팀에 소속되어 있다면, 이 팀의 주장은 단연 앙헬 마르티네즈다. 그는 진짜 악바리다. 그는 재능을 타고났기 때문이 아니라 누구보다 열심히 노력할 마음이 있었기 때문에 위대한 달리기 선수가 되었다. 그에게는 투지가 있었다. 그것은 그가 브롱크스에 살면서 2센트짜리 빈병 수백 개를 주워 7달러짜리 컨스 운동화 한 켤레를 산 초등학생 시절에 생겼다. 그 뒤 그가 고등학교 크로스컨트리 팀에서 뛸 때에도, 몇 년 후 그가 여러 회의장을 뛰어다니면서 리복 사를 글로벌 신발 브랜드로 키우기 위해 노력할 때에도 그에게 좋은 결과를 안겨주었다.

성공한 사람들과 보통 수준을 뛰어넘지 못한 사람들의 차이점은 악바리 근성을 발휘한 정도와 밀접하게 관련되어 있다. 나는 이 사실을 많은 멘토들 덕분에 깨달았다. 나의 형 크리스는 아무리 힘든 환경도 바꾸는 투혼의 힘을 나에게 보여주었다. 크리스는 학교에 다닐 때 수많은 낙오자에게 잘 보이느라 마약 제조에 빠져드는 바람에 자신의 천부적인 재능을 오랫동안 썩혔다. 결국 그는 교도소에 갔고 거의 모든 것을 잃었다. 하지만 음악과, 의미 있는 삶을 살겠다는 열정이 그에게 새로운 삶의 방향을 제시해주었고, 교도소 독방 지킴이에서 지금까지 거의 20년째 하루도 거르지 않고 연습 벌레로 변신할 수 있는 에너지를 주었다.

물론 나도 이것이 말처럼 쉽지 않다는 사실을 잘 알고 있다. 지금까지 나는 투혼에 대해 나이키 식의 접근법, 즉 '저스트 두 잇Just Do It'(종합 스포츠 의류 회사인 나이키 사의 슬로건이자 등록상표-옮긴이)을 소개해왔다. 그러나 '투혼'은 사람들이 잘 이해하지 못하는 개념이다. 이것은 이론으로 익힐 수 있는 개념이 아니다. 그냥 행동으로 옮겨야 하는 개념이다.

문제는 투혼을 키우는 데에 무엇이 장애인가 하는 점이다. 대부분의 경우 에너지가 부족한 건 아니다. 모든 사람이 투혼을 발휘할 수 있다. 하지만 우리는 항상 에너지의 탱크 속에 약간의 에너지를 남겨두는 경향이 있다. 다시 말해 우리는 늘 중간 속도로 달린다. 우리에게는 '수치심을 모르는 절박한 의식'이 없다. 넘어지면 그냥 일어나 먼지를 훌훌 털지 못한다. 우리는 골리앗이라는 경쟁자들 또는 우리를 싫어하는 사람들에게 다윗이 보여준 더 많은 고생과 더 큰 지혜의 중요성을 받아들이려 하지 않는다. 힘들어도 그냥 한 번 웃고, 참고, 다시 해야 하는데, 그러지 않는다. 왜일까? 한마디로 두려움 때문이다.

- **안 좋은 모습을 보이기 싫어하는 마음** : 사람들은 남들에게 자기가 땀 흘리고 고생하는 모습을 보이고 싶어 하지 않는다. 즉 남들의 시선을 무서워한다.
- **실패할까 두려워하는 마음** : 시도하지 않으면 백퍼센트 실패라는 사실을 늘 되뇌어야 한다.

- **성공할까 두려워하는 마음** : 흔히 우리는 실패보다 성공을 더 두려워한다. 어떤 사람들은 성공했을 때 스포트라이트를 받거나, 남들이 리더의 역할을 요구하는 사태를 원치 않는다.

그러면 이런 두려움을 머릿속에서 떨쳐버리고 필요한 행동을 취하려면 어떻게 해야 할까? 정답 중 하나는 18세기 영국의 작가 사무엘 존슨의 말처럼, '진정한 위대함은 작은 일을 뛰어나게 잘 해내는 데서 시작된다'는 사실을 이해하는 것이다. 본질적으로 '아기 걸음마baby steps'(큰 과업을 달성하는 작은 노력-옮긴이)를 의미한다. 악바리 정신으로 열심히 일해 작은 결과를 큰 이점으로 바꾸는 것이다. 이것은 '스쿨 오브 그레이트니스'에서 가르치는 모든 교수가 성공 가도로 가는 도중에 어느 시점에선가 통달한 기술이다. 그들은 고등학교 미식축구팀에서 쿼터백으로 뛰는 열여섯 살짜리 소년이 바로 슈퍼볼 경기에 나갈 수 없다는 사실을 잘 알고 있다. 설사 출전이 허용되더라도 그 나이에는 슈퍼볼에 나갈 준비가 되어 있지 않다는 것을 잘 알기 때문이다. 경험, 지혜를 얻는 발전 과정을 거쳐야 하고 수년간 대학 선수로 뛰어야 NFL 수준의 경기에 나갈 수 있다. 우수한 대학 미식축구 선수들 중에서도 극소수만 NFL에 진출할 수 있다. 그리고 슈퍼볼 경기에서 우승하는 팀은 1년에 한 팀뿐이다. 오랫동안 우수한 성적을 축적해야만 위대한 성공을 이룰 기회를 잡을 수 있다.

그렇다고 해도, 시작하기에 너무 늦은 때는 없는 법이다. 비전을 추구하는 투지를 발휘하기에 너무 늦은 때는 없다. 2011년 재즈 저 널리스트 협회는 전직 260873번 죄수인 우리 형을 올해의 바이올 리니스트 후보로 추천했다. 2012년, 형은 학교용 음악 프로그램으로 교육 봉사 활동을 한 공로를 인정받아 미국실내악협회Chamber Music America가 실시하는 유명한 '전속 파트너 프로그램Residency Partner Program'의 대상자로 선정되었다. 2014년 키예프 주재 미국 대사관은 우크라이나에서 공연 투어를 다니며 문화사절단으로 활동해달라고 그를 초빙했다. 그를 그 자리에 오르게 한 것은 원초적인 재능이 아니었다. 그것은 젊었을 때 낭비한 시간을 벌충하려는 그의 무지막지한 노력이었다. 내 인생에서 그 모든 변화를 일으킨 것은 바로 그에게서 얻은 교훈 덕분이었다. 내가 신예 기업가에게 한 가지 조언을 해줄 수 있다면, 그것은 바로 이 한 문장이다.

'부지런히 움직여라.'

연습 1 : 가상의 시나리오

내 학생들이 자기 발전을 가로막는 두려움에 정신적으로 굴복하면, 나는 마음을 가라앉히고 앞으로 올바른 행동을 위한 원칙과 비전을 현실적 시각으로 되새겨볼 수 있는 연습법을 알려주고 싶다.

펜과 종이 또는 일지를 들고, 아무것도 방해하는 것이 없는 편안하고 조용한 장소를 찾아라.

그런 다음 자신의 비전과 목표에 대해 생각한다. 그것들을 현실화하는 데 필요한 부지런한 움직임을 상상한다. 이제 무모할 정도로 부지런히 움직이기 시작할 경우 두려운 것들을 모두 종이에 적는다. 그러면서 두려운 감정들을 마음속으로 느껴본다.

- 멍청하게 보이면 어쩌지?
- 빈털터리가 되면 어쩌지?
- 일을 망쳐버리면 어쩌지?
- 우리 사이가 나빠지면 어쩌지?
- 투자금을 날려버리면 어쩌지?
- 해고되면 어쩌지?

각각의 '만약 ~하면 어쩌지'라는 항목 옆에, 최악의 시나리오를 포함해 그 사건 이후 일어날 수 있는 나쁜 일을 모두 적는다. 예를 들어 '회사에서 해고되고…….'

- ……아내가 집을 나가면 어쩌지?
- ……우리 집이 남에게 넘어가면 어쩌지?
- ……식구들이 차 안에서 생활해야 하는 상황이 되면 어쩌지?
- ……친구들이 나와 얘기하지 않으려 하면 어쩌지?
- ……다른 직장을 잡지 못하면 어쩌지?

모든 것을 종이에 적는다. 각각의 예상 결과에 따르는 두려움을 느껴본다. 이번에는 이 시나리오들을 가상이지만 긍정적인 결과와 연결시킨다. '회사에서 해고되었지만……'

- ……몇 달 뒤 더 나은 직장을 잡는 계기가 된다면?
- ……퇴직수당을 그동안 미루었던 가족 여행을 하는 데 쓸 수 있다면?
- ……한 달간 아이들과 다시 유대감을 쌓을 수 있다면?

모든 가상의 시나리오를 '어떤 좋은 일이 가능한가?'를 생각하는 긍정적인 시나리오로 바꾼다. 이번에도 역시 약간의 위험을 감수하거나 구체적인 행동을 취하지 않는 한, 당신의 비전은 부활하지 못할 것이다. 어떤 상황에서도 실수를 저지를 수 있다. 실수는 게임의 일부다. 즉 인생의 일부다! 두려움은 그것의 필수적인 요소다. 두려움은 우리가 위험을 계산하는 데 도움이 된다. 하지만 그 두려움이 나 대신 내 인생을 위한 결정을 내리게 해서는 안 된다. 두려움을 느끼면, 그것을 적절히 처리한 다음 자신의 목표를 달성하는 데 필요한 행동을 취해야 한다.

우리는 있을 수 있는 부정적인 결과를 두려워해서 부지런히 움직이지 못하는 경우가 아주 많다. 하지만 그 두려움을 좋은 쪽으로 이용하고, 적절히 처리하고, 사고의 방향을 긍정적인 가상의 결과 쪽으로 돌리면 믿음으로 승화시킬 수 있다.

사람들이 악바리처럼 뛸 수 있는 것은 그들이 두려움을 느끼지 않아서가 아니다. 두려움에 이용당하지 않고 두려움을 유리한 방향으로 이용했기 때문이다.

연습 2 : 근성 키우기

경제계에서 통용되는 아주 유명한 격언이 있다.

'인생에서 몇 년만 남들과는 달리 기업가 정신을 발휘하면 그후 평생 남들이 누리지 못하는 삶을 살 수 있다.'

이 말은 투혼, 즉 근성이 중요하다는 것이다. 근성은 일정한 기간 동안 한결같은 행동을 취하여, 모든 일이 지속적으로 더 잘 돌아가게 하는 탄력과 수단을 얻는 부지런한 태도를 뜻한다. 당연히 이것은 위대함을 창출하는 조리법이라고 표현할 수도 있다. 이것은 시즌이 시작되기 훨씬 전, 즉 기회가 오기 훨씬 전부터 시작해 장기간 동안 일관된 행동을 유지해야 얻을 수 있다.

내가 그동안 성공했던 모든 일은 당시에 내가 인식했든 못했든 간에 비전을 명확히 규정하고 그것을 달성하는 데 필요한 조치를 마다하지 않은 행위의 결과다. 그러나 근성을 키우는 데에는 매일, 한결같은 행동을 취하는 것만 중요한 건 아니다. 현명한 행동을 취하는 것도 중요하다.

모든 사람이 투혼을 발휘해야 하고, 또 발휘할 수 있는 분야는 다음의 네 가지다.

1. 몸
2. 마음가짐
3. 인간관계
4. 능력

근성은 근육과 같다. 이것은 시간을 투자해 강력한 탄력 창출 기계로 전환시켜야 할 대상이다. 근성을 키우려면 이 과정을 이해하고 즐길 수 있어야 한다. 매일 자기를 계발하는 과정은 실제로 제몸을 부지런히 움직이게 하는 과정이며, 시간이 지나면서 여기서 파생하는 엄청난 결과를 알 수 있다. 이 문제에 접근하는 방법과 근성의 근육을 키우는 방법은 다음과 같다.

1. 몸

자기 몸을 더 건강하고 더 강하게 하는 행동을 하루에 한 가지씩 한다. 이것은 헬스장에서, 자전거 위에서, 혹은 달리기를 통해 육체적으로 한 단계 향상시키는, 고통스럽지만(좋은 고통이다) 꼭 필요한 것이다. 이것은 우리의 마음을 불편하게 하고, 안 하기를 바라게 한다. 그러나 참을성을 키워주고 인생의 모든 분야에서 우리를 더 강하게 만드는 것은 고통스럽고 불편한 행동을 한결같이 하는 습관이다.(제5장에 몸을 더욱 심도 있게 단련시키는 방법이 소개되어 있다)

2. 마음가짐

매일 마음가짐과 사고방식을 향상시키는 행위를 시도한다. 위대한 사람들은 모든 일에 의문을 품는다. 세상을 무슨 일이든 (아무리 얼토당토않게 보여도) 일어날 수 있는 곳으로 인식한다. 가능한 훈련 방법은 다음과 같다.

- 생각을 유도하는 책을 읽는다.
- 영감을 자극하는 팟캐스트를 청취한다.
- 워크숍에 참여한다.
- 코치나 멘토에게 배운다.
- 모든 일에 의문을 품는다(호기심을 키운다).
- 누구에게나 배울 점이 있다는 진리를 이해한다.
- 명상과 다양한 철학 사상을 공부한다.

3. 인간관계

리더는 일이든 인생이든, 성공의 열쇠는 인간관계라는 진리를 아는 사람이다. 주변 사람들을 이해하고, 스트레스를 주는 상황에서 다른 사람들에게 연민의 정을 느끼고 그들의 마음을 헤아리는 능력이 그 사람이 얼마나 깊은 인간관계를 쌓을 수 있는지를 결정한다. 자신이 몸담은 분야에서 영향력이 큰 사람들을 알고 그들에게 인지도를 높이는 것 역시 자신의 경력, 사업 또는 평판을 관리하는 데에 중요하다. 다음에 소개하는 행동을 취하면 인간관계에서 승리할 준비를 갖출 수 있다.

- 매주 자신의 분야에서 일하는 세 명을 새로이 골라 직접 만나거나 전화 또는 인터넷으로 접촉한다.
- 매주 (분야에 상관없이) 영향력이 큰 인물 세 명과 교류한다.
- 키이스 페라지Keith Ferrazzi(하버드 대학 출신의 미국 경영 컨설턴트-옮긴이)가 베스트셀러『혼자 밥 먹지 마라Never Eat Alone』에서 권한 대로, 매주 세 명을 골라 식사(아침, 점심, 저녁)를 함께한다.
- 매달 한 번씩 인맥 쌓기 행사, 조찬 모임, 마스터마인드 그룹 mastermind group(업계의 동료들을 회원으로 하여 정기 모임을 갖고 성공을 위해 서로 조언하고 협력하는 모임. 1925년 나폴레온 힐이『성공의 법칙The Law of Success』에서 처음 제안한 개념-옮긴이) 등 단체 행사에 참여한다.(마스터마인드 그룹은 내가 이 분야에서 수백만 달러의 연봉을 받는 데 결정적인 역할을 한 요소인데, 마스터 그룹에 가입하고 독자적으로 창립하는 방법은 제7장에 자세히 소개해놓았다)
- 자신과 인맥을 맺고 있는 사람들에게 인터넷이나 스마트폰으로 영상 메시지를 보내라. 생일 때만 보내지 말고 지속적으로 연락을 취해 그 사람이 지금 하고 있는 일에 어떤 도움을 줄 수 있는지 체크하고, 지금 그들이 직면한 가장 큰 난제가 무엇인지 물어봐라. 예를 들어 나는 친구들에게 수시로 이메일을 보내 그들이 지금 이 세상에서 수행하고 있는 모든 일을 내가 높이 평가하고 있다는 뜻을 전하고, 그들이 수행하는 특정한 일에 대해 이야기한

다. 이것에 대한 답례를 원해서는 안 되며, 당신이 그 사람에게 신경을 쓰고 있음을 보여주는 것 외에 그 어떤 것도 개입시켜서는 안 된다. 당신의 배려는 그들의 마음속에 또렷이 남을 것이고, 두 사람의 인간관계를 더욱 발전시킬 것이다.

- 다른 사람들에게 연락해 근황을 묻고, 자신이 원하는 것이 아니라 그들에 대해 대화하라. 자신이 믿고 신뢰하는 사람들을 적극적으로 도와주면, 그들은 반드시 기회가 있을 때 당신을 도우려 할 것이다.
- 업계의 컨퍼런스, 박람회, 경영인들의 모임 등에 참석하라.

물론 이런 일을 자연스럽게 할 수 있는 사람도 많지만, 내성적인 사람들은 자신의 안전지대에서 나와 (제3장에서 설명한 대로) 마음을 강하게 먹을 수 있는 방법을 익혀야 할 것이다. 행사장에 혼자 가는 것이 내키지 않는다면, 친구와 함께 참석해 불안감을 덜 수도 있다. 작은 행사부터 시작해 점차 큰 행사에 참석하는 방법도 좋다.('인맥 쌓기'에 대한 더 자세한 설명은 제7장을 참조하라)

4. 능력

자신이 새로운 전환기나 진퇴양난의 지경에 놓여 있다고 느껴지더라도 그대로 주저앉아서는 안 된다. 이때야말로 투혼을 발휘하고 새로운 능력과 기술을 계발해야 할 시점이다. 더 많은 기술을 지니면 자신에게 제공할 수 있는 자원을 더 많이 확보하는 셈이다.

마치 일 또는 사생활에서 어떤 상황에 부딪히든, 그것을 헤쳐나가는 데 필요한 도구를 벨트에 하나 더 추가하는 것과 같다. 나는 끊임없이 새로운 기술을 배우고 있으며 매년 새로운 도전에 나선다. 다음은 지난 10여 년간 내가 꿈과 열정을 좇아 선택해서 익힌 기술이다.

- 기타 배우기
- 살사 춤 배우기
- 토스트마스터스에 가입해 대중 연설 기술 발전시키기
- 새로운 스포츠 종목(핸드볼)에 도전해보기
- 책 쓰는 방법 배우기
- 웹사이트를 개발하고 그와 관련된 소셜미디어 구축하기
- 코치와 워크숍 기획자의 자질 계발하기
- 팟캐스트 제작과 편집 배우기
- 명상법 배우기
- 아크로바틱 요가 배우기
- 크로스핏, 요가, 다양한 스타일의 근력 강화 및 피트니스 트레이닝
- 감정을 컨트롤하고 수동적인 태도에서 탈피하는 방법 배우기
- 다양한 호흡법 배우기
- 내 사업에 유능한 팀을 고용하는 법 배우기

이것들은 모두 내가 자랄 때나 대학에 다닐 때에는 몰랐던 기술

이다. 이런 기술을 배우고 마스터하는 데에는 시간이 걸렸지만, 삶의 여러 분야에서 필요할 때가 있으면 언제라도 내 연장 벨트에서 빼내어 쓸 수 있기 때문에 지금은 내가 원하는 목표를 훨씬 쉽게 빨리 달성할 수 있다.

자신이 배우고 싶은 기술 열 개를 골라 목록을 만들어라. 여러분의 마음을 가장 들뜨게 하는 기술부터 시작해, 앞으로 6개월 동안 그 기술들을 모두 익힐 작전을 구체적으로 짠다. 그 대상이 새로운 외국어, 그래픽 디자인, 새로운 기계 등이 될 수도 있고, 새로운 취미일 수도 있다. 인간관계, 마음가짐, 몸 관리 면에서 도움이 되는 기술에 대해서도 생각해보라. 그것들 역시 우리가 성공을 이루는 과정에서 도움이 되는 핵심 요소이기 때문이다.

행동 전략

월 스미스Will Smith(미국의 프로 미식축구팀 뉴잉글랜드 패트리어츠의 수비수로, 2016년 교통사고에 연루된 상대방 운전자와 언쟁을 벌이다 사살되었다-옮긴이)는 유명한 태비스 스마일리Tavis Smiley(미국의 토크쇼 진행자이자 작가, 정치평론가-옮긴이)와 좌담하는 자리에서 이렇게 말했다.

"흘러나온 공은 악바리 선수가 잡게 되어 있습니다."

사람들이 일상생활에서 난관에 부딪히는 것은 일이 잘못될 가능성에 너무 집착하기 때문이다. 나는 그와 정반대되는 상황을 겪었다. 모든 일이 이미 잘못되어 있었다. 나는 놀림을 받으며 자랐다. 뭘 하려고 해도 늘 꼴찌로 뽑혔다. 인정받는 기분을 느끼지 못했다. 나에게 걱정은 선택 사항이 아니었다. 그런 정서적 불안감을 떨쳐버리려면 적극적으로 자기계발을 하고 두려움을 극복해야 했다.

두려움이 오면, 그것을 향해 가라. 의구심이 생기면 필요한 행동을 취해 자신감을 키워라. 일이 잘못되어 다른 사람들 앞에서 좋지 않은 모습을 보일까 두려워하면 스스로 초라해지고 심약해져서 진정한 인간관계를 구축할 수 없다. 투지를 키우려면 반드시 행동이 필요하다. 자신을 극복하고, 남에게 어떻게 보일지 걱정하는 마음을 극복해야 한다. 마음을 열고 미친 사람처럼 몸을 사리지 않고 뛰어다니면 인생은 아름다운 여행이 될 수 있다. 자신의 능력을 최대한 발휘하는 것 외에 내가 할 일이 무엇인가?

Body

제5장

자기 몸을 마스터하라

몸이 약하면 정신도 강해질 수 없다.
_토머스 제퍼슨

우리 몸은 우리의 전부다. 여러분은 아마 약간의 과체중은 별것 아니라고 여길 것이다. 하지만 성공으로 향하는 여정에서 과체중은 우리가 발휘할 수 있는 에너지의 양에 영향을 끼치며, 매사에 우리의 전진을 가로막는 장애가 될 수 있다. 사람의 몸은 제각각이지만, 모든 사람이 긍정적으로 받아들이는 가이드라인과 철학도 있다. 이번 장에서 독자들은 내가 꽤 오랫동안 엘리트 운동선수로 활동하면서 배운 것보다 훨씬 많이 우리 몸(그리고 정신)을 연구해온 이들의 가르침을 배울 수 있다. 나는 아주 훌륭한 몸 상태도 겪어보았고, 끔찍한 몸 상태도 겪어보았다. 그래서 나는 내 몸을 속속들이 알아야 모든 일이 훨씬 더 잘 풀린다는 사실을 증언할 수 있다.

1980년대에 올림픽 스타를 많이 배출한 스탠퍼드 대학교의 수영팀 출신으로 NCAA 디비전 1에서 활동한 리치 롤Rich Roll이라는 선수가 있었다. 그는 대학을 졸업한 뒤 코넬 대학교 법학대학원에 진학했고, 그 뒤 연예 전문 변호사로 성공했다. 그에게는 아름다운 아내가 있었고, 행복한 결혼 생활을 하고 있었으며, 캘리포니아 주 말리부 캐니언의 바닷가에 고급 저택을 소유하고 있었다. 그러나 세상에서 모든 것을 다 차지한 것 같은, 다른 많은 운 좋고 성공한 사람들처럼 그도 행복하지 않았다. 그는 자기 인생에 큰 구멍이 뚫려 있어 영혼과 삶의 동력, 열정이 끊임없이 새어 나가고 있는 듯한 느낌을 떨쳐버리지 못했다.

많은 사람이 이런 마음 상태를 묘사할 때 사용하는 단어가 '절망'인데, 성공했든 그러지 못했든 절망은 찾아오게 마련이다. 그것은 우울증이다. 탈진이다. 극도의 피로다. 지겹도록 지겨운 상태다!

당시 리치는 마흔 살쯤 되었으며, 자기가 시도한 일에서 정상에 오르지 않으면 아무 일도 못하는 사람이었다. 그는 자신이 잠재력을 최대한 발휘하지 못하고 있다는 것을 알고 있었다. 그런 마음 상태는 거의 모든 연령대에서 생길 수 있다. 중년의 위기. 청년기의 위기. 원인이 무엇이든, 언제 겪든, 그것은 위대함과 정반대되는 개념이다.

그는 말했다.

"그냥 인생이 행복하지 않았어요. 늘 뭔가를 빼앗긴 느낌, 사기 당한 기분이었습니다. 나는 모든 일에 다 성공했으니, 지금쯤 인생을 즐기고 있어야 하죠. 그런데 행복하지 않습니다."

당시 리치는 주당 80시간씩 일했고, 늘 정크푸드junk food(건강에 좋지 못한 것으로 여겨지는 인스턴트식품-옮긴이)를 폭식했다. 그런 것밖에 먹을 시간이 없었거니와, 늘 과로 상태였기 때문이다. 다이어트에 필요한 자제심 따위는 그에게 가소로운 개념이었다. 그는 운동할 시간도 없었다. 그 결과 몸무게가 50파운드(약 23킬로그램)나 늘어났다. 생애 처음으로 200파운드(약 91킬로그램)를 넘어섰고, 몸무게가 계속 늘어나고 있었다. 그런데도 리치는 자신의 육체적 건강과 정신적 건강 상태를 부정하며 합리화할 뿐이었다.

어느 날 그는 회사에서 계단을 오르다가 중간쯤에서 걸음을 멈췄다. 숨이 차고 가슴에 통증을 느꼈다. 도저히 올라갈 수 없었다. 운동선수 출신인 그에게 이 상황은 명치, 그 쭈글쭈글한 명치를 강타하는 충격으로 다가왔다.

모든 사람이 이런 경험을 한다. 누구나 중요한 것을 포기하거나 도저히 직면할 수 없는 역경에 부딪힌다. 다만 모른 척할 뿐이다. 우리는 문제가 없는 척한다. 아예 무시해버린다. 너무 오래 무시하여 이런 요란한 상황을 겪어야 비로소 착각에서 깨어난다. 그러면 비통하고 혼란스러운 마음으로 그 자리에 주저앉는다.

'어쩌다 이 지경까지 왔을까? 그동안 나에게 무슨 일이 일어났기에 계단도 올라가지 못하고, 아이들과 놀아주지 못하고, 비행기 좌석에 편안하게 앉지 못하는 사람이 되었을까?'

나도 이제까지 살면서 미친 사람처럼 운동하던 시기와, 다 집어치우고 게으름을 피우고 싶었던 시기를 시계추처럼 수없이 오락가락했다. 건강을 유지하려면 많은 노력이 필요하다. 운동을 쉬고 할 일을 뒤로 미루려는 유혹은 너무나 크다. 위대한 성공을 거두고 싶다면 이것이야말로 절대적으로 피해야 할 태도다. 성공을 추구하는 길에 나섰다는 것은 자신과 다른 사람에 대해 책임진다는 것을 의미한다.

이런 경우 우리에게는 선택권이 있다. 불행하게도 많은 사람이 아무것도 하지 않는 쪽을 선택한다. 계속 모른 척하겠다는 것이다.

하지만 리치는 그러지 않았다.

불가능한 일에 도전하기

리치는 그 자리에서 되뇌었다.

"서른아홉밖에 안 됐잖아. 그런데 얼마 안 되는 계단을 오르는 데도 쉬었다 가야 하네. 뭔가 크게 잘못됐어. 달라져야 해."

그는 이 순간부터 새로운 인생을 시작하겠다고 다짐했다. 리치를 위대함의 길로 되돌려놓은 것이 바로 이 선택이었다.

그는 작은 결심은 하지 않기로 마음먹었다. 사람은 작은 변화 또는 작은 것에서 시작해 점차 강도를 높이겠다는 자신과의 약속을 너무 쉽게 잊거나 포기한다. '탄산수를 끊겠다', '점심으로 야채샐러드만 먹겠다', '월요일부터 시작하겠다'고 결심하는 대신 그는 그 순간부터 완전히 새롭게 출발했다. 그동안 자기 몸에 제 손으로 퍼부었던 온갖 독소와 쓰레기를 몰아내기로 한 것이다. 그동안 자기 몸을 성전이 아니라 화장실 변기처럼 취급했는데, 이제 그는 변기의 물을 내리고 고장 난 배관을 수리해야 했다. 그는 식단에서 모든 정크푸드와 육류를 몰아내고 식물성 위주의 식습관으로 바꿨다.

그는 나에게 말했다.

"처음 사나흘 동안은 다리가 풀리고 땀이 났어요. 마약 중독 치료를 받는 사람처럼요. 헤로인 같은 것을 빼내는 해독 치료를 받는 기분이었습니다. 끔찍했죠. 사나흘이 지나니까, 당신도 이런 경험이 있는지 모르겠지만 믿을 수 없을 정도로 기분이 좋아지더군요. 앞으로 20년, 아마 영원히 그런 기분을 못 느낄 것 같아요. 나는 이걸 보고, 우리 몸이 얼마나 놀라운 회복력을 갖고 있는지 알았습니다. 그렇게 오랫동안 내 몸을 끔찍한 음식으로 학대했는데, 불과 1주일 만에 내 인생 최고의 기분을 느꼈으니까요."

유명한 영국의 억만장자 사업가이면서 모험가인 리처드 브랜슨 Richard Branson에게 어떤 사람이 경제에 관한 최고의 조언을 해달라고 부탁했다. 그의 충고는 언제나 한 단어, '운동하라'다. 왜냐고? 자기 몸을 관리하지 못하는 사람은 자기 사업도 관리하지 못하기 때문이다. 포브스가 선정하는 억만장자 목록을 훑어봐도, 예외가 있기는 하지만 이 생각이 옳다는 것을 금방 알 수 있다. 육체적 건강과 경제적 부의 상관관계가 현 세대의 경제계만큼 확연하게 드러나는 곳은 없다. 작가이자 엔젤 투자자, 그리고 인간 모르모트로 유명한 팀 페리스가 완벽한 증인이다.

그는 뉴욕 타임스 베스트셀러에 오른 명저 『4시간The 4-Hour Workweek』으로 유명하다. 그는 『포 아워 바디The 4-Hour Body』(팀 페리스가 20여 년간 자신의 몸에 직접 실험하고, 일반인 남녀 194명을 대상으로 한 실험 결과를 토대로 집필한 건강서-옮긴이)라는 두 번째 책을 통해 획기적인 아이디어와 연습법을 제시했다. 육체적 활동이 여러 차원에서 그에게 매우 중요하다는 것은 그다지 놀랄 일이 아니다. 팀은 나에게 말했다.

"나는 스포츠가 북엔드bookend가 책을 받쳐주는 것처럼 우리의 하루를 마무리하는 좋은 행사라고 생각합니다. 나는 보통 저녁 6시에 운동을 시작하는데, 그 시간을 화상회의 같은 중요한 행사인 것처럼 철저하게 지키죠. 이렇게 규칙적으로 운동하면 우리 몸은 저녁식사를 즐기고 남은 저녁 시간을 잘 보내는 데 최적화될 뿐만 아니라 하루 일과를 우선순위를 매겨 체계적으로 하지 않을 수 없게 됩니다. 체육관에 가기 전에 모든 업무를 끝내야 하기 때문이죠."

이 두 가지, 즉 원활한 업무 처리와 원활한 혈액순환이 우리에게 주는 에너지는 위대함을 향한 길을 나선 우리에게 엄청난 자산이다.

리치는 그 모든 충고에서 진리를 얻은 것 같다. 드디어 몸속의 모든 피스톤을 가동시키기 시작했기 때문이다. 그 느낌이 너무 좋았기 때문에 그는 몸속을 계속 깨끗하게 유지하기로 결심했다. 이것은 그가 비건vegan(고기는 물론이고 우유, 달걀, 그리고 동물에게서 원료를 얻는 제품도 먹지 않는 극단적인 채식주의자-옮긴이)이 되기로 결심했음을 의미한다. 엄청나게 성공한 경제인과 정치가들이 더 건강하고 더 생산성 있는 삶을 위해 지난 5~6년간 이와 비슷한 시도를 했다. 몇 명만 꼽아보자면 스티브 윈, 빌 클린턴, 모르트 주커만, 알 샤프턴, 러셀 시몬스, 비즈 스톤, 그리고 홀푸드마켓 사의 CEO인 존 맥케이 등이다. 심지어 마이크 타이슨(전 세계 헤비급 권투 챔피언으로, 1997년 당시 챔피언인 에반더 홀리필드와의 리턴매치에서 홀리필드의 귀를 물어뜯었다. 그 후 '핵이빨'이라는 별명을 얻었다-옮긴이)도 비건이 되었다. 그는 남의 귀를 씹어 먹었던 살인기계가 아닌가!

식단에서 모든 쓰레기를 몰아낸 리치는 다시 운동을 시작하겠다고 결심했다. 조금이 아니라 많이. 그의 아내는 그에게 자전거를 사주었다. 그는 다시 수영을 시작했다. 심지어 코치까지 고용했다. 자기 주변에 전문가들과 건강한 에너지원을 포진시키고 싶을 정도로 건강을 회복하겠다는 그의 결심은 확고했다. 리치는 그 강도를 점차 늘려갔는데, 나중에는 주당 스물다섯 시간씩 운동하는 수준에 이르렀다. 그가 이 새로운 라이프 스타일을 정력적으로 추구하느라 업무량을 크게 줄이는 바람에 그에게 운동은 마치 제2의 직업처럼 되어버렸다.

그에게 울트라마라톤에 도전하고 싶다는 생각이 든 것은 바로 이때였다. 울트라마라톤은 정규 마라톤 거리, 즉 42.195킬로미터를 상회하는 초장거리 경주를 말한다.

"2년 전에는 계단도 못 올라갔어요. 그런 내가 그 경기에 나갔습니다. 그전에는 철인 3종 경기에 나가본 적이 없었어요. 노련한 철인 3종 경기 선수가 아니었단 말이죠. 지금도 완전한 신인이에요. 이 종목에는 상당히 미숙했죠. 완주할 수 있겠다는 정도의 자신감은 있었지만, 또 한편으로는 내가 하려던 일에 대해 합리적 수준의 겸손한 마음도 갖고 있었습니다. 그 대회에서 우승하려고 참가한 건 아닙니다. 이제 정신이 말짱하다는 사실, 이만큼 몸무게를 줄여 인생을 바꿨다는 사실을 자축하는 의미에서 참가했어요. 정말 그것이 이유였어요."

이런 겸손함에도 불구하고, 아니 이 겸손한 마음 때문인지 리치는 완주하지 못했고, 11위에 머물렀다. 이것이 그가 첫 번째 울트라마라톤에서 거둔 성적이다. 그러나 리치처럼 뻔뻔하고 어이없는 성공을 맛보자고 극한 스포츠 마니아나 마라톤 선수가 될 필요는 없다. 그것은 새해 결심으로 암벽 등산을 선택하고, 대여섯 달 동안 바위벽에서 훈련한 다음, 봄이 오자마자 요세미트 계곡(미국 캘리포니아 주 동부에 있는 빙하 침식에 의한 대계곡-옮긴이)으로 달려가 거미원숭이처럼 엘캐피탄 산의 절벽(해발 1,000미터가 넘는 계곡으로, 극한 스포츠 마니아들의 성지다-옮긴이)을 급히 오르려 하는 것과 비슷하다.

리치의 변신은 다른 사람들에게 자극을 주는 엄청난 것이다. 리치는 자기 육체를 마스터했으며, 계속 자기 인생을 자기 의지로 통제했다. 이 점과 관련하여 가장 마음에 드는 점은 리치가 이 과정에서 삶의 소명 같은 것을 발견했고, 여기에서 새로운 비전이 창조됐다는 사실이다. 그는 열정적으로 라이프 스타일 사업을 시작해 엄청난 성공을 거두었다. 이제 베스트셀러 작가가 된 그는 여러 저서, 널리 인기를 끌고 있는 팟캐스트, 비건을 위한 건강식품, 강연 등을 통해 전 세계의 수백만 독자에게 지식과 영감을 준다. 그는 역경을 장점으로 바꿨으며, 글자 그대로 그것을 활용했다!

리치가 말했다.

"나는 평생 당근만 쫓아다녔습니다. 제일 좋은 학교를 다녔지요. 아이비리그의 명문 대학들에 모두 들어갔으니까요. 공부도 열심히 했습니다."

그 결과 그는 어떻게 되었는가? 늘 과로했고, 불행했다. 그중 최악은 몸이 엉망이 된 것이었다. 그는 이렇게 덧붙였다.

"그때 나는 인생에서 그동안 이룩한 모든 성공을 축하해야 하는 시점에 있었어요."

하지만 그러지 못했다. 그와 똑같은 상황에 있었다면 누가 축하할 수 있을까? 성공은 일을 많이 하는 것이나 돈을 많이 버는 것과 관계가 없다. 그것은 목적을 갖고 살고, 자기 힘이 닿는 한 최고의 존재가 되었을 때 얻는 것이다. 그 얼마 안 되는 계단 오르기도 그렇게 힘들어하는 사람이 무슨 수로 성공을 축하하겠는가?

뇌 건강이 중요하다

이 책에 나오는 스승들은 어떤 방식으로든 자기 몸을 마스터했다. 나 역시 상당한 시간을 투자해 유명한 미국의 정신과 의사이자 뇌질환 전문 학자이고 에이먼 클리닉의 원장이며 뉴욕 타임스 베스트셀러 작가인 대니얼 에이먼Daniel Amen 박사의 가르침을 받았다. 그분은 자기 몸을 마스터하는 것이 왜 중요한지에 대한 나의 이해도를 한 단계 높여주었다. 근육에 대한 이야기가 아니다. 두뇌 역시 중요하다. 우리의 몸과 마음은 하나로 연결되어 있다. 몸과 마음은 우리 몸을 구성하는 두 요소다. 우리는 이 둘을 잘 관리하고 있는가? 사람들이 흔히 말하듯, '쓰레기를 넣으면 쓰레기가 나오게' 되어 있다.

그가 말했다.

"뇌는 글자 그대로 우리가 실행하는 모든 것에 관여합니다. 어떻게 생각하는지, 어떤 기분을 느끼는지, 어떻게 행동하는지, 다른 사람들과 얼마나 잘 지내는지 등등 뇌가 관여하지 않는 분야는 없어요. 뇌가 제대로 작동하면 일도 잘 풀립니다. 하지만 뇌가 어떤 이유에서, 예를 들어 유독성 물질에 노출되었다든지 머리에 외상을 입었다든지 약물을 남용했다든지, 혹은 뇌에 산소가 부족하여 기능에 문제가 생기면 이때부터 그 사람은 더 우울해지고, 더 아프고, 더 초라해지고, 덜 성공하기 시작합니다."

요즘 많은 사람이 갖고 있는 문제는 몸 건강에서 뇌가 차지하는 역할을 완전히 묵살한다는 것이다. 에이더 박사는 경고한다.

'뇌를 보지 않으면 자기에게 지금 무슨 일이 일어나고 있는지 전혀 알 수가 없다.'

이런 경우 우리는 육체적 건강의 악화가 정신적 건강의 악화를 초래하고, 이것은 다시 더 심각한 육체적 건강의 악화를 낳는 악순환에 빠지게 된다.

나도 삶과 사회생활에서 기가 죽어 있을 때 이와 비슷한 무기력증에 한동안 시달렸는데, 그때 천천히 건강이 나빠지고 있음을 감지했다. 이 문제가 특히 고약한 것은 이런 건강 악화가 매우 점진적으로 진행된다는 점이다. 나는 지속적으로 한 달에 1파운드(약 0.5킬로그램)씩, 거의 2년 동안 몸이 불어났다. 그런데 그때가 경제적으로, 사업상으로 성공하기 시작할 때였기 때문에 문제는 더 복잡해졌다. 그것 때문에 탄산음료에 취한 상태를 꿰뚫어보고 습관에 의구심을 품기가 더 힘들어졌을 것이다. 내 기억으로는 매달 별로 많이 벌지 못했지만, 그래도 2년간 분발했더니 처음 주관한 온라인회의 행사에서 6,200달러를 벌었다. 이때 나는 세상에서 가장 큰 부자가 된 것 같았다. 나는 먹는 것도 부자처럼 먹기 시작했다. 그때부터 돈이 굴러들어오기 시작했고, 지방도 내 몸속에서 굴러다니기 시작했다. 당시 나는 하루에 7,000칼로리 이상 섭취했다. 정확히 말하면 운동도 병행했다.(물론 이 둘의 양은 전혀 비교가 되지 않는다) 가장 나쁜 점은 식사 후 어김없이 당분이 들어간 음료를 섭취하는 습관인데, 기본적인 건강 상식만 알고 있는 사람도 이것이 절대 금물이라는 것을 안다. 나는 뇌나 몸을 전혀 관리하지 않았던 것이다. 돌아보면 그 당시 내 몸은 최고의 상태가 아니었던 것 같다. 나는 그러한 내 몸의 상태를 명료하게 생각하지도 느끼지도 못했다.

에이먼 박사의 말을 들어보니, 몸무게가 늘어나면 뇌의 크기와 기능은 줄어든다고 한다. 내가 드디어 슬럼프에서 벗어난 것은 핸드볼 팀에 들어가 미국 올림픽 대표팀 선수로 뛰겠다는 꿈을 추구하기 위해 뉴욕으로 이주한 뒤였다. 내가 핸드볼을 시작한 것은 순전히 내 속옷의 허리밴드가 배를 조이기 시작했기 때문이었다. 나는 몸이 점점 불어나고 있다는 사실을 알고 있었다. 얼굴도 너무 넓어져 가족과 친구들이 놀리기 시작했다. 그들은 나를 뚱뚱한 루이스Fat Lewis라는 뜻으로 '플루이스'라고 불렀다. 급기야 팬티를 입을 때마다 허리밴드가 배에 끼거나 슬랩 팔찌slap bracelet(손목에 착용하면 둥글게 휘어 감기는 팔찌-옮긴이)처럼 아랫배 밑으로 말려 내려가는 지경이 되자 더 이상 참을 수 없었다. 나는 정말 오랜만에 체중계 위에 올라갔다. 디지털 숫자판은 '254파운드(약 115킬로그램)'라는 커다랗고 붉은 분노의 숫자를 나에게 발사했다. 그 순간 나는 (리치 롤 식으로) 앞으로 30일 동안 몸에 안 좋은 음식은 모두 끊겠다고 결심했다.

그 후 30일 동안 당과 글루텐(쫀득한 맛을 내는 불용성 단백질-옮긴이)이 들어간 음식과 유제품을 먹지 않았다. 모든 사람이 이 다이어트 방법을 써야 하거나, 이 방법을 어떤 건강 전문가나 의사가 권유했다고 주장하는 것이 아니다. 이것은 순전히 내가 새로운 인생을 위해 생활 습관을 개선하려고 원했던 행동이었다. 그리고 그것은 삶에서 일이 원하는 대로 풀리지 않을 때 새로 계발한 긍정적인 습관이 얼마나 큰 위력을 발휘하는지 잘 알고 있기 때문이었다.(이 주제는 제6장에서 자세히 설명할 것이다) 나는 처음 28일 만에 28파운드(약 13킬로그램)를 감량했다. 그래서 이 다이어트를 30일간 연장해서 3~4파운드(약 1.4~1.8킬로그램)를 더 빼겠다고 결심했다. 그 외에는 어떤 변화도 없었으며, 지금도 나는 똑같은 노력을 계속하고 있다. 이것은 순전히 내 입맛에 맞지 않는 음식을 섭취하지 않은 결과다. 나는 매일 녹즙을 마시고(사랑하고), 유기농으로 재배하고 땅에서 직접 채취한 음식만 섭취하고, 화학 사료 없이 풀만 먹고 자란 건강한 소의 고기만 먹어서 '플루이스'라는 별명을 없애버렸다. 나는 올바른 음식을 고르는 노력과 아직 남아 있는 운동에 대한 열정 사이를 오가며, 그 후 한 번도 다시 몸무게가 늘어날까 걱정한 적이 없다.

지금은 당분이 들어간 음식과 단것을 가끔 먹지만, 기본 식단은 예전보다 훨씬 더 균형 잡혀 있으며, 몸무게(그리고 전반적인 건강)도 내가 원하는 수준에서 유지되고 있다. 이 때문에 내 인생은 나

날이 좋아지고 있다. 몸을 마스터하는 데 쏟은 그 모든 노력 덕분에 다른 결정들도 현명하게 내릴 수 있었고, 다른 일들도 쉽게 할 수 있었다.

물론 많은 사람이 자기 몸에 당분보다 훨씬 나쁜 물질, 즉 약물, 과도한 술, 위험한 화학물질 따위를 집어넣는다. 내 형 크리스가 좋은 예다. 우리는 수면 부족을 자초하거나, 심지어 도박이나 섹스 같은 '비非인위적인' 중독에 빠지기도 한다. 이런 것은 우리의 업무 수행 능력에 실질적이고 실제적인 피해를 끼친다. 스티븐 코틀러가 자기 책에서 설명한 것과 같은 몰입 상태에 대해서는 잊어버려야 한다. 그것은 이런 부정적인 물질이나 습관이 영향을 줄 수 있는 범위를 크게 벗어난 상태다. 이런 부정적인 물질은 우리의 몸을 급속히, 그리고 쉽게 파괴할 수 있으며 우리의 뇌를 망가뜨릴 수 있다. 그러니 자신을 학대하지 말라!

잠이 성공을 보장한다

5년 전 캐나다의 케틀벨kettlebell(러시아에서 유래된 근력 강화 운동 기구. 투포환처럼 둥근 형태의 쇳덩어리에 손잡이가 달려 있다. 주전자 kettle같이 생겼다고 케틀벨이라 불린다-옮긴이) 챔피언이자 수면 최적화 운동의 전문가인 아미르 로식Ameer Rosic은 리치 롤처럼 안 좋은 상황에 처했다. 그는 심한 우울증에 시달렸고, 결국 술과 마약에 손을 댔다. 그의 인생은 참담할 정도였다. 그는 나에게 이렇게 말했다.

"인생에 전혀 의미가 없었어요. 마치 가슴에 검은 구멍, 어떤 심연 같은 게 뚫려 있는 것 같았죠. 그리고 하루하루 사는 게 머리를 망치로 치는 것 같았어요."

어느 날 잠에서 깬 그는 자기가 겪는 고생 중 상당 부분은 수면 부족 때문이라는 사실을 하늘의 계시를 받은 듯이 깨달았다. 그는 그 무엇도 대적할 수 없는 슈퍼맨이라도 되는 듯이 거의 매일 밤 늦게까지 파티를 즐겼고, 잠은 아주 조금만 잤다. 그의 육체적 건강과 정신적 건강은 악화되기 시작했고, 삶의 질도 엄청나게 나빠지기 시작했다. 그는 무슨 수를 써야 했다. 그래서 일주기 리듬circadian rhythm(모든 생물체에서 약 24시간 주기로 나타나는 생물학적 생활 리듬을 포괄하는 개념-옮긴이)을 공부하기 시작했고, 아울러 적당한 수면의 중요성을 깨달았다. 그는 말했다.

"인간은 배터리와 똑같아요. 잠은 사람을 재충전시켜줍니다. 잠은 호르몬 분비를 증가시키고 호르몬 양의 균형을 잡아주며 면역 체계를 강화시켜줍니다. 또 명료한 정신과 집중력을 비롯해 많은 것을 줍니다."

그는 연구를 할수록 잠이 최적의 건강을 얻는 데 다이어트, 운동, 그 외에 어떤 것과도 비교할 수 없는 핵심적인 요소라는 사실을 더욱 절실히 깨달았다.

아미르에게 이런 반전은 대단히 뼈아픈 것이었다. 그는 말했다.

"나는 내 영혼, 내 존재 속에 그동안 너무 많은 열정을 억누르고 있었어요. 그것이 모두 나의 잠자는 습관, 먹는 습관, 내 몸을 다루는 방식이 나빴기 때문입니다. 자신을 제일 먼저 챙기면 다른 모든 것이 따라오게 되어 있어요. 다른 모든 것이 더 좋아지게 되는 거죠."

적절한 수면 시간이 발휘하는 효과는 육체적 건강의 향상에 그치지 않는다. 아미르는 IQ도 높아졌고, 캐나다의 케틀벨(러시아의 국민 스포츠다. 나도 여러분처럼 헷갈리니 자세한 것은 묻지 말기 바란다) 챔피언이 되었으며, 다른 사람들에게 최적의 건강 상태를 얻게 해주는 사업을 시작했다. 다음과 같은 아미르의 말은 그의 뜻을 가장 잘 나타내고 있다.

"기업체를 운영하거나 이 세상에서 훌륭한 일을 하고 싶으면, 이 세상에 어떤 가치를 남기고 싶으면 자기 자신부터 소중하게 다루어야 합니다. 자신을 가장 먼저 생각하고 완벽한 사람으로 재탄생하면, 전 세계적으로 아주 많은 사람에게 좋은 영향을 끼칠 수 있을 것입니다."

잠이 얼마나 중요하고 기본적인 습관인지를 알면 아마 깜짝 놀랄 것이다! 수면 전문가이자 『스마트 슬리핑Sleep Smarter』의 저자이며, 나에게 교훈을 준 또 한 명의 위대한 멘토인 숀 스티븐슨Shawn Stevenson은 이렇게 말했다.

"잠은 인간의 유전자가 인간에게 기대하는 행동입니다."

그는 이것에 '비타민 S'라는 이름을 붙였는데, 이 말은 잠이 삶에서 차지하는 지원과 회복의 역할을 완벽하게 설명한다. 그의 책에도 나와 있지만, 수면 부족이 인간의 모든 면에 얼마나 해로울 수 있는지를 보여주는 그의 말은 전혀 과장된 것이 아니다.

"우리의 삶에서는 수천 가지의 일이 동시에 진행되고 있는데, 우리가 가장 먼저 빠뜨리는 활동이 바로 수면입니다. 양질의 수면이 부족하면 인생의 모든 부문에서 높은 성적을 올릴 수 있는 우리의 능력이 정말로 '무너진다'는 사실을 우리는 이해하지 못해요."

이 말은 기업가들에게 더욱더 사실로 여겨진다. 많은 기업가들이 밤샘 회의나 연속된 철야 근무를 무슨 성공 레이스의 우승자에게 주는 영예의 훈장처럼 여긴다. 여러분을 위해, 아미르가 가슴속에 새겨둬야 할 충격적인 뉴스를 전한다.

"2013년쯤인가, 한 연구 결과가 발표되었어요. 요즘처럼 스트레스 많은 세상에는 이런 사람이 많은데, 48시간 이상 잠을 자지 않은 사람은 당뇨병 환자와 똑같은 혈당 수치를 보여준다는 거예요. 이런 상황이 더 악화되면 무슨 일이 일어나는지 아세요? 날이면 날마다, 해가 바뀌어도 계속 이렇게 살면 어떻게 될까요? 별로 좋지 않은 상황으로 끝날 겁니다."

아미르의 말 중에서 마지막 문장을 '세기의 절제된 표현' 후보로 추천할 수 있을 것 같다. 분명히 말하는데, 나에게는 이때가 '이럴 수가!'라는 한탄이 절로 나온 순간이었다.

여러분이 꿈을 현실화하기 위해, 위대한 성공의 비전을 실현하기 위해 애쓰는 많은 사람들과 비슷한 입장이라면 지금 이렇게 말할 것이다.

"이봐요, 내 직업은 호락호락하지 않아요. 나에게는 아이들도 있고요. 나는 리치 롤처럼 1주일에 스물다섯 시간씩 운동할 수도 없고, 아미르 로식처럼 매일 밤 10시에 잠자리에 들어 여덟아홉 시간씩 잘 수가 없어요."

리치도 그랬다. 그는 아미르의 주장에 공감하면서 이렇게 말했다.

"우리는 하루에 몇 시간만큼은 아주 이기적인 마음으로 자신과 자기 몸을 관리해야 해요. 자신을 관리하지 못하는 사람은 다른 사람을 도울 수 없습니다."

이것은 우리가 비행기에 탔을 때 승무원들이 하는 말과 무척이나 비슷하다. 그들은 이렇게 말한다.

"우선 자기부터 산소마스크를 쓰고 나서 다른 사람들을 도와주십시오."

자신의 뇌에 산소가 부족해지면 남을 도울 수 없다. 아니, 최악의 경우 자기부터 죽을 것이다. 자신을 관리할 줄 알아야 다른 사람들을 도울 수 있다는 말에도 이와 똑같은 원리가 적용된다. 우리는 반드시 육체적으로, 정신적으로, 감정적으로 우리 몸을 잘 관리해야 한다. 우리는 반드시 우리의 모든 필요성을 충족시켜야 하고, 모든 욕구와 갈망을 추구해야 한다. 그런 것들을 뒷전으로 밀어두면 안 된다. 그것들이 우선이다. 이기적이라는 생각이 들더라도 할 수 없다. 그것들을 우선시하면, 다른 모든 것은 바로 뒤따라오게 되어 있다.

리치는 말한다.

"내가 자신을 이런 식으로 관리할 때 나는 발전합니다. 마음 한 구석에는 늘 이것이 원래 내가 해야 할 일이 아닌가, 하는 생각이 있어요. 내 정신적 회로는 이 일에 맞춰져 있는 모양입니다. 나는 이런 식으로 훈련하고 자신을 관리하면 더 행복해지고, 더 생산성이 높아지고, 더 좋은 남편이 되고, 더 훌륭한 아버지가 돼요."

몸을 마스터하면 무슨 능력이 생길까?

뉴욕 타임스 베스트셀러 작가이자 세계적으로 유명한 피트니스 코치인 샬린 존슨Chalene Johnson은 그동안 수십만 명을 훈련시켰고, 자신이 출연하는 운동 교습용 비디오를 수백만 개나 팔았다. 그녀는 여러분이 건강을 확실히 확보했을 때 무엇이 가능해지는지를 가장 먼저, 직접 목격하는 사람이다. 그녀에게 운동을 배운 사람들은 감사의 메시지를 보내어 가정생활, 직장, 인간관계에서 어떤 일이 생겼는지를 알려준다. 물론 수년간 나쁜 버릇이 쌓여 라이프 스타일을 바꾸기가 어려운 사람들도 있다. 정말이다. 나도 잘 안다. 지금 나와 절친한 친구가 된 샬린은 이렇게 말했다.

"계획만 잘 세우면 모든 일이 가능합니다. 만약 이것(건강한 육체)이 지금 현재 신경 쓰고 있는 대상이라면 내가 기꺼이 포기할 수 있는 것이 무엇인지 생각해야 하죠."

어떤 변화를 원한다면 뭔가가 달라져야 할 것이다. 그래야 더 좋은 결과를 얻을 수 있다. 건강을 증진시키고 좋은 몸을 만들고, 늘 생각하는 마음가짐으로 얻을 수 있는 모든 것을 획득하려면, 당신의 인생에서 어떤 요소를 제거해야 하는가?

리치의 경우, 육체적 건강을 삶에서 최우선순위로 삼자 가족과의 관계가 좋아졌다. 그는 만족했다. 그는 행복했다. 아미르의 수면 연구가 호기심 차원을 뛰어넘었듯, 리치가 훈련과 달리기에서 거둔 성공은 취미 이상의 결과로 이어졌다. 그는 그것을 바탕으로 전면적인 라이프 스타일 사업을 시작했는데 맙소사, 그것에서도 '엄청난' 성공을 거두었다.

조금 이상하게 들릴지 몰라도, 나는 많은 사람이 위대한 성공을 거두지 못하거나 시도조차 못하는 가장 큰 이유는 그들이 그럴 만한 에너지가 없어서가 아니라고 확신한다. 그들은 자신을 관리하지 않는다. 우리는 이런 태도를 고쳐야 한다. 우선 자신을 위해서, 그리고 남들을 잘 도울 수 있도록 하기 위해서다. 명심하라, 당신이 얼마나 원대한 비전을 갖고 있는지는 중요하지 않다. 당신이 계단을 오를 때 숨이 차거나 집에서 소파를 끼고 산다면 역경을 극복할 의지를 끌어내지도, 지칠 줄 모르는 투지를 발휘하는 데 필요한 에너지를 결집하지도 못한다.

성공 문제는 건강 문제에 불과할지도 모른다.

그리고 단지 과거에 자신을 잘 관리하지 못했다고, 바로 이 순간 그 일을 시작할 수 없다거나 시작하면 안 된다는 것을 뜻하지는 않는다. 리치는 마흔 살 때 이 문제에 진지하게 접근했다. 시간을 되돌려 처음부터 다시 시작할 수는 없다. 그것을 어떻게 마무리하느냐는 것은 우리의 선택이다. 올바른 방향으로 첫발을 내딛는 데에 너무 늦은 때는 없다. 이것이 자기 몸을 마스터한다는 개념의 전부다. 과거는 상관없다. 중요한 것은 지금 자신이 가고 있는 방향이다. 당신의 길은 수십 마일을 달리는 마라톤에 있는지도 모른다. 혹은 아이들과 놀아줄 수 있을 정도로 몸 상태를 좋게 하는 것일 뿐인지도 모른다. 머리가 맑아지고, 그래서 명료하게 생각할 수 있도록 올바른 식습관을 갖는 것인지도 모른다.

아무튼 제 몸을 마스터하는 것은 성공으로 향하는 우리의 여정에서 가장 기본적이고 기초적인 부분이다. 이것은 비전을 싣고 달리는 폭주 열차에 동력을 제공하고, 장애를 뛰어넘을 수 있게 밑에서 올려주고, 우리가 초점을 맞춰야 할 길을 깨끗이 치워주고, 우리가 처음 꿈꿨을 때보다 더 먼 곳으로 데려다주는 투혼에 불을 붙여주는 엔진이다. 자기 몸을 오용하지 마라. 뇌를 당연한 존재로 받아들이지 마라. 언젠가 아미르는 이렇게 설명했다.

"사람은 은행과도 같아요. 우리의 뇌 속에는 우리가 놓치는 수면 시간이 초, 분, 일 단위로 축적되는 '수면 빚'이라는 메커니즘이 있죠. 그래서 대출금을 제때 상환하지 못하면 그러하듯이, 어느 날 은행 직원이 우리 집 대문을 두들기며 말합니다. '이봐요, 루이스 씨? 손님은 우리 은행에 2~3년치의 잠을 빚지고 있습니다'라고요."

그리고 진짜 은행들이 그러듯이, 그들은 항상 최악의 순간에 방문한다. 성공을 추구하는 과정에서 자기 몸을 마스터하는 것은 자기 몸이 뇌가 도저히 갚지 못할 정도의 수표를 남발하지 못하도록 막는 것과 같다.

여러분에게 크로스핏 전용 체육관에 가입하거나 엘리트 운동선수처럼 고되게 훈련한다는 생각은 내가 처음으로 토스트마스터스에 가서 대중 연설을 시도할 때 느꼈던 것만큼 두려울지도 모른다. 그렇다고 그것이 여러분에게 몸을 마스터해야 하는 의무로부터 면죄부를 주는 건 아니다. 인생의 큰 경기에서 승리하려면 모든 도전과 장애를 육체적으로, 정신적으로 헤쳐나갈 수 있는 에너지가 필요하다. 다음은 몸을 마스터하는 데 유용한 세 가지 방법이다. 지금부터 당장 실행하라!

🏃

연습 1 : 자신의 알몸 사진을 찍어둔다!

우리가 자신을 어떻게 생각하는지, 즉 스스로 생각하는 자신의 좋은 점과 나쁜 점을 정확히 알아내려면 가장 먼저 할 일이 있다. 글자 그대로 벌거벗은 몸을 관찰하는 것이다. 그러고 나서 사진을 찍어라.

자신의 몸을 있는 그대로 받아들이는 (그리고 사랑하는) 것이 첫걸음이다. 벌거벗은 모습을 사진으로 찍고 자신이 좋아하는 부분, 개선하고 싶은 부분을 종이에 정리한다. 스스로 부정적으로 평가하는 부위에 유의하고, 자기 몸에서 안 좋은 측면을 있는 그대로 받아들인다. 그래야만 원하는 발전을 이루는 데 필요한 긍정적 에너지가 생길 수 있기 때문이다.

지금 이 순간의 몸 상태가 자기 책임이라는 사실을 받아들이지 않으면, 불만이나 부정적 에너지는 향후 발생할 안 좋은 결과의 원인으로 작용할 것이다. 두려움에 바탕을 둔 행동은 반드시 두려운 결과를 낳는다. 나는 내 몸의 상태를 받아들이고 사랑함으로써 상당히 힘든 운동 계획과 라이프 스타일, 식이요법을 꾸준히 지킬 수 있는 에너지를 얻었다. 자기 몸을 사랑할 때, 더 정확히 말해 자기 몸 '안에 있는 사람'을 사랑하면, 두려움과 자기 증오심에 의해 행동하는 것보다 비전에 전념하는 마음을 훨씬 쉽게 유지할 수 있다. 이런 시각을 갖고 있는 사람은 살을 빼기로 결심할 때에도 다른 사람에게 비치는 자신의 외모에 신경을 써서가 아니라, 그 문제 자체가 자신에게 중요하기 때문에 그렇게 할 수 있는 것이다.

🏃

연습 2 : 피트니스 계획을 세운다

내가 이 책을 쓰는 목적은 여러분이 모든 가능성에 마음을 열게 하기 위해서다. 피트니스(신체 단련) 과정에서 여러분이 현재 어느 단계에 있든 상관없다. 모든 행동이 올바른 방향의 올바른 행동이 될 수 있다. 우리 몸이 우리의 전진을 방해해서는 안 되며, 오로지 우리의 비전 달성에 도움이 되어야 한다는 점을 명심하라.

우선 시간을 확보한다. 일정표에 시간을 정해놓는다. 최소한 1주일에 5일, 하루에 30분 이상 할애해야 한다. 이렇게 하면 운동은 자신의 라이프 스타일의 한 부분으로서 정기적인 일과가 될 것이고, 육체적 건강에 대한 진지한 태도 역시 강화될 것이다. 하루 중 어느 시간대에 운동해야 하는지는 중요하지 않다. 이 시점에서 가장 중요한 점은 매일, 똑같은 시간에 운동을 함으로써 일관된 습관으로 정착시키는 것이다. 자신의 생활 여건과 라이프 스타일에 잘 맞는 시간대를 고른다. 나는 아침 시간을 선호하는데, 우선 아침이 하루가 시작되는 시점이고, 또 하루 일과가 시작되기 전에 중요한 과제를 완료함으로써 긍정적인 감정 상태에 들어갈 수 있기 때문이다. 우리 엄마가 늘 말씀하시듯이, 완료는 강력한 효과를 발휘한다.

둘째, 적극적으로 움직여라. 나는 항상 내가 좋아하는 활동을 피트니스 프로그램에 포함시킨다. 그것이 운동에 의욕을 느끼고, 그 의욕을 잃지 않는 최고의 방법이기 때문이다. 운동선수 출신인 나는 즉석 야구 경기를 자주 하고 달리기, 단거리 경주, 근력 운동, 바다 수영 등도 즐기며 여러 극기 훈련식 운동도 마다하지 않는 편이다. 이런 것들은 들뜬 마음으로 운동할 수 있기 때문이다.

매일 두 시간씩 몸이 부서지도록 운동해야 한다는 말이 아니다. 도처에 퍼져 있는 피트니스 업계의 유혹에 현혹되지 않는 것이 중요하다. 동네에서 조깅을 하든, 차 한잔을 즐기기 위해 근처 카페로 걸어가든, 아침에 몇 분씩 스트레칭을 하든, 아무리 작아도 모든 움직임이 다 중요하다. 명심하라, 운동은 종착점이 아니라 긴 여행이다.

셋째, 지원군이 될 책임 파트너를 구하라. 친구, 배우자, 트레이너, 심지어 애완동물(그렇다, 당신의 개도 훌륭한 몸매를 유지하도록 하겠다고 맹세하라)도 책임 파트너가 될 수 있다. 약속을 지키는지 감시하는 사람이 있으면 내가 결심을 지킬 가능성은 그만큼 높아진다. 많은 사람이 운동하기를 싫어하며, 그래서 그들의 결심은 오래 가지 못한다. 이런 경우라면 책임 파트너를 확보하는 것이 운동에 대해 헌신적인 태도를 유지하고 운동 시간을 더 재미있게 하는 완벽한 방법일 것이다.

마지막으로, 자신을 불편하게 만드는 운동을 매일 하라. 반드시 근육이 결릴 때까지 운동해야 한다는 말은 아니다. 무엇이 되었든, 자신이 현재 원하는 몸 상태에 부합하는 새롭거나 힘든 운동을 하라는 말이다. 물론 나도 특정 운동을 선호하지만, 동일한 운동 프로그램을 너무 오랫동안 계속하지는 않는다. 바꾸는 것이 좋다. 나는 항상 운동 강도를 몸이 불편한 수준까지 올리는데, 나중에는 고통이 사라지고 보람을 느낀다. 그리하여 매일 한 가지씩 고통스러운 운동을 하면 '편안한 공간'의 범위를 확대하고 몸과 마음을 더 높은 단계로 향상시킬 수 있다는 사실을 깨달았다.

여러분은 아마 근육을 목표로 하는, 희한한 운동을 권유한다고 생각할지도 모르겠다. 이보다 말도 안 되는 소리는 없을 것이다. 고통스러운 운동을 선택할 때는 우리를 땀 흘리게 하고 심박동 수를 높일 수 있다면 어떤 종목이든 목표로 삼을 수 있다. 팔굽혀펴기(근력 운동 등 어떤 운동도 좋다)를 더 이상 못할 때까지 해도 되고, 쉬는 시간을 최소화하며 언덕을 빠르게 오르내려도 좋고, 혹은 무슨 운동이든 어제보다 조금 더 강도 높게 하면 된다. 원칙은 간단하다. 자신을 몰아붙여라!

나는 개인적으로 인터벌 트레이닝interval training(속도와 강도가 각각 다른 활동을 교차시키는 훈련-옮긴이)을 아주 좋아한다. 4~6가지의 종목을 합쳐 운동 프로그램을 짜면 된다. 단, 한 종목을 한 번에 45초 정도 하고 종목과 종목 사이에 15초 정도 휴식을 취한다. 반복하는 횟수는 자기가 원하는 만큼 정한다.

예 인터벌 운동 프로그램

팔굽혀펴기 : 45초	휴식 : 15초
휴식 : 15초	런지 : 45초
맨손 스콰 : 45초	휴식 : 15초
휴식 : 15초	윗몸일으키기 : 45초
줄넘기 : 45초	휴식 : 15초

이 운동을 총 4회 실시하라.(또는 각 종목의 횟수와 시간을 자기가 원하는 강도에 맞춰 조절하라) 이 단순한 운동 계획을 원하는 대로 창의적으로 운영할 수 있으면, 다른 형태의 종목도 추가할 수 있다. 또 근력 운동 도구를 이용해도 되고 맨몸으로 해도 된다. 이런 운

동은 집, 체육관, 또는 자신에게 편리한 곳이면 어떤 장소에서도 할 수 있다. 수시로 종목을 바꾸어, 늘 새로운 마음을 유지하라.

몇 회 반복하느냐에 따라 달라지지만, 약 30분간 이 운동을 하고, 운동 전후로 가볍게 스트레칭을 해주면 좋을 것이다.

이 운동의 핵심은 자기가 좋아하는 (비록 나중에는 고통스러워지지만) 종목을 골라야 한다는 점, 그리고 이 운동을 함께 즐길 수 있는 동료를 구해야 한다는 점이다.

연습 3 : 부족한 점을 파악한다

내 친구이자 건강 전문가, 종합 건강 상품 회사인 온닛의 대표인 오브리 마르쿠스Aubrey Marcus는 개인에게 특화된 운동 프로그램을 고안했다. 몸을 정복하는 마르쿠스 방식은 총체적인 인체 최적화에 초점이 맞춰져 있으며, 우리의 건강과 라이프 스타일에서 부족한 점을 찾는 데서 출발한다. 이것은 매우 중요한 개념인데, 그는 이 개념을 약자인 'MISSING'으로 변환하여 우리가 이해하기 쉽게 했다. 일곱 개 분야에서 자신이 육체적으로, 그리고 생리학적으로 어느 위치에 있는지를 파악하는 것은 성공으로 향하는 여정에서 비전을 효과적으로 추구하는 자신의 능력과 건강에 매우 중요하다. 이 연습을 가이드로 활용해 자신의 건강에서 부족한 점을 파악하고, 필요한 경우 각 분야를 조정하라.

M - Mineralization(미네랄화)

우리 몸은 다양한 미네랄로 구성되어 있다. 우리 몸의 모든 체계는 적절한 기능을 발휘하기 위한 적당한 양의 미네랄을 필요로 한다. 우리는 이런 미네랄을 음식에서 얻는다. 자신의 몸이 무엇으로 구성되어 있는지 자문해보라. 내 몸은 유기농으로 현지에서 재배한 과일과 채소로 만들어져 있나? 내 몸은 풀만 먹고 자란 소고기로 채워져 있나? 대답이 '그렇다'이면 올바른 길로 가고 있는 것이다. 자신이 먹는 음식의 출처를 추적해보라.

미네랄이 풍부한 식단으로 되돌아가는 가장 좋은 방법 중 하나는 히말라야산 소금을 사용하는 것이다. 평범한 식탁용 소금에는 세 가지 미네랄, 즉 나트륨과 염화물, 요오드만 들어 있다. 그와 달리 히말라야산 소금에는 65~85가지의 미량微量 무기물이 함유되어 있다. '소금[월급] 값을 한다worth one's salt'라는 말은 군인들이 '살라리움salarium'('소금을 사기 위한 돈'을 의미하는 라틴어로, 여기에서 월급을 의미하는 '샐러리salary'가 유래했다-옮긴이)으로 소금을 배당받은 로마 시대에서 유래했다. 당시 병사들에게 신체가 효과적으로 기능을 발휘하려면, 긴 행군으로 인해 몸에서 소실된 소금을 보충하는 것이 매우 중요했다. 올바른 소금을 섭취하는 것은 목숨이 달린 문제다.

I - Inflammation(염증)

요즘 많은 의사들이 거의 모든 질병은 일정한 형태의 염증에서 유발된다고 이구동성으로 말한다. 왜냐하면 우리가 어떤 병원균과 싸우는 것처럼, 우리 몸도 염증과 싸워야 하기 때문이다. 우리 몸이 염증을 격퇴하려고 몸속에 있는 자원을 사용하면 면역 반응과 적절한 신체 기능을 발휘하는 데 필요한 자원이 크게 줄어들고, 그 결과 질병이 우리 몸에 기반을 확고하게 다질 수 있게 된다. 염증을 통제하는 것은 아주 중요하다.

염증 치료에 관심을 기울여라. 염증은 소화불량 때문에 생기기도 한다! 염증 치료에 효과적인 방법 중 하나는 단백질 분해 효소를 사용하는 것이다. 단백질 분해 효소는 몸속에 들어가면 침전되어 염증 반응을 유발하는 모든 죽은 단백질을 분해하기 시작한다. 좋은 단백질 분해 효소를 이용하면 몸의 건강을 달성하는 데 큰 도움이 될 수 있다.

S - Stress(스트레스)

제2장에서 설명했듯이, 스트레스는 관리해야 하는 삶의 일부다. 우리는 만성적인 스트레스에 시달리는 삶이 어떤 육체적 대가를 초래하는지 잘 인식하지 못한다. 스트레스가 생기면 코르티솔이라는 호르몬이 분비되는데, 이것은 면역 기능을 저하시킨다. 예컨대 순간적으로 동물로부터 도망간다든지, 직장에서 업무 마감을 맞춘다든지, 또는 집중된 에너지의 단기적 분출을 필요로 하는 일을 할 때 오는 스트레스는 괜찮다. 그런데 스트레스가 만성화되면, 스트레스 요인들을 효과적으로 관리하는 우리 몸의 능력이 크게

억제된다. 스트레스는 결국 우리 몸의 부신(아드레날린을 비롯한 호르몬을 분비하는 샘-옮긴이)을 고갈시키고, 다양한 화학작용과 대리 물질 때문에 우리 몸에서 최적의 생활에 필수적인 호르몬들이 적게 분비되기 시작한다. 따라서 스트레스 관리는 매우 중요하다.

자, 여유를 갖고 스트레스를 관리하기 위해 취해야 할 행동을 적어보라. 스트레스를 줄이는 가장 간단한 방법 중 하나는 제3장에서 소개한 '명상'이다. 그동안 많은 연구를 통해 횡경막 심호흡이 자연적으로 스트레스를 해소시켜준다는 사실이 증명되었다. 따라서 호흡에 집중하는 것은 스트레스를 해소하는 중요한 방법이다.

내가 개인적으로 실천하고 있는 것과, 스트레스 관리를 위해 하지 않는 것은 다음과 같다.

하는 것	하지 않는 것
명상	흡연
육체 활동	음주
음악 감상	과도한 TV 시청
주변 환경 바꾸기	과식
춤	늦잠 자기 또는 허구한 날 빈둥대기

S - Sleep (잠)

잠은 우리가 몸에 선사할 수 있는 가장 중요한 건강보양제다. 잠은 치료하고, 재건하고, 회복하고, 활력을 되찾는 시간이다. 잠이 핵심이다. 세상에는 숀 스티븐슨이 쓴 『스마트 슬리핑』처럼 훌륭한 책이 많이 나와 있다. 이러한 책에서 수면 습관을 개선하는 방법을 소개하고 있다. 가장 중요한 것은, 우리 몸이 밤에 자고 낮에 깨어 있도록 설계되어 있다는 점을 인식하는 것이다. 여러분이 밤에 일고여덟 시간 동안 수면을 취해 낮에 맑은 정신으로 활동할 수 있도록 하루 일정을 최적화시켜놓았다면, 첫 번째의 큰 발걸음을 성공적으로 내디딘 셈이다.

일단 생활 일정을 개선시켰으면, 다음에 취할 조치는 수면 자체를 최적의 상태로 만드는 것이다. 눈의 감광성 요소는 멜라토닌의 생성을 유발한다. 이것은 우리가 잠잘 시간을 감지하고 수월하게 잠들도록 하는 호르몬이다. 늦은 저녁 시간에 빛에 많이 노출되면 멜라토닌 분비가 차단된다. 따라서 심야 TV 프로그램이나 스마트폰 같은 인공적인 빛의 원천을 최소화해야 한다. 잠자리에서 전기기구 사용은 금물이다! 자신의 잠버릇을 예의 주시한다. 일찍 자고 일찍 일어나라. 하루에 일고여덟 시간의 수면 시간을 유지하라. 간단하다.

I - Inhalation(들이마시는 숨)

명상 연습은 호흡의 중요성을 강조한다. 들이마시기는 우리가 하루 종일, 끊임없이 행하는 동작이다. 이것을 멈추면 우리는 죽는다. 우리는 산소를 몸에 공급하는 것이 얼마나 중요한지를 인식하지 못한다. 그저 당연하게 받아들인다. 그런데 모든 호흡이 똑같지는 않다.

얕은 가슴호흡을 하면 최적의 건강 및 스트레스 관리에 필요한 산소의 공급이 원활하게 이루어지지 않는다. 그래서 호흡을 다양한 건강 양상을 탐색하는 열쇠로 활용하면서, 자신의 호흡에 주의를 기울이는 것이 매우 중요하다. 호흡은 깊은 명상을 하는 데 도움이 되고, 운동과 훈련을 할 때 파워를 주며, 몸을 알칼리화해준다. 이런 현상은 우리 몸의 미네랄화를 촉진한다. 호흡은 아주 중요하지만, 우리는 이것을 정말 자주 간과한다.

일상생활 중에 1분이라도 여유 시간이 생기면 (예컨대 교통 체증에 걸렸다든지) 호흡에 집중하라. 다시 말해 배 속 깊이 들이마시는 횡경막 심호흡을 하라. 그것이 건강에 주는 이점은 매우 크다. 여러분은 최적의 호흡법을 사용하고 있는가? 심혈관계 건강을 더 낫게 하고 싶은가? 그것은 호흡에서 시작된다.

N – Nutrient Density(영양밀도)

미국에서 영양 문제는 오래전부터 칼로리에 초점이 맞춰져 있다. 하지만 지난 20~30년간에 걸쳐 우리는 건강과 훌륭한 체형을 갖추는 데 칼로리가 영양밀도(음식에 비타민, 미네랄 등 3대 영양소가 함유된 정도를 말한다. 일반적으로 가공식품일수록 영양밀도가 낮고, 적게 가공한 음식일수록 영양밀도가 높고 칼로리는 낮다-옮긴이)만큼 중요하지 않다는 사실을 알게 되었다. 우리는 당분이 함유된 음식을 통해 500칼로리를 섭취할 수도 있고, 풀만 먹여 키운 소의 꽃등심을 통해 500칼로리를 섭취할 수도 있다. 우리의 선택은 몸에 지대한 영향을 끼칠 것이다. 당신은 자기 몸에 얼마만큼의 영양소를 공급하고 있는가? 얼마나 많은 초록색 야채를 공급하고 있는가? 오메가3와 오메가9, 그리고 코코넛오일과 아보카도(열대 과일-옮긴이)오일, 올리브오일 같은 몸에 좋은 지방을 얼마나 많이 섭취하고 있는가? 당신의 음식에는 어떤 종류의 영양소가 함유되어 있는가? 영양밀도가 낮은 음식은 무엇인가? 우리는 반드시 균형 잡힌 식단을 유지하고, 영양소가 풍부한 음식을 섭취해야 한다. 물은 가장 중요한 영양소다. 물이 없으면 인간은 생존하지 못한다. 반드시 늘 수분 유지를 하라. 일상생활 중에 물을 충분히 마시고 있는가?

G – Gut Health(내장 건강)

내장은 건강의 '가마솥'이다. 소화기관은 미네랄과 영양소를 건강한 육체를 유지하는 데 필요한 연료로 만드는 곳이다. 인류 최초의 의사인 히포크라테스부터 오늘날의 의사들까지, 모든 의료 종사자는 항상 내장 건강의 중요성을 인식했지만 요즘에 와서야 비로소 그에 걸맞은 주목을 받고 있다. 물질은 만들 수도, 파괴할 수도 없다. 그렇다면 우리는 어떻게 성장하고 바뀌는가? 우리는 음식에서 영양소를 흡수해 몸을 키우고 그 영양소를 이용해 세포를 재생함으로써 성장한다. 소화불량은 염증과 이른바 장누수증후군의 원인이 될 수 있다. 장누수증후군은 음식 입자들이 장 점막을 통해 새어나가 염증 반응을 일으키는 현상을 총체적으로 일컫는 말이다.

내장 건강은 흔히 '장 미생물'이라 불리는 내장 속 유산균의 영향을 받는다. 이런 미생물은 소화 활동에 중요하다. 게다가 기분, 행복, 그리고 우리가 건강하다고 느끼게 만들어주는 모든 것을 좌우하는 신경전달물질과 호르몬 중 상당수가 내장의 영향을 받거나 내장에서 분비된다. 대부분의 세로토닌은 내장에서 생성된다. 면역 세포도 내장에서 생성된다. 건강한 내장 미생물군계, 즉 우리 몸과 공생적 관계로 기능을 발휘하는 미생물군계는 면역 기능, 기분, 그리고 건강을 유지하는 데 매우 중요하다.

따라서 몸을 완전히 정복하려면 나에게 부족한 점에 관심을 기울여야 한다. 부족한 것이 없어야만 비로소 우리 몸을 완전히 정복했다고 말할 수 있다. 그 시점에 이르면 그 상태를 최대한 오래 유지하는 것이 우리의 목표가 될 것이다!

행동 전략

자, 나는 완벽하지 않다. 몸무게는 수시로 늘었다 줄었다 한다. 식생활이 항상 완벽하지도 않다. 다른 사람들처럼 당분이 들어간 음식과 단것을 좋아한다. 하지만 주변에서 자기 발전을 포기한 사람들을 보는 것이 지겹다! 그런 사람들과 나(여러분도 여기에 포함되었으면 좋겠다!)의 유일한 차이는 몸과 마음을 좋은 상태로 유지하는 데 필요한 노력을 하고 고통을 감수할 마음이 있다는 점이다. 그렇게 해서 하루 종일 고도의 능률로 업무를 수행하고, 꿈의 인생을 영위하고, 어떤 어려움이 있어도 나의 비전을 추구할 수 있기를 바란다.

만약 여러분이 삶에서 자신이 원하는 것을 얻고 있지 못하거나 건강이 좋지 않다면, 단 한순간도 이 두 가지가 서로 관계없다고 생각하지 마라. 이제 '더 이상 이렇게 살 수 없다'라고 말할 때다. 이제 '정말 지긋지긋하다'고 인정할 때다. 일어나서, 하루도 빼놓지 않고 자신을 매력적으로 만들고 가슴을 뛰게 할 일을 해야 할 때다. 하루 5분이든 50분이든, 날마다 약간의 불편은 감수하라. 그 불편한 운동을 시작해 자신의 몸 상태가 필요한 수준까지 올라갈 수 있도록 하고, 그다음에는 그 운동의 고통과 사랑에 빠짐으로써 운동의 수준을 유지하라. 그렇다, 비전과 인간관계, 꿈의 달성은 이것에 달려 있다. 그리고 가장 중요한 점은 인생의 성패도 여기에 달려 있다는 사실이다. 굳은 결심으로 위대한 몸을 만들어야 할 때다!

제6장
긍정적인 습관을 실천하라

성공하는 사람은
성공하는 습관을 지닌 사람들뿐이다.
_브라이언 트레이시

우리가 어떤 사람이 될지, 그리고 이 세상에서 어떤 결과를 창출해낼지는 우리의 습관이 결정한다. 나는 이제까지 살아오면서 나에게 도움이 되는 습관들도 키웠고, 나를 실망시킨 습관들도 키웠다. 모든 사람이 비슷할 것이다. 불행하게도 대부분의 사람들은 우리의 습관이 실제로 얼마나 중요한지 잘 인식하지 못한다. 세계에서 가장 크게 성공하고, 성취감을 느끼고, 비전 중심으로 사는 사람들은 예외 없이 일상에서 규칙적으로 행하는 일과 습관이 있으며, 그것을 자신들이 성공한 가장 큰 요인이라고 꼽는다.

삶이나 사업에서 성공하고 싶다면, 자신이 수행하는 모든 일에 목적과 이유가 있어야 한다. 새로운 습관을 들이는 데 오랜 시간이 필요하지는 않지만, 그것은 마찬가지로 금방 달아날 수 있다. 위대한 성공은 긍정적인 일을 하고 또 하고, 또 반복하는 의도된 행동에서 온다. 이제 자신의 몸에 밴 습관들을 분석해보고, 세계에서 크게 성공한 사람들의 습관을 자신의 삶에 접목해 자기 인생에 새로운 길을 내야 할 때다.

스포츠 분야의 훈수꾼들은 툭하면 선수들이 '재능을 썩힌다' 혹은 '자신의 재능을 당연시한다', '몸을 사리지 않는 플레이를 하지 않는다', '훌륭한 롤모델 역할을 하지 않는다'며 야단친다. 대개의 경우, 이런 말은 팬들조차도 상상하지 못했던 성취를 이루어 성공한 사람들을 향한 공허한 화살에 불과하다. 하지만 가끔 이런 비판에도 일리가 있다.

　스포츠 분야에서 성공하기 위해 노력한 사람이면 누구나, 자신이 모든 것을 뒤로한 채 연습하려고 운동장에 나가 있는 동안, 자신의 능력 중 아주 적은 부분만 쓰는 운동선수들도 있다는 이야기를 들려줄 수 있을 것이다. NBA 올스타 출신 선수인 앨런 아이버슨(그는 기자회견에서 연습을 자주 빠진다는 지적에 "나는 프랜차이즈 선수입니다. 그런데 우리가 이 자리에서 꼭 '연습'에 대해 이야기해야 하나요?"라고 말했다), NFL의 정상급 선수인 찰스 우드슨 같은 선수들은 운동장에 조명이 들어오기 전까지 최소한의 기본적인 훈련만 소화하는 것으로 악명이 높다. 올아메리칸에 선발되었고, 하이즈먼 상Heisman-winning(매년 대학 풋볼 최우수선수에게 수여하는 상-옮긴이)을 수상했으며, 정상급 NFL 선수로 군림할 수 있는 우드슨의 능력은 비현실적이라고 할 만큼 너무나 출중했다. 그래서 그는 현재까지 18년간의 프로 선수 생활 중 10년차에 접어들 때까지 게으른 습관을 전혀 바꾸지 않았다. 그가 '조금' 열심히 하는 쪽으로 방향 전환한 것도 순전히 자신을 우러러보는 어린 선수들에게 나쁜 선례가 되고 나쁜 습관을 들이게 할지 모른다는 우려 때문이었다. 최고 수준의 경기력을 보여주려고 변신한 것이 아니었다. 그리고 이것은 그가 소속되었던 모든 팀의 감독을 완전히 돌게 만들었다.

이러한 이야기는 운동장에만 국한되지 않는다. 게으른 습관 – 내가 좋아하는 식으로 표현하면 '불량한 준비' – 은 스포츠계를 넘어 직장 생활과 인간관계에도 영향을 끼친다. 직장에서 최소한의 노력만 투입하기, 경험에 따르면 그 일을 완수하는 데 많은 준비 시간이 필요하지 않다는 이유로 가만히 있다가 막판에 일에 뛰어들기, 연인의 생일을 잊고는 하루를 휴가 내어 선물 사러 돌아다니기, 해변으로 휴가 가기 전에 속성 다이어트로 10파운드(약 4.5킬로그램) 감량하기 등. 우리가 지금도 이런 습관에서 벗어나지 못하는 것은 과거에 이렇게 행동하고도 탈이 없었기 때문이다. 우리는 상당히 빠르고, 상당히 똑똑하며, 상당히 젊고, 상당히 운이 좋다. 우리는 적절한 준비가 아니라 경험과 능력에 의존한다. 우리에게는 나쁜 버릇들이 있다. 조만간 우리의 운은 바닥날 것이다.

나에게 큰 영향을 준 멘토들 중에 자신의 나쁜 버릇에 응징을 당한 사람이 있다. 그는 실제로 찰스 우드슨과 상당히 유사한 (물론 명성과 수백만 달러에 달하는 재산은 제외하고) 사연을 갖고 있다. 그의 이름은 그레이엄 홀름버그Graham Holmberg(미국의 피트니스 전문가. 2010년 크로스핏 게임에서 우승했다-옮긴이)다. 우리는 같은 대학에서 미식축구 선수로 뛰었다. 수많은 연습과 훈련, 수많은 시즌을 함께하면서 나는 그가 타고난 기량과 민첩성만 믿고 버티며, 그 엄청난 천부적 재능을 낭비하는 모습을 지켜보았다. 나는 그가 우리 팀 소속이라는 것이 기뻤지만(그레이엄 같은 선수의 적수가 되고 싶은 사람은 없다) 동시에 그에게 샘이 났고 화도 났다. 무한한 잠재력에도 불구하고 운동선수로서의 성공은 그의 목표 목록에 없는 것 같았다. 대신 그레이엄은 파티, 씹는담배 피우기(심지어 그는 연습 시간에도 사이드라인 옆에서 씹는담배를 피웠다!), 늦게 자고 늦게 일어나기, 여자 쫓아다니기를 더 좋아했다. 몸을 멋있게 가꾸고 재미있게 노는 것 말고는 아무 욕심이 없었다.

지금쯤 여러분은 속으로 생각할 것이다. '와, 이거 굉장히 좋은데!' 물론 좋다. 좋을 수 있다. 적어도 당분간은. 가끔씩 재미있게, 마음껏 놀고 싶지 않은 사람이 어디 있는가? 여기서 중요한 단어는 '가끔씩'이다. 놀기만 하면 그것도 지루해진다. 지속되는 어떤 가치로 창출하지 못하거나 재능이 나쁜 버릇 때문에 생긴 인생의 틈을 더 이상 채워주지 못하면 더욱 그렇다.

어떤 사람들은 조금 다른 의문을 품을지도 모르겠다. '그런데 만약 당신에게 아무 재능도 없다면 어떻게 될까?' 우선 그것은 말도 안 된다. 모든 사람의 자아 속에는 재능이 부글부글 끓고 있다. 잘못 진단하고 부정했든지, 당연시했든지, 둘 중 하나다. 둘째, 재능은 운명이 아니다. 물론 재능은 성공을 더 쉽게 달성하도록 할 수는 있지만, 성공은 재능 있는 사람들의 독점적인 영역이 아니다. 성공은 인내하고, 정신을 집중하고, 믿고, '준비하는' 예지력 있는 사람들의 차지다. 이것은 습관의 대상이지, 탄생과 함께 자연스럽게 주어지는 생득권의 대상이 아니다.

불행하게도 그레이엄은 지극히 재능이 많았고 좋은 점을 워낙 많이 타고났기 때문에 부모님, 선생님들, 코치들이 오랫동안 그에게 심어주려 노력한 습관의 힘을 무시했다. 좋게 표현하면, 자기 인생을 나쁜 습관이 지배하도록 방치했다. 그리고 앙헬, 숀, 아미르, 나의 형같이 진짜 위대한 사람들과 대화한 뒤 깨달았듯이, 자신의 재능을 썩히는 가장 좋은 방법은 나쁜 습관에게 내 인생의 지배권을 넘기는 것이다. 나쁜 습관에 휘둘리는 삶의 결과는 뻔하다.

물속에서 걸어가기

독자들은 이제 그레이엄은 우리에게 필요한 스승이 아닐 거라고 생각할 것이다. 훌륭한 자질이 있지만, 그는 결코 성공의 근처에도 가지 못했다. 시간이 갈수록 그는 깊은 불행의 늪에 빠졌다. 하지만 그레이엄의 스토리는 여기서 끝나지 않는다. 이보다 더 나빠진 다음 반등한다. 그는 학교를 졸업한 뒤 프로 선수가 되지 않았다. 세미프로 선수로도 뛰지 않았다. 그는 아무 데도 가지 않았다! 고등학교 시절 절정기에 올랐다가 더 이상 발전하지 못하고 주저앉는 사람들처럼, 있던 자리에 그대로 머물렀다. 그는 1990년대의 시트콤 「못 말리는 번디 가족Married with Children」(1987년 4월 5일부터 1997년 6월 5일까지 폭스 채널에서 방영되었다-옮긴이)에 나오는 알 번디의 복사판 같았다. 그가 인생에서 거둔 가장 큰 성공은 1966년 폴크 고등학교 대표 선수로 나간 전미도시대항전에서 네 번의 터치다운을 기록한 것이었다. 그 후 줄곧 내리막길을 걸었다. 알처럼 그레이엄도 기본적으로 물속에서 걸어가는 스타일이었다. 물속에서 걸어가기는 성장 전략이 될 수 없다. 그런 식으로는 어떠한 성공도 이룰 수 없다. 물속에서 걸어가기로는 발전할 수 없다. 빠져 죽지 않을 만큼 머리를 물 위로 내밀고 한곳에서 걷기만 하면 된다.

몇 년 뒤 어느 날, 가까운 사촌이 교통사고로 사망했다는 소식을 들었을 때 그의 상태가 바로 이러했다. 그레이엄의 머릿속에서 무언가가 번득였다. 마치 자신이 자초한 혼미한 상태에서 깨어난 것 같았다. 그는 이제 물속에서 걸어 다니는 버릇을 버리고, 목적의식을 갖고 발을 뻗거나 노를 저었다. 인생의 방향을 그처럼 빨리 정반대로 전환하는 사람을 나는 본 적이 없다. 그는 나쁜 버릇을 단번에 없앴고, 하루도 빼놓지 않고 체육관에 나갔다. 새로운 인생행로에 들어선 그는 새로운 운동 계획과 라이프 스타일을 개발했다. 결국 그는 크로스핏 세계 챔피언의 자리에 올랐고 '세상에서 가장 센 남자'라는 영예를 얻었다.

그런데 피트니스 분야에서 거둔 그의 성공이 우리가 그에게서 배울 수 있는 교훈이 아니다. 적어도 내가 그에게서 가장 크게 얻은 교훈은 아니었다. 그레이엄의 대변신은 그의 마음에 기인한다. 그는 독실한 종교인이 되었고 신앙생활에 헌신했다. 그는 사랑했던 사촌동생이 다녔던 고등학교에 야구 코치로 부임했다. 이어 자신의 이름을 내건 크로스핏 전용 체육관을 열었고, 그곳에서 주말마다 성경 공부 모임을 주관했다. 그리고 결혼하여 가정을 꾸렸다. 진로를 막고 있던 역경을 새로운 비전으로 바꾸었고, 그 비전 안에서 긍정적인 습관들이 그의 대변신을 촉발시켰고, 대변신은 삶의 모든 분야에 영향을 끼쳤다.

그레이엄은 말했다.

"이런 아이들한테 위선자가 되고 싶지 않았어요. 내가 계속 나쁜 짓을 하면 애들한테 의욕을 불러일으킬 수도, 운동도 가르칠 수도, 올바른 습관을 키워줄 수도 없잖아요. 나는 나쁜 버릇을 내 인생에서 몰아내고, 다시는 그것이 내 인생을 지배하지 못하도록 하겠다고 결심했죠."

그레이엄에게 이런 변신은 흡연과 음주에서부터 눈에 보이지 않는 죄악들, 즉 질시하는 마음, 분노, 고마움을 모르는 마음, 헛된 자존심 등 일상에서 거의 모든 것을 몰아내야 한다는 것을 의미했다. 습관을 고칠 때 가장 까다로운 점이 이것이다. 습관은 이미 튼튼하게 자리 잡고 있거나 한 번에 하나씩만 바꿀 수 있다. 하지만 성공하고 싶으면, 결국 그것들을 한꺼번에 해결해야 한다. 성공을 추구하는 데에 긍정적인 습관을 계발하는 것보다 더 좋은 방법은 없다.

고대 그리스인의 충고

'우리가 평소에 반복적으로 행하는 것이 곧 우리의 모습이다. 따라서 우수함이란 행위가 아니라 습관이다.'

고대 그리스의 철학자 아리스토텔레스가 한 말이다. 그는 긍정적인 습관이 역경을 극복하고 챔피언이 되기 위한 노력을 지속하는 데 매우 중요하다는 것을 잘 알고 있었다. 챔피언은 저절로 탄생하지 않는다는 것을 나는 안다. 챔피언은 인생을 바꾸는 긍정적인 습관들을 받아들이고 그것에 전념할 때 탄생한다.

그레이엄과 10년 이상 교류하고, 그가 대오각성 끝에 완전히 변신한 과정을 알고 난 뒤, 나는 나의 습관들을 분석해보기로 결심했다. 나는 긍정적인 습관들이 나에게 금방 힘을 불어넣고 나 자신, 비전, 심지어 신앙생활에서도 큰 자신감을 주는 과정을 실제로 느꼈다.

이런 과정이 처음에는 쉽지 않았다. 나는 마약, 음주 또는 흡연처럼 우리가 나쁜 버릇을 논할 때 떠오르는 명확한 죄악들에는 전혀 손대지 않았다. 어렸을 때부터 형이 이런 것에 의해 망가지는 과정을 직접 보았으며, 그와 똑같은 실수를 되풀이하고 싶지 않았기 때문이었다. 나는 아무리 범위를 넓게 잡아도 완벽한 사람이 아니다.(어쨌든 성공은 완벽한 사람이 되는 것과 관계없다) 하지만 나의 나쁜 버릇들은 관찰하기가 쉽지 않고 조금 복잡해서 금방 파악되지 않는다. 많은 자기 성찰과 크리스 리, 토니 로빈스 같은 훌륭한 코치들의 도움 덕분에 나는 드디어 내 몸과 마음에 젖어 있는 나쁜 버릇을 객관적으로 볼 수 있었다. 그중에는 중학교 농구팀에서 뛰던 시절부터 시작된 것들도 있었다.

- 자책을 잘한다.
- 감사할 줄 모른다.
- 긍정적인 발전을 인지하지 못한다.
- (자신과 남들에게) 지나치게 비판적이다.
- 부모와 가족에게 무례하다.
- 의미 없는 인간관계를 너무 오랫동안 유지한다.
- 식생활이 불량하다.
- 규칙적으로 운동하지 않는다.
- 생활공간을 정돈하지 않는다.
- 걸핏하면 욕을 한다.
- 늦게 잔다.
- 아침에 늦게 일어난다.
- 숙제할 때와 시험 볼 때 부정행위를 저지른다.
- 상대의 신경을 건드리는 식으로 대꾸한다.
- 연습 없이 대충 해나가려 한다.

삶에서 고쳐야 할 점을 깨닫는 데에는 많은 시간과 주변 사람들의 끊임없는 피드백이 필요하다. 이것은 죽는 날까지 멈출 수 없는 여행이다. 지난 수년간 나는 수시로 긍정적인 습관을 내 삶에 추가시켰다. 그것이 일의 결과는 물론이고 나의 내면에 큰 영향을 끼친다는 것을 깨달았다. 그런 긍정적인 습관은 다음과 같다.

- 끊임없이 감사하는 마음을 표현한다.
- 최대한 많은 사람에게 미소를 지어 보인다.
- 일찍 잠자리에 든다.
- 일고여덟 시간의 숙면을 취한다.
- 아침에 침구를 정돈한다.
- 늘 주변을 정돈한다.
- 나 자신과 타인의 장점을 인정한다.
- 주변 사람들이 어떤 상황에 처해 있든, 그들을 사랑한다.
- '클린 이팅'을 고수한다.
- 신체를 단련한다.
- 돈을 저축하고 현명하게 투자한다.
- 명상한다.
- 머릿속에 성과를 그려보고 전략을 구상한다.
- 다른 사람들을 존중한다.
- 자기 발전에 투자한다.
- 사전에 중요한 순간에 대비한다.
- 의욕과 자극을 주는 사람들을 주변에 둔다.

긍정적인 습관을 일상생활 속에서 일관되게 유지하기는 쉽지 않다. 이런 습관들을 지킬 때도 있고 못 지킬 때도 있다. 생애 최고의 몸 상태에서 강도 높게 운동하다가 무엇 때문인지 궤도에서 이탈하는 경우가 많았다. 나도 모르는 사이에 서너 달이 훌쩍 지나가 버리고, 그러다 갑자기 리치 롤이 겪었던 상황, 즉 계단을 반쯤 올라가다가 탈진하는 사태를 겪곤 했다.

이런 위기의 순간을 극복하고 부활하는 비결은 어떤 습관을 못 지켰을 때 자책하지 않는 것이다. 오히려 자신의 비전을 상기하고, 애초에 긍정적인 습관을 충실히 지키는 것이 왜 중요했는지를 되새겨본다.

습관과 그것의 결과는 빠르게 나타날 수 있다. 그래서 궤도를 이탈하지 않는 데 효과적인 습관들을 익히고, 승리할 태세를 갖추는 것이 매우 중요하다. 어떤 사람들은 지킨 습관과 지키지 못한 습관을 기록하고, 지켰거나 지키지 못했을 때 자신에게 줄 보상과 벌을 만들어놓는다. 또 어떤 사람들은 코치를 채용해 자기가 습관을 잘 지키는지 지켜보게 하거나, 감시해줄 친구를 찾아 이런 일을 서로 해주기도 한다. 그런가 하면 마스터마인드 그룹에 가입해 끊임없이 자신을 시험하면서 궤도 이탈을 방지하는 사람들도 있다.

습관의 까다로운 측면은 (좋은 습관이든 나쁜 습관이든) 어떤 습관이라도 개별적으로 생각하면 그렇게 중요해 보이지 않는다는 점이다. 습관이 엄청나게 큰 위력을 발휘하는 경우는 여러 습관이 한데 결합되었을 때다. 여러 습관이 결합되면 놀랄 정도로 많은 발전을 안겨줄 수도 있고, 그와 반대로 발전을 방해할 수도 있다. 자기 훈련이 잘된 사람들을 우리가 존경하는 이유가 바로 이것이다. 그들이 태어날 때부터 위대했기 때문이 아니다. 그들이 습관의 힘을 인식하고 그 힘으로 최고가 되는 라이프 스타일을 창조했기 때문에, 우리는 그들을 존경한다.

마이클 조던이 고등학교 농구부원 선발 테스트에서 탈락했다는 유명한(그리고 전설적인) 이야기는 모르는 사람이 없을 것이다. 그는 그 좌절을 동기부여의 계기로 삼았을 뿐 아니라(사실 마이클은 고등학교 2학년 때 2군 팀으로 강등되었는데, 이것이 와전되었다) 나중에 자신을 농구 역사상 최고의 선수로 만들어준 긍정적인 훈련 습관을 이때 계발했다. 오프 시즌에 들어갈 때마다 그는 별도의 시간을 할애해 기존의 기술에 덧붙일 새로운 기술을 개발했는데, 누구도 막지 못하는 기량을 키우는 습관도 이때 형성되었다.

성공한 기업가이자 작가인 제임스 알투처James Altucher는 오래전부터 자신이 삶 속에서 바닥을 친 이야기를 공개적으로 반복해서 이야기하고 있다. 그는 자신의 책『과감한 선택Choose Yourself』에서 매일 열 개의 아이디어를 종이에 쓰는 습관부터 '일상의 습관'까지 자신이 바닥에서 일어나 전보다 더 성공하기 위해 계발한 긍정적인 습관들을 소개했다. '일상의 습관'은 그가 계발한 습관으로, 이를 통해 육체적·감정적·정신적·신앙적 건강을 위해 노력하고 강도를 조절한다고 한다. 실제로 나의 옛 팀 동료인 그레이엄 홀름버그는 이 방법으로 삶을 완전히 바꾸었다.

나는 여러분이 이것을 '도덕심'에 관한 문제라고 생각하지 않기를 바란다. 도덕이 중요하긴 하지만, 이것은 사실 도덕적 죄악을 피하자는 이야기가 아니라 인간을 가장 효과적인 상태로 만들자는 이야기다. 아이러니하게도 거의 모든 사람이 갖고 있는 간단한 악습, 즉 집중하지 못하는 버릇을 지적함으로써 이 점을 나에게 명확하게 알려준 사람은 자기계발 강사이자 '힙합 전도사'인 에릭 토머스였다. 요즘 과제에 집중하기가 얼마나 어려운지 생각해보자. 소셜미디어에서 이메일까지, 우리의 시간을 갉아먹는 것의 목록은 끝이 없다.

에릭은 자기 일에 배어 있는 그런 경향을 바꿔나가기 시작했다. 그는 창의력이 필요한 일을 할 때에는 철저한 '무간섭' 정책을 실시하고 있다고 내게 말했다.

"일단 일을 시작하면, 아내든 아이들이든 모든 식구가 특정 시간부터는 내가 일에 올인한다는 걸 알고 가까이 다가오지 않습니다. 전화를 할 때에는 올인하지 않습니다. TV를 볼 때도 올인하지 않죠. 주변에서 주의를 산만하게 하는 일에는 올인할 필요가 없습니다."

이런 습관 덕분에 그는 전 세계의 수백만 명을 감동시킨 메시지를 개발할 수 있었다.

한편 그는 기업가들과 인상적인 작품을 창조하지 못하는 예술가들도 다그친다. 그는 말했다.

"여러분이 다른 데에 정신이 팔려 있기 때문입니다. 하루 중 그런 순간을 가지지 못하기 때문이에요. 10분이든 네 시간이든 상관

없어요. 온 세상을 차단한 나만의 시간이 필요합니다. 트위터도 안 되고, 페이스북도 안 되고, 인스타그램도 안 돼요. 아무것도 해서 는 안 됩니다. 그 시간만큼은 일에 모든 것을 올인하세요. 그 상태 에서 나온 다음에 인스타그램을 해도 되잖아요. 솔직하게 말씀드 리면, 자신에게 생각할 시간을 부여하는 고립의 시간, 고독의 시간 을 한 번 거치면 훨씬 더 강한 콘텐츠가 나옵니다. 몰입하세요. 그 리고 일단 몰입하면 그것에 120퍼센트를 올인하세요. 그것이 내 습관입니다."

습관은 정말 중요하다. 그것도 훌륭한 습관이. 그리고 일단 습관 을 들이면 깨기가 어렵다. 이것은 습관의 백미이기도 하고 저주이 기도 하다. 의도적으로 훌륭한 습관을 추구하면, 성공으로 향하는 항로에서 자동 조종 모드로 진입한 것과 같다.

아침에 침구를 정돈하고, 삶의 방식을 바꿔라

좋은 습관이 얼마나 간단하고 사소한 것인지를 명확하게 보여 주는 예를 하나 더 들어보겠다. 그것은 자기 침구를 자기가 정리 하는 습관이다. 2014년 윌리엄 맥레이븐William McRaven(해군 중장 으로, 합동특수작전사령부의 사령관이다-옮긴이) 제독은 오스틴에 있 는 텍사스 대학에서 감동적인 졸업 연설을 했다. 이 연설에서 그는 매일 아침 함정에서 행하는 해군 사병식 침구 정돈법과 검열의 중요성을 역설했다. 처음에는 군대 규율에 대한 중요하지도 않고, 별나고, 잘난 척하는 이야기로 들렸다. 어쨌든 이것은 엄마가 아침마다 여러분을 귀찮게 하는 주제이지 않은가! 하지만 맥레이븐 제독의 입을 통해 이 이야기가 나오면, 이것은 긍정적인 습관의 정의가된다. 이것은 성공적인 하루를 시작하고, 그날 우리 앞에 놓인 과제와 씨름할 수 있는 힘과 용기를 주는 습관이다. 게다가 맥레이븐 제독이 말했듯이, '침구 정돈은 삶에서 작은 일이 중요하다는 사실을 다시 한 번 일깨워준다. 작은 일을 제대로 못하면 절대로 큰일도 제대로 못한다'.

매일 아침 잠자리를 정돈하는 습관의 힘을 처음 깨달은 사람은 맥레이븐 제독이 아니다. 습관 전문가이면서 뉴욕 타임스 베스트셀러 1위에 올랐던 『무조건 행복할 것The Happiness Project』의 저자인 그레첸 루빈Gretchen Rubin은 무려 2007년부터 자신의 블로그에서 잠자리 정돈에 관해 얘기했다! 실제로 그녀는 자신만의 '행복 프로젝트'를 추진한 수백만 명의 독자에 대해 이야기하면서, 잠자리를 정돈하는 습관이 그들의 행복에 가장 큰 영향을 끼쳤다고 보고했다. 『무조건 행복할 것』이 출간되기 몇 개월 전에 그녀가 내놓은 이런 현상에 대한 설명은 여러 면에서 맥레이븐의 연설 내용과 흡사하다.

첫째, 잠자리 정돈은 빨리 끝나고 쉬우며 큰 효과가 있다. 정돈을 하면 모든 것이 산뜻해 보인다. 구두를 찾기가 수월해진다. 침실이 더욱 안락하게 느껴진다. 대체로 외부 환경이 정돈되면 내면의 평화가 생긴다.

둘째, 어떤 결심이라도 상관없다. 결심을 지키면 만족감이 생긴다. 당신은 변화하기로 결심했고, 그 결심을 관철시켰다. 침구 정돈이 아침에 가장 먼저 하는 일이기 때문에 스스로 능력 있고, 생산성이 높고, 수양이 잘된 사람이라는 좋은 기분으로 하루를 시작할 수 있다.

솔직하게 말하겠다. 내가 처음 만든 회사가 처음으로 수백만 달러의 매출을 올렸을 때 내가 돈을 아끼지 않고 한 일은 비서를 채용한 것이었다. 창피하지만, 내가 그 비서에게 매일 아침마다 시킨 일 중 하나는 나의 침구를 정돈하는 일이었다. (하, 적어도 다른 한 사람은 나 때문에 이 습관을 들인 셈이다!) 하지만 긍정적인 습관의 중요성을 깨닫고 난 뒤에는 이 일을 중지시켰다. 나는 남에게 내 일을 시킴으로써 하루를 힘차게 시작할 수 있는 기회를 스스로 차버렸다는 것을 깨달았다. 지금은 매일 아침 일어나자마자 침구를 정돈해 하루를 만족스럽게, 절도 있게 시작한다.

크게 성공한 사람들의 습관

긍정적인 습관과 관련하여 중요한 점은 나에게 이롭고 나에게 효과가 있는 한, 무슨 습관을 실천하느냐는 중요하지 않다는 사실이다. 중요한 것은 전력을 다해 그 습관을 지키는 것, 그 습관을 매일 실행하는 것이다. 투혼을 계발하는 것이 일을 잘하기 위해서인 것처럼, 긍정적인 습관을 실천하는 데에는 정해진 일과를 충실히 따르는 자세가 중요하다. 여기서 일과는 비전 세우기, 역경 극복하기, 챔피언의 마인드 키우기, 투혼 기르기, 자기 몸 마스터하기, 팀 구축하기, 다른 사람에게 봉사하기 등과 같이 이 책에 소개된 다른 교훈들과 연관된 긍정적인 습관을 계발할 경우, 여러분을 성공에 더 가까이 갈 수 있게 하는 일과를 말한다.

만약 여러분이 친구인 그레이엄이 인생의 방향을 백팔십도 바꿔 크로스핏에서 캥거루가 뛰듯이 최고 단계로 수직 상승하는 과정을 목격하기 전의 내 상태와 비슷하다면, 실천할 가치가 있는 긍정적인 습관이 무엇인지를 알아내는 데에 도움이 필요할지도 모르겠다. 솔직히 말해 지금도 나는 이 문제와 씨름한다. 이것이 바로 내가 큰 성공을 거둔 사람들을 만날 때마다 반드시 이 문제를 물어보는 습관('유사' 습관이라고 할 수 있다)을 못 버리는 이유다. 나는 그들에게서 그들을 성공하게 만들고, 내가 배울 수 있는 긍정적인 습관들을 찾으려고 노력한다. 그들이 나의 팟캐스트에 출연하면, 대놓고 그들의 긍정적인 습관에 대해 질문한다. 이유가 뭐냐고? 어떤 습관을 내 인생에 끌어들여야 하는지 알고 싶기 때문이다.

2014년 〈엔터프리너Entrepreneur〉지는 자사의 웹사이트에 이 주제에 관한 기사를 실었다. 세계에서 가장 부유한 사람들의 일상적인 습관을 보여주는 멋진 인포그래픽(정보, 데이터, 지식 등을 쉽고 정확하게 전달하기 위해 시각적 그래픽으로 나타낸 것-옮긴이)을 특집으로 다룬 것이었다. 부의 축적이 성공의 요소이긴 하지만(절대로 전부가 아니다), 이들의 습관이 삶의 다른 분야에서도 성공으로 이어지는 데에는 그만한 이유가 있다.

그들은 대체로 다음과 같은 습관을 갖고 있다.

1. 해야 할 일을 적은 목록을 만든다.
2. 근무를 시작하기 세 시간 전에 일어난다.(하루의 시작에 대비한다)
3. 통근 시간을 이용해 오디오북을 듣는다.(대중교통을 이용하는 사람들은 책을 읽거나, 내 팟캐스트를 들을 수 있다)
4. 한 달에 다섯 시간 이상 인맥 관리에 투자한다.
5. 하루에 30분 이상 책을 읽는다.
6. 1주일에 4일간 운동을 한다.(나는 5일을 추천한다. 물론 운동과 별도로 매일 열심히 움직인다)
7. 패스트푸드의 섭취를 최소화한다.
8. 하루 TV 시청 시간을 한 시간 이하로 줄인다.
9. 내 아이들에게 매일 성공에 필요한 습관을 가르친다.
10. 내 아이들에게 한 달에 열 시간 이상 자원봉사 활동을 시킨다.(아이들에게 모범이 될 수 있도록 봉사 활동에 함께 참가하는 것이 좋다)
11. 내 아이들이 한 달에 책을 두 권 이상 읽도록 독려한다.(나는 어렸을 때 책을 많이 읽지 않았는데, 지금은 후회하고 있다)

12. 자신의 목표를 종이에 적는다.

13. 특정한 목표를 달성하는 데 전념한다.

14. 평생교육을 통해 자기 발전의 개념을 믿는다.

15. 훌륭한 습관이 기회를 낳는다는 사실을 믿는다.

16. 나쁜 습관이 부정적인 영향을 끼친다는 사실을 믿는다.

이 모든 습관을 다 지킨다고 여러분이 부자가 된다거나, 반드시 성공하는 것은 아니다. 하지만 이것들을 지킨다고 손해 볼 것도 없지 않은가. 그리고 이런 것은 여러분이 찾고 있던 발판 같은 역할을 할 수 있다!

나는 이런 습관들 중 상당수를 내 인생에 접목시켰다. 내가 가장 집중하는 일상적인 습관은 다음과 같다.

1. 일찍 일어나고, 하루 더 살아 있는 것에 감사한다.(세 시간 일찍 일어나지는 않지만, 이 습관은 지금도 실천하고 있다)

2. 침구를 정돈한다!

3. 10분간 명상한다.

4. 아침식사에 야채 주스를 곁들인다.

5. 스트레칭을 하고 몸을 움직인다.

6. 강도 높은 운동으로 몸을 단련한다.

7. 유기농 식품과 집에서 조리한 음식을 먹는다.

8. TV를 거의 보지 않는다.(정신 집중에 방해될까봐 4년간 TV 없이 지

내기도 했다)

9. 목표에 집중하고 그것을 달성하기 위한 행동을 취한다.

10. 다른 사람에게 베풀겠다는 의도로 인맥을 넓힌다.

11. 사람들을 만나면 아는 척하고, 항상 웃으면서 대화한다.

12. 하루 종일, 그리고 잠자리에 들기 전에 감사하는 마음을 표현한다.

13. 코치 또는 멘토들과 협력한다.

14. 새로운 정보와 기술을 끊임없이 습득한다.

다음은 그동안 만났던 위대한 인물들의 습관 중에서 내가 고르고 채택한 몇 가지를 정리한 것이다.

약속을 지켜라 : 나는 열한 살 때 돈을 훔치다가 아버지에게 들킨 적이 있는데, 그때 아버지가 이 교훈을 가르쳐주셨다. 당시에 나는 아버지에게 거짓말을 했고, 나중에 아버지가 진실을 알게 되자 나는 엄청난 죄책감과 수치심을 느꼈다. 아버지는 그런 역겨운 감정은 약속을 지키지 않은 결과라고 말씀하셨다. 이것은 어떤 일을 하겠다고 말해놓고 그 행동을 하지 않는 것을 뜻한다. 거짓말을 하지 않는 것은 약속을 지키는 행동의 일부다. 언젠가 내 친구가 인간은 숨을 쉬고 있는 한 약속을 깰 수밖에 없다고 말한 적이 있다. 물론 나는 완벽하지 않지만 매일 완벽해지려고 노력한다. 남에게 인정받지 못하거나 하찮은 사람 취급을 받는 가장 쉬운 방법은 약속을 깨거나, 나중에 (회의에 참석하는 시간이나 사람들이 나에

게 바라는 것 등을) 다시 의논하지 않는 것이다. 다른 사람들에게 신뢰를 받으면, 자기 자신도 더 잘 신뢰할 수 있다. 다른 사람들에게 한 약속을 존중하면, 당신이 성공을 위한 비전을 창출할 때 자신에게 했던 약속도 더 잘 존중할 수 있다.

감사하는 마음을 갖자 : 이것은 토니 로빈스Tony Robbins에게 배운 습관이다. 그는 『네 안에 잠든 거인을 깨워라Awaken the Giant Within』라는 책에서 감사하는 마음에 대해 많은 지면을 할애했다. 또 감사하는 마음이 생기지 않더라도 항상 '무엇에 감사할 수 있을까?'라고 자신에게 질문하라고 말했다. 나는 이것이 우리가 난관에 봉착했을 때 효과적인 정신 자세라고 생각했다. 몇 년 전 팟캐스트를 제작하면서 라미트 세티Ramit Sethi(미국의 개인 금융 컨설턴트이자 기업가. 뉴욕 타임스 베스트셀러인 『부자가 되는 법을 가르쳐주겠다I Will Teach You To Be Rich』의 저자-옮긴이)를 만났을 때 인터뷰 도중 불현듯 내가 존경했고 나에게 많은 가르침을 주었던 이 사람에게 고마움을 표시하고 싶다는 생각이 들었다. (이 책 덕분에 나는 학창 시절에 받은 학자금 대출의 빚에서 벗어날 수 있었다. 대출금 완납은 내 인생의 흐름을 바꿔놓은 대사건이었다.)

이유는 모르겠지만 말하기가 어려웠다. 어색한 말이 나올까 걱정했던 것 같다. 사람들은 인정받기 위해 평생을 기다린다. 그리고 대부분의 사람들은 학교를 졸업할 때나 너무 늦은 때, 즉 죽은 뒤에 인정을 받는다. (세계 일류 갤러리에 전시되어 있는 귀하디귀한 작품을 그린 인상파 화가들 중 적어도 절반 이상이 이런 경우다.) 왜 기다리는가? 나는 깨달았다. 매일 밤 나는 감사해야 할 대상을 머릿속으로 다시 생각한다. 나의 보이스메일 메시지는 감사의 표현으로 채워져 있다. 그리고 라미트에게 그랬던 것처럼, 기회가 닿는 대로 사람들에게 직접, 그들이 나에게 얼마나 큰 힘이 되었는지 말하려고 한다. 사실 여러분은 이 책을 감사하는 마음으로 하는 연습이라고 생각할 수도 있겠다!

아침마다 행하는 의식을 만들어라 : 나는 팀 페리스에게서 아침 의식의 중요성을 배웠다. 그는 이렇게 말했다.

"기업가의 경우, 예를 들어 1주일 동안 아침에 자신이 어떤 의례적인 행동을 해야 하는지 생각해보는 것이 매우 중요합니다. 일어난 후 첫 60분 동안 무엇을 해야 하는지 생각해보는 것이죠. 그런 다음 그것을 대본처럼 기록해서 매일 똑같은 행동을 해야 합니다. 아침으로 무엇을 먹어야 할지를 결정하는 것보다, 더 중요한 일에 더 많은 사고할 시간과 능력을 할애하는 것이 우리를 자유롭게 하는 경험이라고 생각합니다. 창의적인 사람이 되고자 한다면, 정해진 일과와 의례적인 일을 따르는 것이 매우 중요합니다."

일과가 복잡할 필요는 없다. 여행 중인 경우를 제외하고, 일상생활에서 내가 매일 지키는 아침 일과는 다음과 같다.

- 잠자리에서 일어나자마자 내가 고마워하는 것을 되뇐다.
- 10분 동안 전문가가 가르쳐주는 대로 명상을 하고, 오늘 이 세상에 내가 창출하고 싶은 가치를 상상해본다.

- 가벼운 스트레칭과 몇 개의 간단한 요가 동작을 취한다.

- 침구를 정돈하고 양치질을 한다.

- 샤워하고 옷을 입는다.

- 야채 주스를 곁들여 비타민과 아침밥을 먹는다.

반드시 이런 아침 일과를 마친 뒤에 나의 일과 비전에 관련하여, 그날 내가 창출해야 할 것을 생각한다.

부정적인 반응을 보이지 마라 : 버리는 습관, 어떤 것도 개인적으로 받아들이지 않는 습관은 몸에서 스트레스를 줄이는 아주 좋은 방법이다. 도로에서 다른 차가 갑자기 끼어들어도 손가락질하거나 욕설을 퍼붓거나, 또는 부정적인 반응을 보이지 마라. 대신 몸의 긴장을 풀고 심호흡을 한 다음, 지금 자신이 안전하다는 생각과 그 순간(또는 그날) 자신이 가장 고마워하는 것, 자신이나 끼어든 사람보다 중요한 것에 정신을 집중한다.

자신이 원하고 필요로 하는 것을 표현하라 : (삶, 인간관계, 사업상 거래, 결혼 생활에서, 또는 팀 동료들에게) 자신이 원하는 것과 필요로 하는 것을 말하지 못하는 사람이 많다. 그들은 자신의 감정과 기분을 꼭꼭 억누르지만, 그것은 나중에 되살아나 그들을 분개하게 만들고 좌절감에 빠뜨린다. 이 교훈은 그 누구보다 우리 엄마가 가장 명확하게 가르쳐주셨다. 엄마는 항상 흉금 없는 대화를 좋아했고, 자신이 원하는 것을 분명하게 표현했다. 확실하지 않으면, 그냥 동조하지 말고 반드시 질문하라. 그리고 맞대결하는 상황이 아무리 부담스럽더라도 생각을 터놓고 얘기하자고 명확히 말하라.

다른 사람(그리고 자신)의 능력과 존재를 알아줘라 : 내가 라미트에게 고마운 마음을 표현한 것처럼, 다른 사람의 능력을 인정하는 습관은 강력한 무기가 될 수 있다. 집단적인 관심을 피하고 싶은 것은 인간의 속성이기 때문이다. 이것은 일종의 방어기제다. 다른 사람의 기여, 도움, 존재 등을 알아준다는 것은 그들의 인간성을, 나아가 자신의 인간성을 알아주는 것이다. 나는 크리스 리와 대화하고 함께 일하는 과정에서 이 습관이 즉각 발휘하는 효과와 위력을 알았다. 나는 그가 다른 사람들에게 주변의 사람들을 인정하도록 유도하는 과정을 지켜보았는데, 변화는 행동과 거의 동시에 나타났다. 이것은 성공을 추구하는 과정에서 믿을 수 없을 만큼 중요하다. 사람은 혼자 힘으로 절대 성공할 수 없기 때문이다. 우리에게는 지원군으로 활동할 팀이 필요하다. 팀이 잘 운영되는 유일한 방식은 팀원들이 각자 행하고 보여준 좋은 일을 서로 알아주고 고마워하는 것이다.

약해져라 : 나는 약한 모습을 보이면서, 기꺼이 과거 이야기를 털어놓는 태도의 중요성도 크리스 리에게서 배웠다. 그는 어린 시절 가장 어두웠던 순간에 대해 마음을 여는 방법을 내게 가르쳐주었다. 그는 내가 이제까지 누구에게도 한 적 없는 이야기를 털어놓게 했고, 철저하게 약한 태도로 인해 얻을 수 있는 자유를 만끽하게 해주었다. 이것은 자신감을 키워주는 큰 덕목이다. 사실, 과거

를 억누르는 대신 공개적으로 의논하는 습관을 들이는 것만이 인간이 과거의 실수에서 교훈을 얻고 그것을 발판으로 성장할 수 있는 유일한 방법이다. 위대한 성공의 비결은 삶에서, 사업에서, 인간관계에서, 그밖에 우리가 비전을 두고 있는 분야에서 매일 조금씩 나아지는 것이다. 그런데 우리가 계속 같은 실패를 반복하면 그럴 수가 없다.

사랑을 할 때는 기꺼이, 완벽하게 약해질 수 있다는 마음이 중요하다고 사람들은 말한다. 성공도 마찬가지다. 그레이엄 홀름버그와 숀 존슨이 자기 능력의 한계까지, 탈진하기 직전까지 자신을 몰아붙이지 않았다면, 즉 육체적 취약성을 기꺼이 드러낼 마음이 없었다면 크로스핏 챔피언이나 올림픽 챔피언에 오르지 못했을 것이다. 앙헬 마르티네즈는 불황기에서 막 벗어난 1980년대 초에 에어로빅 신발에 올인하는 큰 위험을 감수하지 않았다면, 즉 경제적 취약성을 드러내려 하지 않았다면 결코 리복 사를 신발 업계의 공룡으로 성장시키지 못했을 것이다.

이것은 내가 가장 힘들게 배웠던 습관 중 하나였다. 나의 과거에는, 내가 오래전부터 지우거나 잊거나 도망치고 싶었던 사건이 아주 많기 때문이다. 일단 그것과 정면으로 맞서고 그 문제를 공개적으로 다른 사람들과 이야기할 수 있을 만큼 약해져도 좋다고 생각하니까, 모든 일이 잘 풀리기 시작했다. 이것은 절대로 우연이 아니다.

지금 나는 한가하게 앉아, 긍정적인 습관을 계발하고 실천하는 일이 항상 쉽고 재미있다고 여러분에게 훈수를 두고 있는 것이 아니다. 이 일은 매우 어렵다. 처음에는 더욱더 어렵다. 마음대로 되지 않는 경우도 있다. 그래도 괜찮다. 자신의 비전에 정신을 집중하고, 그런 일시적 실패를 이겨내겠다는 결의를 다시 다지고, 자신이 닮고 싶어 하는 챔피언처럼 부지런히 움직이면 된다. 이것은 성공을 위해 당신이 치러야 할 대가다. 벤자민 프랭클린이 말했듯이, '에너지와 끈기는 모든 것을 이겨낸다'. 내가 여러분에게 해줄 수 있는 말은, 여러분은 더디지만 확실히, 한 발 두 발 앞으로 나아갈 것이며 노력의 결실을 거둘 것이라는 말이다. 그렇게 되면 여러분은 이런 긍정적인 습관에 성공을 추구하는 데 들이는 것과 똑같은 에너지를 쏟게 될 것이다.

🏃 연습 1 : 감사하는 마음을 전한다

제2장에서 언급했듯이, 우리는 삶의 모든 분야에서 감사하는 마음을 표현함으로써 내적·외적 역경을 극복할 수 있다. 현재 갖고 있는 것에 마음을 쏟으면, 항상 더 많이 갖게 된다. 현재 갖고 있지 않은 것에 마음을 쏟으면, 당신이 충분히 갖게 되는 날은 오지 않을 것이다. 긍정적인 태도를 키우는 데에는 노력이 필요하다. 여러분에게 재수 없는 날이 오지 않을 거라고는 감히 말하지 못하지만, 매사에 감사하는 태도를 지니면 삶이 좋아진다. 여러분이 앞으로

2주 동안 해야 할 숙제는 간단하고 쉽다. 그리고 제대로만 하면 인간관계를 바라보는 관점이 완전히 바뀔 것이다. 지난해에 나는 하루 일과를 마친 뒤, 누구하고 시간을 보내든 그 사람에게 그날 내가 고마워하는 세 가지 일을 얘기하겠다는 습관을 실천했다. 결과는 놀라웠다.

매일 이 일을 하려면 감사해야 할 일을 의식적으로 찾아야 한다. 보다 살아 있는 듯한 기분을 느끼게 되고, 삶에서 접하는 모든 선善을 능동적으로 받아들이게 되며, 사소한 사건에서도 점점 큰 행복감을 느끼게 된다.

우리가 삶에서 감사한 마음으로 받아들일 수 있는 일들은 다음과 같다.

- 오랫동안 만나지 못했던 친구와 밀린 이야기를 나누며 즐거웠던 시간
- 오늘 아침에 기분 좋게 한 운동
- 신규 거래처의 개발과 일감 예약
- 작업 중이던 프로젝트의 완료
- 오늘 내가 받은 사랑

아무리 일진이 좋지 않은 날에도 감사할 일이 많다. 당신이 살아 있고 하루가 또 주어졌다는 사실은 엄청난 선물이다. 우리에게는 감사해야 할 일이 너무 많다. 삶에 기본적이고 필수적인 것들,

예컨대 우리가 먹는 음식, 주변 환경, 건강, 친구들도 여기에 포함된다.

감사하는 마음을 주변에 전하라. 공짜 선물을 주듯이 사방에 뿌려라. 이것은 삶에서 일이 잘 풀릴 때뿐만 아니라 모든 일이 내 뜻대로 안 될 때에도 반드시 해야 하는 일이다.

이런 일은 여러분의 목표나 비전에 비하면 아주 사소하고 전혀 상관없을 것 같다. 이해한다. 하지만 이런 작은 일들이 우리의 삶에 끼치는 영향은 모든 삶의 영역으로 고루 퍼져나간다.

🏃 연습 2 : '습관 선언서'를 작성한다

다음은 그레첸 루빈이 만든 훌륭한 습관 계발을 위한 전술계획서에서 발췌한 내용이다. 그녀는 2014년에 독자적으로 만든 '습관 선언서'를 발표했다.

습관 선언서

- 매일 하는 행동은 '어쩌다 한 번' 하는 행동보다 중요하다.
- 올바르게 하기는 쉽게, 잘못 하기는 어렵게 하라.
- 결과가 아니라 행동에 초점을 맞춘다.
- 어떤 것을 포기함으로써 다른 것을 얻기도 한다.
- 세상일은 흔히 어려워졌다가 쉬워진다.

- 자기 자신에게 더 많이 줘야 더 많은 것을 요구할 수 있다.
- 우리는 다른 사람들과 크게 다르지 않다. 하지만 그 작은 차이가 '매우' 중요하다.
- 자기 자신을 바꾸는 것보다 환경을 바꾸는 것이 더 쉽다.
- 다른 사람들을 변하게 할 수는 없지만, 우리가 바뀌면 다른 사람들도 바뀔 수 있다.
- 기분 좋으라고 하는 일들이 우리를 기분 나쁘게 하지 않도록 한다.
- 감시하고 있는 것을 관리하라.
- 시작할 준비가 되었으면, '지금' 시작하라.

그레첸이 만든 열두 가지 항목이 자신의 삶과 관련되어 있는지 생각해보라. 당신에게는 어떻게 적용되는가? 무엇을 보태거나 빼거나, 바꾸고 싶은가? 이유는 무엇인가?

앞서 세계 부호들과 나의 습관을 모아 수록한 긍정적인 습관 목록을 다시 한 번 살펴보자. 체크리스트를 만들어 그중 어떤 항목을 잘 지키고 있는지, 혹은 반대로 하고 있지는 않은지 체크해보라.

그런 다음 목록에서 앞으로 2주 동안 자신의 일과에 포함시킬 수 있는 세 가지를 고른다. 그리고 오늘부터 당장 일상에 적용한다. 처음 선택하는 세 가지 습관이 무엇인지는 중요하지 않다. 2주 후 어느 정도의 성과가 있었는지, 지금 기분이 어떤지, 그리고 이런 습관들이 지킬 가치가 있는지 등을 평가한다.

2주 후, 세 가지 습관을 추가로 선택해 일과에 포함시키고 나머지는 자신의 비전에 도움이 되는 방향으로 수정하라. 이 과정을 긍정적인 습관으로 가득 찬 인생 가도에 오를 때까지 반복한다. 나는 완벽하지 못하며, 나의 습관들을 항상 점검하지 못한다. 그래서 여러분에게도 그것을 기대하지 않는다. 하지만 긍정적인 습관의 토대를 마련하면, 언젠가 여러분의 상상을 뛰어넘는 보상이 주어질 것이다. 그만큼 우리는 비전을 달성하는 데에 가까워지고, 성공으로 향하는 길에서 훨씬 많이 전진하게 될 것이다.

🏃

연습 3 : 아침 일과를 바꾸는 28일간의 도전

작은 변화가 큰 변신을 낳는다. 우리가 아침에 일어났을 때 하는 행동이 그날의 페이스를 정한다. 목표 설정, 비전 제시, 의지력 등도 아주 중요하지만 성공은 변화를 위한 행동을 취하는 데서 나온다.

이번 달에 여러분에게 주어진 과제는 '아침 일과'라는 과제다. 이 연습은 일종의 '새로 고침' 버튼을 설정하여 매일, 하루의 시작 방식을 정하는 것이다. 28일은 나쁜 버릇을 없애고 자신을 성공의 길로 몰고 가기에 충분한 시간이다. 이 과제를 완료하면 여러분은 더욱 효과적으로 살아갈 수 있고, 시간 관리에 더 신경 쓸 수 있다. 시간은 소중하다. 나는 여러분이 시간을 보내는 방식에 관하여 고도의 목적의식을 갖고, 이 도전에 임하기를 바란다.

여러분은 앞으로 4주 동안, 비전을 달성하기 위해 이번 달에 선택한 습관을 반드시 지켜야 한다. 이 도전을 수행하는 과정에서, 여러분은 삶의 난관을 극복하고 인생의 성공에 도움이 되는 간단한 (그리고 일상적인) 과제의 해결에 전념하게 될 것이다.

매일 아침, 이메일을 체크하거나 전화를 하거나, 업무를 시작하기 전에 자기가 할 일을 다음 목록에서 하나만 골라라.

- 잠에서 깨자마자 30분 동안 글을 쓴다.(그날의 목표를 써도 되고, 마음 가는 대로 자유롭게 써도 되고, 비전·힘든 일·꿈에 대해 써도 된다)
- 침구를 정돈한다. 이것은 내가 매일 아침 하는 일이기도 하다. 이 일을 끝내면 이른 아침부터 성취감 같은 것을 느낄 수 있다.
- 그날의 '할 일 목록'을 만든다. 자신의 최우선 과제나 그날 실행해야 할 중요한 일의 목록을 만든다.
- 아침에 일어나면 가장 먼저 운동이나 스트레칭을 한다. 또는 산책을 한다. 이런 운동은 잡일로 인해 집중력을 잃기 전에 하는 것이 좋다.
- 차분히 앉아 아침식사를 한다. 간단해 보일 것이다. 하지만 커피와 베이글 빵을 포장해 차에서 허겁지겁 먹지 말고, 출근하기 전에 시간을 내어 건강에 좋고 영양이 풍부한 음식을 직접 만들어 즐겁게 먹고 나가라.

아침에 할 일을 정하는 것은 자기 몫이다. 하지만 아무리 사소하더라도, 자신의 더 큰 비전을 달성하는 데 도움이 되는 습관을 택하라. 아침 일과는 그날의 기분을 좌우한다. 그러니 꿈을 달성하는 길에서 자신을 전진시키는 일과를 선택하라.

행동 전략

자기가 매일 내리는 결정의 '비용과 보상'을 따지는 것은 매우 중요하다. 그리고 자신을 속이지 마라. 모든 일에는 비용과 보상이 따른다. 좋은 습관에는 보상(발전)이 따른다. 나쁜 습관에도 보상(순간의 만족)이 따른다. 불행하게도 나쁜 습관의 비용 대비 손익은 전혀 합리적이지 않다. 흔히 우리의 궁극적인 비전이 비용으로 들어간다. 우리는 내가 어떤 습관을 들여야 목표를 달성할 가능성이 가장 높아지는지를 알아내야 한다.

여러분은 이제 자신의 비전을 되새겨보고 그것의 힘을 이해하고 나쁜 습관이 나에게 주는 것은 순간적으로 만족할 가치도 없다는 사실을 깨달아야 할 때다. 긍정적인 습관을 실천하면 승리할 태세를 갖춘 것이기 때문이다. 더 이상 말이 필요 없다. 그것들을 실천하지 않으면 삶에서 거의 항상 무언가가 고장 날 것이며, 자신은 십중팔구 그 이유를 모를 것이다. 이제 적극적으로, 자신의 일상적인 행동을 진지하게 분석할 때다. 이것은 비전을 향한 우리의 삶에 동력을 제공할 것이다.

Winning Team

제7장
이기는 팀을 만들어라

강한 팀이 이기는 게 아니라
이기는 팀이 강한 팀이다.
_프란츠 베켄바워

나는 평생 운동을 했기 때문에 강한 팀에 소속되는 것이 얼마나 중요한지, 그리고 성공을 목표로 삼은 경우 어떤 팀을 찾아봐야 하는지 누구보다 잘 안다. 스포츠와 인생에서 새로운 시즌을 맞이할 때마다 항상, 우리 또는 주변의 다른 사람들에게는 다른 역할이 주어질 것이다. 우리가 스타로 뜰 때도 있지만, 지원군의 역할에 만족해야 할 때도 있다. 우리는 변화에 순응하면서 발전하고, 또 삶에서 새로운 기회와 경험을 얻는 법을 배워야 한다. 이전에 나는 주위 사람들이 '나를 실망시키면' 내가 직접 하려고 했다. 그러면서 다른 사람들은 다 엉터리임을 증명하면서 나 혼자 살아가겠다고 생각했다. 그런 태도는 정신적으로 나를 탈진시켰고 믿기 어려운 정도의 스트레스를 주었다.(지독한 외로움은 말할 것도 없다) 인생이 나에게 쉽게 다가온 것은 주변 사람들이 나의 꿈과 나를 응원할 수 있도록 내가 마음의 문을 연 뒤부터였다.

만약 여러분이 지금껏 혼자 노는 스타일로 살아왔다면, 이제부터라도 팀 활동이 좋은 결과를 낳을 가능성이 높다는 사실을 받아들이기 바란다. 그러려면 태도와 마음가짐을 바꾸거나 완전히 새로운 팀을 찾아야 할지도 모른다. 이번 장의 설명을 잘 음미하고, 뒷부분에 수록해놓은 나의 연습법에 어떤 내용이 담겨 있는지 알아보자.

저스틴 비버Justin Bieber는 수백만 장의 음반을 팔았고, 수백 개의 도시를 돌아다녔으며, 수천 명의 관객 앞에서 공연했다. 그리고 불과 몇 년 사이에 혼자 수억 달러를 벌었다. 누가 그에게 진지하게 어떻게 이런 일이 가능했는지, 즉 어떻게 혼자 노래하는 동영상 몇 편을 유튜브에 올려놓는 신세에서 대중음악 사상 최고의 스타로 뜨게 되었느냐고 물어보면 아마도 그는 딱 한 사람의 이름을 말해줄 것이다. 스쿠터 브라운.

그는 이 초대형 스타가 열네 살의 나이로 캐나다에 살 때 유튜브를 통해 발견한, 엄청나게 유능한 연예계 매니저다. 스쿠터는 서른네 살밖에 안 된 나이에 - 일부 사람들의 기준으로는 이 나이도 어린애다 - 대중음악 역사상 가장 영향력이 크고 지적인 사람 중 한 명으로 떠올랐다. 이유는 단 하나다. 그는 이기는 팀을 만들 줄 알았다. (예능, 경영, 혹은 다른 분야에서) 재능 있는 개인을 찾는 게 능사가 아니라는 것을 그는 깨달았다. 플래티넘급 가수(100만 장 단위의 음반을 파는 슈퍼스타급 가수-옮긴이)가 되고, 그런 개인적 성공을 이루는 비결은 그런 사람들을 하나의 팀으로 묶는 능력에 달려 있다. 이것은 분야에 상관없이 거물급이라면 다 아는 교훈이다. 외부와 단절된 상태 또는 독자적인 노력만으로 성공할 수 없다는 진리는 그 사람들의 경험뿐 아니라 나의 경험으로도 증명된다.

스쿠터는 이 귀중한 교훈을 전설적인 NBA 감독 필 잭슨Phil Jackson(NBA 최다 우승을 기록한 시카고 불스의 전 감독-옮긴이)에게서 배웠는데, 그는 의외의 인물이거니와 스쿠터 자신도 모르는 멘토였다. 스쿠터는 어렸을 때 농구 선수가 되고 싶었다. 하지만 대부분의 아이들처럼, 스쿠터도 어느 시점에선가 자기가 농구를 하기엔 키가 작다는 것을 깨달았다. 사람들은 보통 경기 종료 시간 직전에 2점 뒤지고 있는 상황에서 마이클 조던이 보여주었던 환상적인 플레이를 흉내 내거나, 샤킬 오닐 정도의 체구를 가진 사람에게 철저히 패배당했을 때 이런 좌절감을 느낀다. 이런 경우 깨끗이 포기하는 아이들이 있는 반면, 그런 스포츠 사랑을 다른 방향으로 돌리는 아이들도 있다. 스쿠터는 필 잭슨이 쓴 걸작『NBA 신화 Sacred Hoops』를 집어 들었다. 그는 책의 마지막 페이지를 덮으면서 코치가 되겠다고 결심했다. 바로 이 작은 사건이 그가 완벽한 승리의 팀을 만들겠다는 아이디어에 푹 빠진 계기가 되었다.

강력한 인간관계를 구축하라

스쿠터는 나이트클럽 기획자의 자격으로, 대학 내에 실제 팀을 처음으로 결성했다. 그는 사업이든 인생이든, 강력한 인간관계가 성공의 기본 요소라는 사실을 진작에 깨달았다. 여러분도 스쿠터가 운영하는 회사로서 대중음악 업계에서 가장 중요한 기획사 중 하나로 꼽히는 SB 프로젝트에서 잠시만 있어보면 알겠지만, 이 회사에 멀리는 고등학교 시절의 절친한 친구들과 지인들로 이루어진 팀이 존재하는 것도 바로 이 때문이다.

스쿠터와 얽히고설킨 개인적 인맥과 직업적 인맥에 관련된 이야기를 한 뒤 나는 나만의 인맥이 성공, 특히 사업과 스포츠 분야의 성공으로 향하는 나의 여정에서 얼마나 중요했는지를 깨달았다. 스포츠 분야에서 나는 훌륭한 팀에서도 뛰어보았고, 형편없는 팀에서도 뛰어보았다. 훌륭한 팀에 있으면서 경기에 진 적도 있고, 형편없는 팀에서 뛰면서 경기에 이긴 적도 있다. 그런데 내가 정말로 그만두고 싶었고, 내 인생에 매우 큰 영향을 끼친 팀은 악랄하고 팀원들에게 단절감을 느끼게 하는 팀들이었다.

사우스웨스트 미네소타 주립대학 1학년 때 우리 팀에는 바비 나이트Bobby Knight(미국 대학농구의 전설적인 명장. 불같은 성격으로 유명하다-옮긴이)와 「풀 메탈 재킷Full Metal Jacket」(신입 해병대원을 통해 인간을 도구나 살인기계로 만드는 무자비하고 악랄한 군대 조직의 비인간성을 고발하는 미국 영화-옮긴이)에 나오는 무자비한 훈련소 교관(상사)을 합쳐놓은 듯한 스타일로 팀을 지휘하는 코치가 있었다. 그 코치는 선수가 제대로 못하면 다가와 면전에다 소리를 지른다. 시키는 것을 빨리 하지 않으면 굳이, 그리고 즐겁게 그 사람을 모든 사람 앞에 끌어내어 모욕감을 준다. 그러한 부정적 에너지로 가득 찬 팀에서 뛰는 것보다 더 나쁜 일은 없다. 우리가 좋아서 실패하는 것이 아니지 않는가. 우리는 모두 이기고 싶어 한다. 우리는 모두 성공하고 싶어 하며, 최선을 다하고 싶어 한다. 그 코치는 승리하는 최선의 방법은 팀원들과 좋은 인간관계를 구축해 누구도 막을 수 없는 화합을 창조하는 것이 아니라 선수들에게 승리하는 기쁨보다 패배하는 두려움을 더 크게 느끼도록 하여 겁에 질린 선수들이 승리의 길로 갈 수밖에 없게 하는 것이라고 생각했다.

두말할 필요도 없이, 그의 지휘 스타일은 나에게도, 다른 대다수의 팀 동료들에게도 효과가 없었다. 우리 팀은 전혀 손발이 맞지 않았다. 우리는 일정표에 나와 있는 다음 경기를 좀 더 발전하는 계기로 여기지 못했고, 그 경기가 끝나면 이 지옥 같은 시즌의 종료가 1주일 더 가까워진다고 생각했다. 이런 팀 생활은 비참했지만, 나에게 매우 소중한 교훈을 주었다. 즉 모든 구성원은 똑같은 방향을 향해 함께 노를 저어야 하며, 이런 목표를 달성하는 유일한 방법은 강력한 인간관계를 구축하는 것이라는 교훈이다. 단, 그 인간관계는 구성원들이 동일한 방향으로 전진하는 것이 유일한 옵션이라는 생각을 공유할 수 있어야 한다. 방향이 잘못되면 아무것도 얻을 수 없으며, 어떠한 성공도 거둘 수 없다.

이런 현상은 문제 있는 직장과 가정에서 더욱 확실해진다. 많은 사람이 직장에서 매일 이런 문제로 시달리고 있다. 사장이 언제 큰소리로 야단치거나, 많은 사람 앞에서 나의 실수를 지적하거나, 내가 매일 힘들게 한 일을 인정하지 않을까봐 전전긍긍한다. 집에서는 부모가 항상 상대방에게 고함을 치며 싸우는 바람에 (혹은 나를 야단치는 바람에) 재능을 가꾸고 발전시킬 여유가 없다. 내가 할 수 있는 일은 고개를 숙인 채, 시키는 것만 최선을 다하여 벌 받지 않고 생존하는 것뿐이다.

최고의 회사들과 최고의 가정들은 모두 훌륭한 팀이다. 이기는 팀을 결성하는 것, 그리고 그러한 팀에 필요한 원리는 스포츠 분야에만 적용되는 것이 아니다. 그것은 인생의 모든 분야, 모든 시점에 해당된다.

주변에 훌륭한 사람들을 두어라

강력한 팀을 형성하는 것은 물론 중요하다. 하지만 훌륭한 팀과 나쁜 팀의 차이를 어떻게 알 수 있을까? 내 뒤에서 이기는 팀이 밀어주고 있는지 어떻게 확신할 수 있는가? 이기는 팀의 일원으로 지금 팀과 함께 세계를 바꾸고 있다는 기분을 느끼려면 어떻게 해야 할까?

이런 질문들에 나는 독자적인 대답을 주지 못한다. 이것이 아마 내가 '스쿨 오브 그레이트니스'를 창설하기로(그리고 이 학교에 다니기로) 결심한 가장 큰 이유일 것이다. 그러면 훌륭한 교수님과 선생님들을 나만의 우승팀에 결합시키고, 그들이 하는 훌륭한 일에 동참할 수 있기 때문이었다.

돈 예거Don Yaeger는 일곱 권의 베스트셀러를 출간한 작가인데

명예의 전당에 오른 러닝백 월터 페이턴, 유명한 농구 코치 존 우든John Wooden과의 공동 작업으로 유명하다. 우든이 돈에게 준 가장 중요한 교훈은 이것이었다.

'사람은 자신의 이너서클inner circle(교제 범위 또는 그 범위의 사람들-옮긴이)이 지닌 잠재력 이상의 능력을 발휘할 수 없다. 외적인 성공을 원한다면 이너서클부터 발전시켜라.'

이것이 내가 돈과 함께 일할 때 그에게서 받은 가르침이다. 우리가 성공할 수 있는 능력은 주변 사람들에 의해 현실화된다. 성공을 갈망한다면, 반드시 주변에 성공한 사람들을 포진시켜라. 돈의 경우 이 교훈은 농구, 그리고 그가 존을 비롯한 여러 운동선수와 함께 추진했던 프로젝트뿐 아니라 인생 전반에 적용되는 경이로운 영감을 주었다. 돈은 이렇게 고백했다.

"나는 항상 제 이너서클에 대해 생각합니다. 여기에 누가 적합할까? 누가 이 일을 맡아야 하지? 이 범위 내에서 다른 자리를 맡아야 할 사람이 있지 않을까?"

하지만 여러분의 이너서클에 오랫동안 몸담은 사람들, 흔히 자연스럽게 일원이 된 사람들을 무턱대고 탈락시키기란 쉽지 않다. 돈은 특히 가족들에 대해 이야기했다.

"솔직히 말해 자기 가족을 내보낼 수는 없잖아요? 그래서 깨달았죠. '매주 내가 얼마나 오랫동안 대화하느냐는 중요치 않다. 그 절반쯤만 해도 좋을 것이다.' 굉장히 힘든 일이었습니다. 하지만 자신의 이너서클에 누구를 집어넣느냐를 결정하는 것은 나중에 그 사람의 성패에 엄청난 영향을 끼칩니다."

이제 여러분이 자문해야 할 매우, 매우 중요한 질문을 알려주겠다. 돈이 나에게 한 질문인데, 나는 우든이 돈과 12년에 걸쳐 협동 작업을 수행하면서 그에게 수없이 던진 질문일 거라고 확신한다. 우리가 사업이나 인간관계 또는 인생과 달리, 스포츠에 대해 이야기하면 이 성공 모델은 어떻게 달라질까? 정답은 물론 '달라지지 않는다'이다.

이렇게 생각해보자. 책이 성공하려면 편집자와 출판사, 홍보업자, 디자이너, 시장조사 전문가 등 훌륭한 지원 인력이 필요하다. 이 모든 사람이 저자를 유능하게 만든다. 이들 중 저자의 시간을 낭비하는 사람은 없다. 여기에 속한 각 분야에서 우수한 성과가 나오지 않으면 훌륭하고 성공적인 책이 나올 수 없다. 돈은 논픽션 분야에서 일곱 번이나 뉴욕 타임스 베스트셀러 목록에 올랐다. 그의 말에 따르면, 이런 위업을 달성한 사람은 이제까지 50명이 안 된다고 한다. 돈은 혼자 힘으로 이런 성공을 거두지 않았다. 그는 팀의 도움을 받았다.

이런 통찰력은 돈이 우든과 협동 작업을 한 뒤 그를 크게 변화시켰지만, 나에게도 큰 변화의 계기가 되었다. 예전에 나는 '사람은 자기와 가장 많은 시간을 보내는 다섯 명의 평균치다. 좋든 나쁘든 마찬가지다'라는 말을 들은 적이 있다. 하지만 이 말은 개인적 행복과 자기 발전에 해당하는 이야기다. 팀, 성공과 관련하여 이런 말을 들어본 적은 없다. 그런데 돈이 존 우든의 또 다른 명언을 들려주었다.

"당신 친구들을 나에게 보여달라. 그러면 내가 당신의 미래를 알려주겠다."

나에게는 무릎을 치게 하는 명대사이며, '스쿨 오브 그레이트니스'를 창설한 모든 목적이 이 한 문장에 들어 있었다. 리치 롤과 그의 아내인 줄리 파이트를 생각해보자. 그에게 인생을 통째로 바꾼 자전거를 선물한 사람이 바로 줄리다. 리치에게 그녀는 다시 운동을 시작하고 라이프 스타일을 전면적으로 바꾸게 한 변화의 기폭제요 자극의 원천이다. 또는 카일 메이나드와 숀 존슨을 생각해보자. 이들의 부모는 자식의 열정을 응원했고, 더욱 키워주었다. 그래서 카일은 미식축구에서 레슬링으로, 숀은 발레에서 체조로 열정을 키울 수 있었다. 앙헬 마르티네즈와, 그를 입양해 아메리칸드림을 품고 또 추구할 기회를 준 그의 연로한 친척들도 마찬가지다.

이런 위대한 사람들 뒤에는 더 큰 성공을 거둘 수 있게 밀어주고, 세상을 바꾸는 미래가 있음을 일깨워준 친구들과 가족이 있었다. 이와 반대로 우리를 끌어내리려 하는 사람들, 또 야망을 품는 것을 께름칙하게 만드는 사람들을 조심하라. 때때로, 특히 비전을 달성하고 꿈을 현실화하는 데 전념할 때 우리는 이런 사람들과의 관계에 대해 자신에게 솔직해지지 못한다. 하지만 가끔 한 발짝 뒤로 물러나 자신의 이너서클을 들여다보는 것이 중요하다. 이들은 당신이 성공할 수 있도록 밀어주고 있는가? 이들은 당신의 꿈을 응원하고 있는가? 이것이 우승팀이 하는 일이요 우승팀의 진면모이고, 이것이 당신에게 우승팀이 있어야 하는 이유다.

멘토를 찾아라

여러분이 이너서클을 재건해야 하는 사람이고, 자신의 우승팀에 가장 먼저 합류시킬 사람을 물색하는 중이라고 가정해보자. 누가 있을까? 이 사람이 코치다. 당신의 멘토가 될 사람이다. 고문이 될 사람이다. 아버지(또는 어머니)가 될 사람이다. 여러분이 성공을 향해 가는 길에서 그들의 역할은 글자 그대로 귀중하다.

나는 작가인 데니스 웨이틀리Denis Waitley의 「내부의 챔피언」이라는 기사에 들어 있는 비유적인 글을 약간 변형하여 소개하려 한다. 이 기사는 매우 인기 있는 그의 뉴스레터에 실렸다.

그는 새로운 군사 기술과 멘토를 접목한 사례를 들었다. 1991년 걸프전 때 도입된 새로운 미사일 시스템은 스스로 궤도를 수정하여 사정거리 안에 있는 목표를 계속 추적한다는 점에서 매우 혁명적인 기술이었다. 마찬가지로 데니스의 말처럼, '동기부여가 잘되어 있는 사람은 일단 목표를 설정했으면 미사일이 새로운 유도 시스템으로 움직이는 방식, 즉 어렵고 불확실하고 늘 변하는 지형에 맞춰 궤도를 수정하고 순항하는 것처럼 코치나 멘토를 활용한다'.

올바른 멘토가 없는 사람은 성공으로 향하는 길에서 올바른 유도 없이 날아가는 미사일과 같다. 운이 좋으면 우리가 가야 할 곳에 도달할 것이다. 하지만 그것은 모든 일이 정확히 계획대로 이루어졌을 경우에만 가능하다. 인생은 절대로 그런 식으로 돌아가지 않는다. 우리가 다른 일, 더 많은 일을 도모할 때에는 더욱 그런 것 같다. 우리에게 필요한 것은, 처음 진로를 설정할 때는 물론이고 삶에서 불가피하게 여러 문제와 난관에 부딪힐 때마다 궤도를 수정하고 올바른 길로 인도해줄 수 있는 사람이다.

스쿠터의 경우로 돌아가보자. 그의 첫 번째 멘토는 저메인 듀프리Jermaine Dupri였다. 그는 스쿠터가 파티 기획 사업을 하던 중에 만난 음반 프로듀서이고, 작곡가이자 래퍼로 결국 스쿠터 밑에서 일하게 된다. 듀프리는 그에게 음악계의 생리, 아티스트들과 일하는 방법 등을 가르쳐주었다. 하지만 스쿠터는 그 정도로 만족하지 않았다. 그는 나에게 말했다.

"어떤 사람들은 자기한테 한 명의 멘토가 있다고 말합니다. 나한테는 멘토가 한 명뿐이었던 적이 없어요. 나에게 한 명의 멘토가 있었다면, 그분은 아마 우리 아버지일 거예요. 나에게는 정말 위대한 멘토가 많아요. 제프리 카젠버그Jeffrey Katzenberg와 유니버설 뮤직 그룹의 회장인 루시안 그레인지Lucian Grainge 같은 분들이죠. 우리는 굉장히 친하고요, 그분들은 나에게 훌륭한 멘토이자 친구입니다. 데이비드 게펜David Geffen도 저의 멘토가 되었죠. 이런 분들에게는 한없이 고맙죠. 내가 얻어갈 수 있도록 허락해줬기 때문에요."

스쿠터가 저스틴 비버에게 접근하여 이 신예 가수가 가야 할 진로를 간략하게 설명해주었을 때, 그 계획의 밑바탕에는 이런 아이디어가 깔려 있었다. (물론 자신의 끊임없는 노력, 재능과 함께) 훌륭한 친구들이 없으면, 훌륭한 인도가 없으면, 훌륭한 팀이 뒷받침되지 않으면 비버가 성공할 방법은 없었다. 우리와 가장 많은 시간을 보내는 사람들은 우리에게 큰 영향을 끼친다. 그래서 우리는 이 중요한 일을 우연에 맡길 수 없다. 멘토, 친구, 그리고 파트너를 신중하게 선택하는 것은 성공으로 향하는 여정에서 가장 중요한 요소 중 하나다.

요컨대 인생의 어느 분야에서 성공을 원하든, 훌륭한 코치를 얻는 것은 지극히 중요하다. 절대적으로 필요한 요소다. 그런 사람들의 도움 없이 성공할 수 있을까? 물론 성공할 수 있다. 하지만 세계에서 가장 위대한 모든 운동선수에게는 기량이 절정기인 때에도 코치들이 있었다. 실제로 그들은 누구보다도 나아지고 발전하기 위한 방법에 관하여 지도와 피드백을 원했다. 필 잭슨이 벤치에서 도와주지 않았다면 마이클 조던이 오프 시즌에 그 모든 환상적인 농구 기술을 익히지 못했을 것이며, 포스트시즌 경기에서 그 모든 승리를 거두지 못했을 것이다. 덧붙이자면, 자신에게 자극을 주되 솔직하게 줄 수 있는 코치를 찾는 것도 중요하다. 코치는 우리가 존경하고 지도를 진지하게 받아들일 수 있는 사람이어야 한다. 우리가 최선을 다하겠다고 약속할 수 있고, 성공하기 위해 기꺼이 행동에 나설 마음이 있음을 보여줄 수 있는 사람이어야 한다.

긍정적 에너지의 힘

스쿠터는 "이제까지 정말 유능한 사람들을 내 인생에 끌어들일 수 있었고 내 주변에, 말하자면 나한테 없는 능력을 가진 사람을 많이 두었습니다. 그렇게 해서 우리는 사업적으로 믿을 수 없을 만큼 큰 성공을 거둘 수 있었죠. 그들은 일을 성공시킬 수 있는 사람들이니까요"라고 말했다. 이것은 그가 자신이 거느리는 아티스트들에게 가르쳐주는 교훈이기도 하다. 사람은 혼자서는 살 수 없다. 고립된 상태에서는 성공할 수 없다. 스쿠터는 재능과 머리 외에 다른 뭔가를 찾았다. 그것은 긍정적인 태도다.

"나는 아주 똑똑한 사람보다 긍정적 에너지를 주변에 두는 것이 더 중요하다고 믿습니다. 지금까지 나는 다행스럽게도, 제가 보기에 매우 지혜로우면서도 긍정적인 사람들을 제 주변에 둘 수 있었습니다."

그의 말이다. 나는 사업을 하면서 이런 사실을 깨달았다. 나라면 재능이 매우 뛰어나면서 자격지심과 이기적 성향을 지닌 사람보다는 인정이 많고 의욕이 넘치는 사람을 주변에 두겠다.

이것이 팀 내의 재능 있는 사람들을 다룰 때 까다로운 부분이다. 이것이 바로 용기와 투지라는 긍정적인 면과, 경쟁심 때문에 팀 내에서 자연적으로 발생하는 부정적인 면 사이의 미묘한 균형 잡기가 중요한 이유다. 똑똑하고 재능 있는 사람들은 성공을 원한다. 그들은 자신을 고용한 사람을 포함해 많은 사람이 발견한 자신의 잠재력을 최대한 현실화하고 싶어 한다. 핵심은 그들에게 팀의 승리가 곧 모든 구성원의 개별적 승리라는 점을 일깨워주는 것이다. 여기에 이기심이 개입하면, 운동경기나 시장에서 외부 경쟁자에게로 향해야 할 긍정적 에너지가 부정적 에너지로 바뀌어 내부로 향하게 된다. 결국 같은 편끼리 경쟁하거나, 심한 경우 내가 나, 즉 내가 만든 비전과 충돌하는 결과를 맞게 된다. 성공의 의미를 정확히 정의하는 것이 똑똑하고 재능 있고 야심적인 사람들의 경쟁 본능을 부정적이고 파멸적이고 이기적 에너지가 아니라 긍정적이고 팀에 힘이 되는 에너지로 승화시키는 가장 중요한 요소다.

우리는 '평범한' 선수로 구성된 팀이 단합하고 긍정적 태도로 전략을 충실히 따르면 올스타 선수로 구성된 팀을 물리치는 스포츠 팀의 사례들을 통해서도 이런 진리를 알 수 있다. 그들이 승리하는 비결은 경기에서 혼자 해내려 하지 않고, 다른 선수에게 공을 패스하고 팀워크에 의존하는 것이다. 그들은 각자 주어진 역할이 있으며, 그것에 충실해야 한다는 사실을 알고 있다. 만약 모든 사람이 자기 일에 충실하고, 혼자 힘으로 승리하려 들지 않으면 승리의 기회가 오게 되어 있다. 요컨대 누상에 주자들이 나가 있지 않으면 결승 만루 홈런을 칠 수 없지 않은가.

스쿠터는 고백했다.

"나는 이 교훈을 힘들게 깨달았습니다. 전에는 내 마음에 약간 부정적인 기운이 있었어요. 부정적인 기운이 깃들면 자꾸 자신에게 의문이 생깁니다. 거울을 쳐다보면서 말하죠. '나는 정말 좋은 사람인가? 지금 옳은 일을 하고 있나?' 그것은 당신의 진정한 모습이 아닙니다. 이런 생각은 우리의 영혼을 좀먹는 잡생각일 뿐입니다."

우리는 긍정적 에너지를 발휘해 승리의 팀워크를 창출해야 한다. 아주 간단하다.

이것은 에드먼드 리Edmund Lee의 명언을 연상케 한다. 그는 '주변에 몽상가와 행동가, 사상가를 두어라. 그리고 무엇보다 자신도 모르는 위대한 자질을 찾아주는 사람을 곁에 두라'고 강조한다.

주변에 이렇게 긍정적인 사람들을 두는 것 외에 그들과 긍정적인 인간관계망을 구축하는 작업도 중요하다. 빌 클린턴은 결손가정에서 태어나 아칸소 주지사를 거쳐 대통령에 오르는 과정에서 약 1만 장의 메모 카드로 관리해야 할 만큼 방대한 인맥을 구축했다. 카드에는 동창생, 교수, 친구, 변호사, 정치 헌금을 낸 사람, 지지자, 기자, 그리고 자신이 키웠거나 필요할 때 부를 수 있는 유력 인사의 이름과 주소, 그리고 인간관계를 맺게 된 사연 등이 기록되어 있다. 그는 말콤 글래드웰이 언급했고 내가 링크드인에서 모방하려 했던 단순한 '커넥터'가 아니라 사방 곳곳에서 일하고, 모든 유력 인사와 수다를 떨고, 모든 손님을 매력으로 휘어잡는 '슈퍼 커넥터'가 되었다. 결국 그는 이런 인맥 관리 시스템을 디지털화해, 오늘날 클린턴 재단 일을 하는 데에도 계속 사용하고 있다. 그는 내 친구이자 인맥 관리 전문가인 포터 게일Porter Gale이 말한 대로, '인맥이 순자산'임을 보여주는 살아 있는 증거다.

성공 요소 종합하기

알다시피, 재능 있고 긍정적인 팀이라고 매번 승리하는 건 아니다. 성공하려면 다른 것들도 필요하다. 성공에는 전략과 리더십이 필요하다. 이것 역시 내가 스쿠터에게 물어본 문제이다. 팀이 잠재적 능력을 최대한 발휘하도록 하려면 어떻게 해야 할까?

"정상에 오르는 유일한 방법은 잘하는 사람을 뽑아 권한을 주는 것입니다. 그런데 말이에요, 그들은 내 식으로 일하지 않을 겁니다. 그들은 순전히 자기 방식으로 일할 것입니다."

장기적인 관점에서 우리는 특정 분야에서 나보다 일을 더 잘하는 사람들도 있다는 사실을 흔쾌히 받아들일 수 있어야 한다. 이런 사실에 왜 겁을 먹는가? 당신이 애초에 그 사람들을 팀에 합류시킨 것도 그것 때문이지 않은가? 어느 팀에서도 마찰은 있게 마련이다. 회사에서 승진하여 지위가 올라가듯, 벤치 선수가 선발로 출전할 기회를 잡을 수 있고(이 말은 곧 누군가가 벤치로 쫓겨난다는 뜻이다) 새로운 인물이 가담할 수도 있다. 경쟁과, 또 다른 자아의 출현은 늘 있는 일이다.

처음부터 의사소통과 오해 해소의 중요성을 투명하게 설명하는 것, 그래도 좌절하는 사람이 없도록 하는 것이 이기는 팀을 만드는 핵심 요소다. 이 '해소하는' 과정, 즉 열린 소통이 보장되면 팀은 스트레스가 엄습하는 상황에서도 주저앉거나 내부에서 붕괴되지 않고 위기를 돌파할 수 있다.

스쿠터는 나와 함께 즉석 농구 시합을 한 뒤 비슷한 이야기를 들려주었다.

"농구 경기와 똑같아요. 옆 사람에게 훌륭하게 어시스트해줬는데, 그 사람이 그렇게 쉬운 슛을 실패할 수 있어요. 당신은 허탈하겠죠. 자기 기록에서 어시스트를 추가할 기회가 날아갔으니까요. 그러나 나중에 생각해보면, 중요한 것은 개인 기록이 아닙니다. 경기에서 승리하는 것이 중요하죠."

설사 그렇게 쉬운 레이업슛을 실패한 것이 승패를 갈랐더라도, 중요한 사실은 팀원과 결과에 대해 소통하는 것이다. 제6장에서 설명한 대로, 팀원들은 서로 상대방에게 부정적인 반응을 해서는 안 된다. 무엇이 잘못되고 무엇이 잘되었는가에 대해 한마음이 되어야 한다. 그래야 내일 다시 코트에 나가 함께, 처음부터 다시 시작할 수 있다. 결국 스쿠터가 일깨워주었듯이, '혼자 힘으로는 게임에서 이길 수 없다'.

제너럴일렉트릭 사의 CEO이자 회장이었던 잭 웰치Jack Welch는 이기는 팀을 만드는 문제에 관한 한 좀 아는 사람이다. 그는 이 주제로 글을 여러 편 썼는데, 스쿠터가 들려준 이야기와 일맥상통한다. 수년 전 〈뉴스위크〉에 기고한 글에서 그와 아내인 수지 웰치는 '첫째, 이기는 팀의 지도자는 언제나, 반드시 팀원들이 자신의 현재 위치를 정확히 알도록 해야 한다. …… 둘째, 이기는 팀은 전략을 안다'라고 썼다. 팀을 조직한 사람은 당신이므로 팀원들이 무엇이 중요한지를 알게 해주고, 그들이 따라야 할 계획을 창출하는 것도 당신 몫이다. 온통 자신을 중심으로 전략을 짜면 안 된다. 모든 사람이 역할을 맡고, 그 역할을 잘하면 달성할 수 있는 전략을 짜야 한다. 스쿠터가 지금까지 잘 수행한 일이 바로 이것이다.

비즈니스만으로는 좋은 팀이 될 수 없다

이제, 이 장에서 논의할 가치가 있는 주제는 하나 남은 것 같다. 특히 스쿠터의 가장 유명한 제자인 저스틴 비버에게 연일 구설수가 끊이지 않는 요즘 상황에서 이 주제는 더욱 중요한 것 같다. 비버는 음주 상태에서 드래그 레이싱drag racing(특수 개조한 자동차로 짧은 거리를 달리는 경주-옮긴이)을 한 혐의로 마이애미에서 체포되었다. 캘리포니아 주 칼라바사스에서는 이웃집에 달걀을 던진 혐의로 보호관찰 처분을 받았다. 토론토에서는 리무진 기사를 폭행한 혐의로 기소되었으며, 브라질에서는 유서 깊은 호텔의 벽에 낙서를 하다 걸렸다. 또 터키에서는 입국 수속을 밟지 않고 공항을 빠져나가려다 경찰에 적발되었다. 그래도 스쿠터는 그의 곁을 지켰다. 아마 아이들, 특히 유명한 젊은이들은 모두 멍청한 짓을 한다는 사실을 알기 때문인 것 같다. 하지만 나는 다른 이유도 있다고 생각한다. 스쿠터는 자기가 하고 있는 일을 단순한 사업으로 생각하고 있지 않는 것 같다. 그는 고객과 직원들을 가족처럼 대한다. 그리고 가족은 전부다.

나는 이 사실을 어느 날 스쿠터의 손목에 쓰여 있는 글씨를 보았을 때 깨달았다. 문신이었는데, 딱 한 단어였다. '가족.' 내가 그의 가족에 대해 묻자 그는 환하게 웃었다. 조부모는 홀로코스트(제2차 세계대전 중 나치 독일이 자행한 유대인 대학살-옮긴이)에서 살아남은 분들이었다. 다음 장에서 설명할 그의 동생 애덤은 놀라운 일을 수행하는 사람이다. 그렇다면 부모는? 팟캐스트 때문에 그와 인터뷰를 했는데, 공교롭게도 그날이 그의 아버지와 어머니의 서른다섯 번째 결혼기념일이었다. 그는 부모님에 대해 이렇게 말했다.

부모님이 진심으로 서로 사랑하고 잘 대해주시니 나는 감사하죠. 자라면서 그런 부모님의 모습을 보고 그 사랑을 받아왔으니, 늘 마음이 든든했고 편안했습니다.

그러나 10대 후반부터 20대 초반까지 스쿠터는 그런 부모의 사랑을 잃어버렸다. 그는 지금도 그 사랑을 있는 모습 그대로 받아들인다.

"나는 방황했어요. 돈을 좇았죠. 정말 이해할 수 없었기 때문이었어요. 그냥 돈만 좇았습니다. 내가 깨달은 사실은, 내가 지금 하고 있는 모든 일은 이것 때문이라는 것이었어요."

그는 손목의 문신을 가리키며 말했다. 그는 문신에 잉크를 먹이러 들어가기 전에 한참 동안 그 문신을 얻은 경위를 말해주었다. 무엇 때문에 그는 결국 업소 안으로 들어가 문신을 해야 했을까?

하루 전, 듀크 대학 출신의 포인트가드로서 올아메리칸에 선발된 적이 있고 2002년도 NBA 드래프트에서 시카고 불스가 전체 2번으로 뽑은 제이 윌리엄스라는 선수가 프로 농구 선수로서의 경력에 종지부를 찍게 한 오토바이 사고를 당했다. 스쿠터는 말했다.

"제이는 나의 절친한 친구였어요. 문신을 하기 2~3주 전인가, 문신을 할 생각에 약간 겁을 먹고 있었는데 그가 사고를 당했다는 소식을 들었죠. 더 이상 내 주변에 좋은 사람들이 있는 것을 당연히 여겨서는 안 된다는 것을 깨달았습니다."

이 불행 덩어리에 그의 어머니가 같은 시기에 병에 걸렸다는 – 다행히 지금은 좋아졌다 – 사실을 하나 더 추가하면, 이 문신이 스쿠터에게 주는 힘과 의미를 알 수 있을 것이다. 그는 말했다.

"아마 죽을 때까지 사람들은 나에게 이 문신에 대해 물어볼 테고 나는 대답을 해야 할 겁니다. 이렇게 간단한 이유를 말이죠. 그러면 나는 평생, 정말 중요한 사실을 잊지 않고 살 수 있을 거예요."

하지만 일과 가족이 어떻게 같을 수 있을까? 돈 예거가 말한 것처럼, 자기 핏줄을 해고할 수는 없다. 그렇다, 이것이 완벽한 비유는 아니지만 굉장히 중요한 말이다. 내가 처음 회사를 차리고 직원을 채용했을 때, 나는 그 사람들이 나를 위해 여기에 있다고 생각했다. 그러나 결과는 항상 좋지 못했다. 내가 나 자신과 직원들을 실패의 길로 몰아갔기 때문이다. 그 후 나는 팀과 모든 팀원에게 봉사해야 할 사람은 바로 나라는 사실을 깨달았다. 여러분과 여러분 가족의 관계처럼, 이것은 상호 양보, 상호 존중, 그리고 궁극적으로 감사와 사랑에 관계된 문제다.

스쿠터와 돈 예거에게서 위대한 팀에 대한 교훈을 얻은 뒤 내가 생각했던 문제는 이런 것이다. 어떻게 하면 팀의 모든 구성원에게 도움이 되고, 그들이 최고의 승리를 거둘 수 있을까? 그렇다고 내가 매일 모든 사람의 손을 잡아주거나 그들의 응석을 받아줘야 한다는 것이 아니다. 누가 무슨 이야기를 하고 싶어 하면 항상 그 옆에서 들어줘야 한다는 것, 그들이 자기 위치와 역할에서 성공하는 데에 필요한 것을 모두 갖추도록 지원해줘야 한다는 것을 의미할 뿐이다.

우리는 함께 협력해 '하나의 팀'으로서 승리한다. 단순히 내가 그들에게 주는 봉급이 중요한 것이 아니다. 성공을 목표로 삼는, 성공을 달성하려는 팀이 중요하다.

연습 1 : 자신의 인맥 수준을 점검한다

팀에 초빙할 우수 인력을 확보하기가 항상 쉽지만은 않다. 실망스러운 인간관계를 수없이 거치고 난 뒤, 소수의 올바른 사람을 찾을 수 있을지도 모른다. 그러더라도 도중에 타협하지 마라. 몇 번 힘들었다고 혼자 하는 쪽으로 방향을 바꾸면, 스스로 발목을 잡는 것과 다름이 없다. 가끔 나는 부상으로 운동선수 생활에 종지부를 찍은 때를 회상하는데, 당시 나에게는 멘토가 많았다. 하지만 내가 사업가로 변신한 건 딱 한 사람 덕분이다. 그 사람과의 만남은 지금뿐 아니라 앞으로도 영원히 감사해할 것이다. 크리스는 성공한 발명가였으며, 내가 함께 일하자고 간곡히 청했을 때 쉽게 거절할 수도 있었다. 하지만 내가 줄 수 있는 가치를 보여주자 그는 흔쾌히 받아들였고, 자신이 쌓은 지혜와 경험을 내게 전해주었다. 내가 존경하는 사람들, 그리고 내가 가장 많은 시간을 함께 보내는 사람들을 비교해보라. 두 개의 명단이 크게 다르다면 바로잡아야 한다. 나의 롤모델, 멘토들을 찾아가 나의 성공 여정에 끌어들여야 한다. 나와 많은 시간을 함께 보내지만, 성공으로 향하는 나의 길에서 별다른 도움이 되지 않는 사람들은 교제 범위에서 배제하라.

내 인생에 도움이 되는 사람은 누구이고, 나의 발전을 가로막는 사람은 누구인지를 알려면 다음과 같은 네 가지를 자문해보라.

1. 이 사람 옆에 있거나 이 사람을 생각하면 힘이 생기는가, 스트레스가 생기는가?
2. 이 사람 주변에 있으면 의욕이 생기는가, 아니면 부정적인 마음가짐이 생기는가?
3. 이 사람은 삶에서 성공을 추구하는가, 아니면 '상황의 희생자' 신세에 만족하는가?
4. 이 사람은 나의 성공에 기뻐하고 나의 성공을 보고 싶어 하는가, 아니면 내가 꿈을 이루었을 때 자신의 인생을 한탄하는가?

이 물음들에 긍정적인 답변이 나오면, 당신의 인생에 계속 팀원으로 있어야 할 사람이다! 반면 당신의 에너지를 빼앗는 사람이라면, '관계 정리를 위한 대화'의 시간을 갖고 그와의 관계에 대해 갖고 있는 느낌을 알려주는 것이 좋다. 그리고 이 문제에 대해 이야기할 때에는 친절하게 대하면서, 절대로 나무라지 말아야 한다. 앞으로 그 사람과의 관계에서 당신이 원하는 것과, 그에게 기대하는 것을 알려줘라.

예 관계 정리를 위한 대화

안녕하세요, (친구 또는 동료의 이름). 우리가 함께 보냈던 시간을 소중히 생각합니다. 저는 인생에서 새로운 비전을 창출했고, 더 긍정적으로 살겠다고 결심했습니다. 우리가 평소에 나누는 대화가 부정적이고, 생산적이지 않은 것 같아서 그에 대한 책임을 느낍니다. 나와 함께 이 문제를 해결하도록 노력할 생각이 있는지요?

안녕하세요, (부모나 배우자, 친구의 이름). 당신을 사랑하고 늘 고맙게 생각합니다. 저는 삶에서 스트레스를 주는 일에 집착하지 않고 목표 달성에 최선의 노력을 다하기로 마음먹었어요. 내가 고마워하는 것에 열정을 쏟고 싶고, 내가 갖지 못한 것에는 불평하고 싶지 않아요. 나를 응원해주고 내가 약속을 잘 지키는지 지켜봐주시겠어요?

인간관계가 틀어지는 것은 대개 자신의 희망 사항을 부드럽게, 그러나 명확히 전달하지 않기 때문이다. 흔히 인신공격 형태를 띠는데, 그런 식으로는 어떤 문제도 해결할 수 없다. 그 사람이 어떤 점에서 당신에게 도움이 되지 않는지는 말할 필요가 없다. 당신이 원하는 대로 그 사람이 응원할 것인지 말 것인지를 선택하게 하라. 이것이 대립을 최소화하는 방법이다. 나 같은 사람은 모든 친구, 동료, 가족들에게 단도직입적으로, 그러나 최대한 공격적이지 않은 태도로 관계를 정리한다.

안녕하세요, (부모나 동료, 친구의 이름). 우선 고맙다는 말씀을 드리고 싶네요. 그리고 제가 바라는 것은……

안녕, (남자친구나 여자친구, 연인의 이름). 네 비전을 존중해. 하지만 너는 ……때문에 정도에서 벗어난 것 같고, 나를 정도에서 벗어나도록 유도하는 것 같아. 우리 ……하기로 약속했으면 좋겠어.

만약 그 사람과의 관계가 내가 정해놓은 기간 안에 원하는 방향으로 바뀌지 않고 똑같은 요청을 해야 하는 상황이 계속되면, 그것은 그 사람과 거리를 두고 팀을 위해 자기 주변에 더 긍정적인 이너서클을 구축해야 할 때가 되었다는 또 다른 징후다.

항상, 같이 행동하라. 극단적인 조치가 필요하면, 이때가 바로 단호한 '싫어'의 힘을 보여줘야 할 때이다. 어떤 사람을 내 인생에서 배제하거나 그 사람의 에너지에서 벗어나려면 용기가 필요하다. 자신의 정신적 행복보다 더 중요한 것은 없다. 이런 정신적 고갈은 성공에 방해가 된다. 이것은 판을 바꾸는 중요한 연습이다.

🏃 연습 2 : 마스터마인드에 동참하거나 만든다

마스터마인드는 당신이 자신의 일과 삶을 한 단계 높은 수준으로 끌어올릴 수 있도록 당신을 지원하는 힘 있는 인사들의 집단을 가리킨다. 자신이 속한 집단의 생각을 알면 자신의 성공에 도움이 되는 지원, 정보, 그리고 자원을 찾을 수 있다. 그리고 혼자 힘으로 달리는 것보다 훨씬 빨리 성공할 수 있다.

사업을 처음 시작했을 때 나는 온라인 마케팅 그룹으로 구성된 지도적 그룹에 처음으로 자리를 함께했다. 이것은 기본적으로 이틀 일정의 회의였는데, 우리는 다른 지역에서 온 온라인 마케팅 전문가들과 큰 라운드 테이블에 앉아 업계 관행과 아이디어를 교환하고 우리의 특정 목표에 관련하여 서로 응원해주었다. 이른바 '주모자의 힘'은 바로 여기에 참여하는 사람들과 그 인맥을 통해 여러분이 창출할 수 있는 기회에 있다. 이 첫 번째 회의에서 나는 향후 3개월에 걸쳐 25만 달러를 벌게 해준 사람 옆에 앉게 되었다. 그는 내가 제휴사로서 물건을 팔도록 해주었고, 거래처도 다섯 군데나 소개해주었다. 새 거래처들은 또 내 제품을 홍보해주었다. 이것은 당시 우리가 벌인 사업에 엄청난 힘이 되었고, 이익과 성공의 증가는 이런 마스터마인드 그룹의 힘이 없던 때보다 훨씬 더 가속화되었다.

마스터마인드 그룹의 힘은 내 사업이 10만 달러 단위에서 100만 달러 단위로 성장하는 데에 핵심 요소로 작용했다. 다른 방법으로는 그렇게 빨리 성장할 수 없었을 것이다. (더 많으면 좋겠지만 여의치 않으면) 적어도 하나의 마스터마인드 그룹에 일원으로 참여하라. 그리고 언젠가는 직접 마스터마인드 그룹을 만들고 리더로 활동해보기를 강력히 권한다.

자기계발서의 고전인 『놓치고 싶지 않은 나의 꿈 나의 인생Think and Grow Rich』의 저자 나폴레온 힐Napoleon Hill은 마스터마인드 그룹의 힘을 명료하게 설명했다.

'정해진 목적을 향해, 조화의 정신으로, 전념하는 두 사람 이상의 지식과 노력의 결합.'

이것은 마스터마인드 그룹에 대한 설명이 아니다. 성공하는 법에 관한 그의 주요 원칙 중 하나다. 마스터마인드 그룹과 성공이라는 두 개념이 내 머릿속에서 완전히 겹친다는 사실은 우연이 아니다.

아직 잘 이해되지 않거나 어떤 사람이 과거에 마스터마인드 그룹에 대해 부정적인 인상을 주었다면, 지금 깔끔하게 정리해주겠다. 다음에 나오는 목록은 마스터마인드 그룹이 무엇이고, 어떤 효과를 줄 수 있는지를 열거한 것이다.

- 자신이 속한 공동체에서 어떤 목적으로 연결되어 있는 유력 인사들의 팀
- 사업적 발전과 개인적 발전의 촉매제
- 목표를 세우고 서로 책임을 묻는 공간
- 동료 자문단
- 교육, 지원, 브레인스토밍(어떤 주제에 대해 여러 사람이 동시에 자유롭게 자기 생각을 제시하는 회의 방식-옮긴이) 집단
- 은밀함
- 약속
- 원하는 인생 또는 사업을 이루기 위해 서로 지원하는 사람들의 집단
- 우리의 성공을 바라는 응원
- 늘 우리에게 최선의 이익이 무엇인지를 생각하는 사람들의 집단

마스터마인드 그룹이 해서는 안 되는 행위는 다음과 같다.

- 집단 요법(집단의 영향력을 이용해 치료 효과를 높이려는 심리 요법으로, 대표적인 요법 중 하나가 사이코드라마다-옮긴이)

마스터마인드 그룹은 우리와 서로 지원하는 관계인 사람들의 교육, 경험, 영향력을 이용하고 그들의 지혜를 빌려 삶에서 설정한 주요 목표를 달성하는 데 도움을 주는 집단을 가리킨다. 잘만 운영

하면 이들 덕분에 우리는 앞으로 6개월 또는 12개월 안에 혼자 힘으로 평생 걸려 달성할 수 있는 것보다 큰 성공을 이룰 수 있다.

모든 성공적인 마스터마인드 그룹에는 두 개의 중요한 요소가 있다. 올바른 태도와 올바른 구성원이다. 이 중 하나만 갖추고도 그럭저럭 해나갈 수는 있다. 하지만 우리는 그런 타협에는 관심이 없다. 우리는 그런 식으로 안주하는 데에는 관심이 없다. 이 책의 내용은 '평범한 학교The School of Average'에서 배울 수 있는 것이 아니다. 이 책은 성공에 관한 책이며, 따라서 그것이 우리가 추구해야 할 목표다. 훌륭한 태도를 갖추고 훌륭한 구성원들로 이루어진 훌륭한 마스터마인드 그룹을 찾는 것이 우리의 목표다.

마스터마인드 그룹의 바람직한 태도는 다음과 같다.

- 친절하고 협조적이다.
- 경쟁의식이 없다.
- 다른 사람들의 일에 관해 창의적으로 생각하고, 브레인스토밍으로 아이디어 또는 솔루션을 제시하고자 한다.
- 정직한 마음, 존중심, 이해심으로 서로 응원한다.
- 어떤 경우에도 무관심하지 않다.

마스터마인드 그룹을 농구 드림팀에 비유하자. 이것은 종류는 다르지만 모두 재능 있는 또래 집단이며, 이들은 모두 당신의 성공에 힘을 보태기 위해 여기에 와 있다. 따라서 나를 위한 마스터마인드 그룹에 들어갈 사람은 다음과 같은 것들을 갖추어야 한다.

- 집단에 헌신하는 태도
- 비슷한 성공과 경험
- 마스터마인드 그룹의 태도에 대한 같은 마음
- 집단이 만든, 이 집단을 위한 서면 지침서에 대한 동의
- 조언, 지원, 자원에 관해 동등하게 기여하고 얻어갈 수 있는 능력

결국 당신의 마스터마인드 그룹은 네 명 또는 여섯 명(최고 열다섯 명까지 가능)으로 출발할 것이다. 간단하고(1페이지를 넘지 않는), 모든 멤버가 동의한 마스터마인드 그룹 합의서에는 다음과 같은 내용이 포함되어야 한다.

- 그룹 이름
- 접촉하는 수단(직접적인 만남 또는 스카이프, 고투미팅, 구글 행아웃, 전화 등)
- 회의 시간(최소 한두 시간이 좋지만 어떤 모임은 2~3일간 이어질 수도 있다)
- 모임의 빈도(1주일, 한 달, 분기에 1회 등)
- 모이는 시간
- 회의 의제

마스터마인드 그룹에 대한 모든 것을 파악하고 목적과 계획을 갖고 추진하면 일과 삶에서 이기는 팀을 구축하는 길에 들어선 셈이다.

🏃

연습 3 : 세 가지 자유

이 연습은 친구이자 '가상 CEO'인 크리스 더커Chris Ducker에게서 배웠다. 그는 사람들에게 가상 직원들과 협력하여 자신도 더 많은 자유 시간을 확보하면서 동시에 더 생산적으로 일할 수 있는 방법을 가르쳐주기 위해 『가상 자유Virtual Freedom』라는 책을 썼다. 이 책은 사업가들에게 유용하지만 우리의 일상생활에도 쉽게 적용할 수 있는 내용으로 가득 차 있다. 이 책을 읽으면 삶과 일을 관리하는 우리의 방식이 근본적으로 바뀔 것이다.

종이와 펜을 준비하라. 그런 다음 세 칸을 만들어 다음과 같이 제목 세 가지를 붙인다.

- 하고 싶지 않은 일들
- 내가 할 수 없는 일들
- 내가 하면 안 되는 일들

이제 일과 라이프 스타일에 관련하여, 이 세 항목에 적용 가능한 일을 생각나는 대로 적어 넣는다.

하고 싶지 않은 일들

당신이 평소에 뒤로 미루는 것들이다. 소셜미디어에 올라온 메시지에 회답하는 일, 이메일 관리, 회계 장부 정리 같은 것들이 여기에 속한다. 우리의 삶에서 이런 일은 불가피하다. 이런 일들을 떠맡길 사람을 찾거나 훨씬 더 효율적으로 처리할 수 있는 시스템을 개발하는 것은 순전히 당신 몫이다.

내가 할 수 없는 일들

많은 사람, 특히 기업가들은 자신이 직접 많은 일을 처리해야 한다고 생각한다. 유일한 문제는 자신이 처리할 수 없는 일이 많다는 점이다. 나는 디자인을 좋아한다. 컴퓨터로 디자인을 갖고 놀기를 좋아한다. 하지만 디자인 프로그램을 다루지는 못하고, 직접 디자인하지도 못한다. 서너 시간, 벼락공부를 한 뒤에 겨우 고양이 형상을 엉터리 막대그림(몸통과 사지는 직선으로, 머리는 원으로 그리는 그림-옮긴이)으로 그린 것이 최고의 소득이다. 어떤 일에 관심이 있다거나 자기 손으로 직접 처리하면 비용이 적게 든다고 전문적인 수준에서 그 일을 할 자격이 있는 것은 아니다. 실제로 경험과 전문 지식이 없기 때문에 그 일을 직접 하는 것이 전문가를 고용하는 것보다 비용이 더 들기도 한다. 그런 일이 일상생활이나 업무에서, 자기가 더 잘하는 고급 활동에 투입할 수 있는 당신의 소중한 시간을 더 많이 빼앗을 것이기 때문이다.

내가 하면 안 되는 일들

사업을 하다 보면, 비록 좋아하지만 해서는 안 되는 일들이 있다. 그중에는 내가 잘하는 일도 아주 많다. 이것은 내가 두 시간만 내주면 수만 달러의 컨설팅 및 강연비를 버는 데 따른 자연스런 결과일 뿐이다. 이 말은 곧 15분이나 투자해서 소셜미디어에 올릴 글을 생각하거나 고객 지원 문제를 처리해서는 안 된다는 뜻이다. 그런 일을 잘하거나 좋아할 수는 있지만, 그것은 글자 그대로 시간 낭비일 뿐이다.

크리스 더커는 90일마다 이 목록을 갱신한다. 슬그머니 옛 버릇으로 돌아가거나, 그냥 사는 게 바빠 집중하지 못하기 때문이라고 한다. 나는 또 어떤 과제를 목록에 포함시켜 일과에서 빼버릴 수 있는지를 알아보는 기회로 이 연습을 활용하면 좋겠다고 생각한다.

하지 싶지 않은 일들	내가 할 수 없는 일들	내가 하면 안 되는 일들
이메일 체크	그래픽 디자인	소셜미디어에 올린 내용 업데이트하기
일정표 관리	웹사이트 개발	고객 지원 업무의 처리
기초적인 문의사항 처리하기	팟캐스트 편집	회사 블로그 관리
조사가 목적인 여행	자금 관리 및 회계	세탁물 찾아오기

이 표는 팀과 함께 일하는 데 필요한 로드맵으로 쓸 수 있다. 이런 목록은 비전에 더 가까이 가는 데 필요한 시간과 능력을 제대로 활용하지 않는 사례들을 그대로 보여준다. 이 목록은 가장 효율적인 팀 또는 지원군 구조를 정립하는 방법을 보여준다.

사업을 처음 시작했을 때 나는 하루에 열다섯 시간씩 일하곤 했다. 모든 일을 혼자 했기 때문이었다. 그중 많은 일을 나는 잘하지 못했기 때문에 결과적으로 시간이 더 걸렸다. 마음을 바꿔 다른 사람들이 나를 돕게 하고 내 팀에 그들을 합류시키자 스트레스가 사라졌고, 내가 해야 할 일이 아니라 늘 좋아했던 일에 집중할 수 있게 되었다. 비로소 삶이 체계적으로 원활히 흘러가는 것 같았다. 그 후에는 꿈속에서 사는 것처럼 순조로웠다. 이런 연습을 진지하게 실천하면 누구든 가능하다.

이 연습은 기업가나 사업 분야에만 적용되는 것이 아니다. 우리의 사생활에도 효과적이다. 쇼핑을 싫어하는 나는 30분 정도만 쇼핑몰에 머물면 피곤해진다. 요리도 힘들어하는(요리하는 건 좋아하지만, 제 맛이 나는 경우가 거의 없다) 편이며, 정원 일이나 집 안 대청소 같은 일도 하지 말아야 한다. 내가 일에 투자하는 시간과 강연, 코치, 컨설팅을 해주고 벌어들이는 돈의 액수를 따져보면, 내가 아주 잘하는 일을 하고 앞에서 열거한 일은 팀에 있는 다른 사람에게 도움을 청하는 것이 시간을 효율적으로 쓰는 방법이다.

자신의 사생활에서 이 목록에 추가하고 싶은 모든 일을 생각해내라. 다른 사람에게 맡기거나 외부에 위탁할 경제적 여유가 없더라도 일단 목록에 적어라. 인터넷으로 검색하면 많지 않은 비용으로 이런 문제들을 해결해주고 지원해주는 도구와 앱이 매일 쏟아져 나온다.

🏃

연습 4 : 성격 유형 파악하기

이것은 내가 어떤 사람이고, 내가 매일 교류하는 이들이 어떤 사람인지를 파악할 수 있는 연습이다. 예를 들어 팀원이나 가족, 사업상의 동료, 고객 등 어떤 사람을 만나든 그들의 성격 유형을 알고, 따라서 내가 무슨 말을 해야 할지 정확히 알면 얼마나 좋겠는가. 그런 사람들이 잘 이해하고 좋아하는 방식으로 소통할 수 있으면 얼마나 좋겠는가. 인터넷에 들어가면 성격 테스트와 분석 방식이 다양하게 나와 있다. 나는 크리스 리에게서 이 방법을 배웠는데, 지금까지 아주 효과적이었다. 이 성격 유형표는 사람을 기획자, 분석가, 통솔자, 후원자로 분류한다.

기획자(분석가의 성격과 반대다)

기획자는 많은 아이디어를 내고 발전시키는 데 천부적인 재능을 타고난 사람을 가리킨다. 이들의 가장 큰 결점은 프로젝트를 완료하는 부분이다. 이들은 파티의 스타(파티장에서 사람들을 즐겁게 해주고 흥을 돋우는 유형의 사람-옮긴이)이며, 매사에 열정적이다.

하지만 약속을 지키지 못하고, 벌여놓은 일을 주체 못하는 경향이 있다.

분석가(기획자의 성격과 반대다)

분석가는 천성적으로 세부 사항에 밝고, 규율을 따르며, 체계적이고, 과정을 중시하고, 구조적이며, 조직적이다.

분석가 유형인 사람에게 뭔가를 팔려면 자기 일이나 상품에 대해 아주 작은 부분까지 꿰고 있어야 한다.

이들은 약속을 지킨다. 어떤 일을 하겠다고 말했으면, 그 말을 백퍼센트 믿어도 된다. 이들에게는 열정과 자발적 태도가 부족하다. 생기 없는 사람처럼 보이기도 한다. 분석가는 시각적이고 논리적이다. 이들은 옷을 입거나 한곳에 힘을 쏟을 때에도 격식을 중시한다.

통솔자(후원자의 성격과 반대다)

통솔자가 지닌 천부적인 재능은 일을 완수하는 것이다. 이들은 박력이 있고, 단호하며, 자신감이 넘치고, 목표 지향적이며, 일에 몰두한다.

통솔자 유형인 사람에게 어떤 물건을 팔려면 박력 있게 보이고, 옷도 잘 입어야 한다. 이들의 말에 자주 맞장구를 치고, 이들이 당신의 아이디어를 자기 아이디어로 생각하게끔 유도하라. 이들의 자존심을 잘 세워줘라. 이들의 눈높이에서 소통하라.

통솔자는 흔히 주변 상황에 둔감하고, 못되게 굴고, 무정하고, 융통성 없는 사람으로 비치기도 한다. 그래서 개인 및 사업상 인간관계에서 손해를 본다. 통솔자는 지배욕이 강하고 형식을 중시한다. 우리는 이들의 지배욕을 살려주고 형식을 중시하는 방식으로 상대해야 한다.

후원자(통솔자의 성격과 반대다)

후원자는 천성적으로 베푸는 스타일로 감정, 사랑, 남에게 감사하는 태도, 자기 존중의 마음을 지니고 있다.

후원자에게 물건을 팔려면 감정이 매우 중요하다. 당사자뿐 아니라 당신이 제의하는 행동이나 결정 때문에 형편이 더 나아질 것 같은, 주변의 모든 사람에게도 제품의 이점을 설명해야 한다.

후원자 유형은 흔히 호구처럼 보인다. 이들은 즉각, 단호하게 자기 권리를 주장하지 않아 우리가 마치 이들을 이용하는 것처럼 보일 수 있다. 이런 사태를 방지하는 방법은 그들에게 늘 긍정적인 피드백을 주는 것이다.

자, 여러분은 어느 유형에 속하는가? 제1성격은 무엇이고, 제2성격은 무엇인가? 인간관계에서 리더가 되려면 언제 어느 때에도 만날 수 있는, 각각의 성격 유형을 이해하고 유연하게 대처하는 능력이 필요하다. 우리가 주변의 다른 사람들이 발산하는 에너지와 조화를 이루거나 그것을 보완할 수 있다면, 그 사람들을 더 잘 이해할 수 있다. 그러면 그들은 더욱 인정받는 기분을 느낄 것이다. 그보다 더 중요한 사실은 성공적이고 생산성이 높은 팀의 멤버가 되려면 어느 한 방향으로 지나치게 쏠리지 않는 자세가 필요하다는 점이다.

여러분은 분석가 스타일인가? 별난 인간이 되어라!

통솔자 스타일인가? 약한 척하라!

기획자 스타일인가? 약속을 지켜라!

후원자 스타일인가? 중얼거려라, '나는 중요한 사람'이라고.

행동 전략

우리는 모두 한배를 탔다. 이 개념을 받아들이며 살아야 한다. 손발이 맞는 팀을 찾으면 인생은 순조롭게 흘러간다. 그러니 지금 당장 올스타 선수로 구성된 팀을 만들자. 가장 좋은 방법은 여러분이 먼저 올스타가 되는 것이다. 일하고, 태도를 향상시키고, 투혼을 발휘하고, 기술을 가다듬어 다른 모든 사람이 당신을 자기네 팀의 선발 요원으로 쓰고 싶게 하라! 여러분이 먼저 이 세계에서 소중한 자산이 되면, 세계는 당신이 꿈꿔왔던 것을 당신에게 줄 것이다. 간단하다.

사람들이 중요하다. 혼자 힘으로는 어떤 것도 성취할 수 없다. 사람들에게 자신이 얼마나 중요하며, 당신이 그들을 얼마나 중요하게 생각하고 있는지 알게 해주는 것도 똑같이 중요하다. 흔히 말하듯, '사람들은 당신이 자기네들에게 얼마나 관심을 쏟는지 알기 전에는 당신이 얼마나 알고 있는지에 관심이 없다'. 이 말은 가정, 스포츠, 비즈니스, 기타 인생의 어느 분야에도 적용된다. 자신에게 관심을 갖고 항상 모두가 이득을 얻는 방법을 찾아내는, 긍정적인 사람들을 주변에 두어라. 인간관계는 성공의 비결이며, 이제 자신의 인간관계에 투자할 때가 되었다.

Service

제8장
다른 사람에게 봉사하라

세상에서 찾아볼 수 있는
유일한 만족의 길은 봉사하는 것이다.
_찰스 W. 엘리엇

오랫동안 나는 스포츠, 사업, 인생에는 승자와 패자가 있어야 한다고 생각했다. 스코어보드, 그리고 나의 팀이 상대팀보다 더 많은 점수를 올리게 하는 데 너무 집착하여, 충만한 인생의 의미를 이해하지 못하고 살아온 것 같다. 나는 우리가 이른바 '승리'했을 때 무슨 일이 일어나는지 한 번도 생각해본 적이 없다. 어떻게 되는 거지? 우리는 그저 계속 이기고, 계속 탄력을 받고, 계속 성공의 제국을 건설하지만 한편으로는 세상에서 가장 외로운 승자가 되는 길을 가야 하는가? 아니면 훌륭한 인생에는 이것 외에 다른 것이 더 있나?

내가 되돌려주는 인생, 남에게 봉사하는 인생의 가치를 목격하고 이해하는 순간은 천천히, 그러나 확실히 찾아왔다. 이것은 지금까지 내가 깨달은 교훈들 중 가장 중요한 것인지도 모른다. 돈을 버는 것은 중요하다. 필요를 충족시키는 것도 중요하다. 비전을 달성하는 것도 중요하다. 그리고 꿈을 실현하는 것도 중요하다. 그러나 우리가 주변의 모든 사람과 모든 것, 즉 가족, 공동체, 환경, 그리고 이 세계를 발전시킬 방법을 찾지 못하면 이 모든 것이 무슨 의미가 있는가? 이 장에서 우리는 되돌려주는 삶의 가치를 분석할 것이다. 남에게 잘 보이기 위해서, 혹은 그래야만 할 것 같아서 하는 일은 중요하지 않다. 남에게 베푸는 삶이 나에게 왜 중요한지 진정으로 알기를 바란다. 지금의 당신으로 바꾸는 데에는 아주 많은 사람이 필요했기 때문이다.

한 가정. 두 아들. 성공으로 향하는 두 갈래의 길.

첫째아들로 태어난 스쿠터에게서 우리는 이기는 팀을 만드는 법을 배웠다. 그런데 내가 매우 중요한 또 다른 교훈을 얻은 건 그의 동생인 애덤 덕분이었다.

나는 '서미트 앳 시Summit at Sea'(IT 분야의 혁신 컨퍼런스-옮긴이)라는 컨퍼런스에서 애덤 브라운Adam Braun을 만났다. 이 컨퍼런스는 세상을 바꾸고 싶어 하는 사람들을 위한 여름 캠프다. 애덤을 처음 보면 보통 사람처럼 생겼을 뿐, 초인간적인 운동선수나 이 책에 소개된 거물급 사업가들을 연상시키지 않는다. 형과 달리 그에게는 할리우드를 흔드는 록스타가 없었다. 그에게는 아이비리그의 혈통이 흐르고 있지만, 사람을 주눅 들게 하는 천재로 보이지는 않는다. 그는 마음이 너그러운 보통 사람이며 유명 컨설팅 회사에 다니는 고소득 직장인이지만, 만족스럽고 충만하게 살고 있지는 못했다. 당시 나도 애덤처럼 약간의 소득을 올리고 있었지만, 사람들이 흔히 말하는 '성공의 덫'(성공의 기반이 된 강점이 변화의 발목을 잡아 치명적 위기의 원인이 된다는 개념-옮긴이)에 걸려 있었다. 내가 10종 경기에서 올아메리칸으로 뽑힌 뒤에 그랬던 것처럼, 그도 더 큰 목표, 대의명분, 추구해야 할 길이 필요하다고 생각했다.

그의 삶을 깊이 파고 들어가면, 크게 성공한 형의 그림자가 평생 따라다니며 자신의 결정에 그늘을 만드는 것이 단순한 불만을 넘어 그의 삶에 어떤 심각한 영향을 끼쳤는지를 알 수 있다. 나는 대담한 결심을 실천하고 있는 애덤과 보트에서 열린 컨퍼런스에서 만난 것을 뜻밖의 행운이라고 생각한다. 그는 철저하게 사회에 환원하는 삶을 살겠다는 결심을 구현하고 있었다.

애덤은 '약속의 연필Pencils of Promise'이라는 비영리 재단을 설립했다. 이 재단은 전 세계에 300개 이상의 학교를 세웠고, 수십만 어린이들의 삶을 바꾸었다. 참, 그는 내가 방금 말한 '비영리'라는 단어를 좋아하지 않는다. 그는 '목적 지향적for purpose'이라는 말을 더 좋아한다. 여기에서 목적은 아이들, 대부분의 사람들이 모른 척했던 그 아이들에게 공부하고 꿈을 좇을 기회를 주는 것이다. 애덤은 뉴욕 타임스 베스트셀러인『연필 하나로 가슴 뛰는 세계를 만나다The Promise of a Pencil』덕분에 더욱 세상의 주목을 받고 있지만, 사실 오래전부터 세계에서 가장 중요한 자선 교육 단체 중 하나를 운영해왔다.

애덤이 이런 독특한 인생행로를 걷게 된 데에는 두 개의 중요한 사건이 영향을 주었다. 첫 번째 사건은 AAUAmateur Athletic Union(미국 아마추어 운동경기연맹-옮긴이) 소속 팀에서 유망한 농구 선수로 뛰던 열일곱 살 때 일어났다. 그의 부모는 모잠비크에서 온 샘과 코르넬리오라는 어린 선수들을 집에 들이기로 결정했다. 마이클 루이스가 자신의 책『블라인드 사이드The Blind Side』(미식축구 선수 마이클 오어의 이야기를 담은 논픽션-옮긴이)에 소개하여 유명해진, 리 앤Leigh Anne과 션 투이Sean Tuohy가 마이클 오어에게 베푼 스토리와는 달리, 애덤의 부모는 이 아이들에게 잠재력을 발휘하고 아메리칸드림을 경험할 기회를 주고 싶었다. 이런 부모의 결정은 애덤이 가족에 대한 정의를 확장하는 계기가 되었다.

샘은 3학년 때 애덤 브라운의 집에 들어왔다. 그는 이 집에서 1년을 보냈고, 학교를 졸업한 뒤 브라운 대학에 진학했다. 코르넬리오는 2학년이었는데, 이 집에서 3년 동안 살다가 전액 장학금을 받는 조건으로 조지타운 대학에 들어갔다가, 1학년이 끝난 뒤 아메리카 대학교로 옮겼다. 그리고 이 학교에서 졸업했다. 지금도 애덤은 샘과 코르넬리오를 형제처럼 생각한다. 한 명은 로스앤젤레스에, 다른 한 명은 워싱턴 DC에 살지만 그들은 모든 가족 행사에 참석해 함께 즐긴다. 이들의 자녀는 애덤의 조카다.

그는 말했다.

"이 사건은 우리 집의 구조를 바꿔놓았을 뿐 아니라 나의 세계관도 완전히 바꿔놓았습니다. 나는 샘과 코르넬리오가 택한 인생 행로는 여러 세대에 걸쳐 많은 사람이 선택한 행로라는 것을 깨달았죠. 그들은 모두 타고난 인생보다 나은 삶을 추구하고 싶어 했죠. 그때까지 나는 코네티컷 주 페어필드 카운티에서 자라면서 오로지 뉴잉글랜드가 세상의 전부인 양 알고 있었는데, 이 일 때문에 이 작은 거품의 바깥에 그렇게 많은 나라와 사람들이 존재한다는 것을 알게 되었습니다."

믿기 어려운 여행

애덤의 성공 가도에 기록된 첫 번째 발걸음은 대부분의 사람들
이 정상으로 여기는 것과 판이하게 다른 삶을 살고자 하는 열정으
로 이어졌다. 집에서 일어난 일과, 1992년에 제작된 감동적인 다
큐멘터리 「바라카Baraka」(미국의 론 프릭크 감독이 인간의 다양성과 환
경으로부터의 영향이라는 주제로 탄자니아, 중국, 브라질, 일본, 네팔, 미국,
그리고 유럽 등 6대륙 24개국을 촬영한 다큐멘터리 영화-옮긴이)에 감화
를 받은 애덤은 브라운 대학 2학년 때 일명 '시메스터 앳 시Semester
at Sea'라는 프로그램에 참가했다. 이것은 전 세계에서 온 대학생들
이 약 100일 동안 큰 유람선을 타고 세계 각국을 돌아다니며 다양
한 과목의 학점을 이수하는 교육 프로그램이다. 애덤의 여자친구
가 이 '시메스터 앳 시'에 참가했다가 돌아와 자신의 놀라운 경험
을 그에게 들려주었다. 그들의 인도 방문은 그녀에게 인생의 전기
가 되었고, 이번에는 그의 인생에 전기를 마련해주었다. 「바라카」
에 나온 인도 바라나시의 장면과 똑같았기 때문이었다. 애덤의 마
음은 거품 밖에 있는 세상이 품고 있는 무한한 잠재적 가능성에 사
로잡혔다.

"그래서 '시메스터 앳 시' 일정표를 봤어요. 인도에 간다고 되어
있더군요. 속으로 생각했죠. '바로 이거야. 인도에 가겠어. 바라나
시에도 가고, 전 세계를 돌면서 그 모든 놀라운 장소에 다 가볼 테
야'라고요."

애덤은 말했다. 그의 목소리에 담긴 '그 목적'을 알 수 있을 것 같았다.

"가끔 나에게 어떤 일을 강요하는 내면의 목소리가 들릴 때가 있어요. 미래의 내가 현재의 나에게 '날 따라와. 이것이 네가 미래에 갈 길이고 할 일이야'라고 말하는 것입니다."

그런데 애덤이 태평양의 맨 밑바닥으로 갈 뻔한 순간이 있었다. 항구를 떠난 직후, 해변에서 약 800마일(약 1,287킬로미터) 떨어진 해상에서 '시메스터 앳 시' 유람선이 60피트(약 18미터) 높이의 파도에 부딪혔다. 그 정도의 파도라면 모든 승객과 함께 유람선을 너끈히 전복시킬 수도 있다. 그의 여행이 시작되기도 전에 끝날 뻔했던 것이다. 이 죽을 고비가 여러 나라를 돌아다니는 애덤을 더욱 예민하고 내성적인 사람으로 만들었다. 애덤과 그 일행은 매주 계속해서 가진 것이 별로 없는 현지 사람들과 만나고, 함께 일하고, 그들로부터 배웠는데 놀랍게도 거의 모든 경우 그들은 애덤이 전혀 생각지 못했던 차원의 행복 속에 살고 있었다. 그 행복은 애덤이 불과 몇 달 전에 떠나온 물질 중심의 세상에서는 거의 볼 수 없는 것이었다.

나는 이런 경험이 애덤의 인생을 송두리째 바꿔놓은 유명한 '대화'로 이어졌다고 생각한다.

"'시메스터 앳 시'에 참가한 모든 사람은 한 가지 임무가 주어집니다. 한 나라에서 물건을 한 가지씩 모으는 거예요. 맥주병이나 우스꽝스러운 모자도 좋고, 아니면 티셔츠를 갖고 오거나 유명한 건축물 같은 데서 동물 인형을 놓고 사진을 찍어도 좋고요. 내가 할 일은 한 나라에서 한 아이를 붙잡고, 만약 이 세상에 있는 것을 무엇이든 가질 수 있다면 어떤 것을 갖고 싶으냐고 물어보는 것이었습니다."

애덤이 이 이야기를 내게 들려줄 때, 이것이 내 인생에 주는 의미가 불현듯 머리를 스쳤다. 어린 대학생이 다른 사람에 대해 그러한 인식과 공감대를 형성할 수 있다는 것이 감격스러웠다. 나는 고등학교와 대학교에서 운동선수로 뛸 때 집중력, 인내심, 투지를 발휘했지만 한편으로는 상당히 이기적이었고 자기중심적이었다. 나는 주변 사람들을 어떻게 도울 수 있을까를 생각하기보다 언제나 나 자신만 생각했다. 돌이켜보니 이런 태도가 당시에 내가 추구했던 행복과 성공을 가로막았던 것 같다. 애덤의 '한 가지 임무'는 이타적인 행위였지만 그의 세계관은 여전히 코네티컷의 거품 속에 갇혀 있는 그의 인생에 의해 지배되고 있었다. 그리고 그는 거기서 탈출하고 싶었다.

애덤은 말했다.

"나는 이 아이들에게서 내가 어렸을 때 원했던 것과 비슷한 답이 나올 줄 알았죠. 이를테면 큰 집이나 멋진 차, 최신 전자기기 같은 것이요. 하지만 아이들의 대답은 전혀 달랐습니다."

가장 큰 충격을 준 대답은 인도 북부의 아그라라는 도시 외곽에서 구걸을 하던 소년의 입에서 나왔다. 애덤이 그에게 물었다.

"네가 세상에서 무엇이라도 가질 수 있다면 뭘 고르겠니?"

그 아이의 대답은 간단했다.

"연필을 갖고 싶어요."

그뿐이었다. 약간의 흑연이 들어가 있는 나무 막대기 하나. 여러분도 그런 생각을 하겠지만, 이 소년은 자기가 갖고 싶은 것이 딕슨 사가 만든 타이콘데로가 연필 No. 2인지, 멋진 기계식 연필인지 구체적으로 말하지 않았다. 아무것이나 갖고 싶었던 것이다. 왜 그럴까? 이 아이는 배우고 싶었던 것이다. 학교에 가고 싶었던 것이다. 아이는 연필이 자기를 학교에 데려다준다고 생각했다.

나는 이 '대화'의 얘기를 듣기만 해도 온몸에 전율을 느낀다. 지금 나는 여러분이 무슨 생각을 하고 있는지 안다. 이 사건이 애덤의 마음을 송두리째 흔들어놓았고, 그가 모든 세속적인 재산을 포기하고 이 세상을 바꾸는 데 헌신하기 시작하는 계기가 되었다, 그렇지 않은가? 틀렸다. 이 사건은 확실히 이 젊은이의 마음에 영원히 지워지지 않는 흔적을 남겼다. 하지만 그는 순교자가 되지 않고 더 큰 비전을 품었다.

비전을 현실로 만들어라

'시메스터 앳 시'가 끝나자 애덤은 미국으로 돌아왔다. 미국에서 그는 비슷한 입장인 사람들과 같은 길을 밟았다. 경제계에 진출해 돈을 엄청나게 벌 수 있는 직업을 얻었다. 정말이다. 일류 대학을 나온 학생들이 고액 연봉을 받고 월스트리트로 직행하는 이야기는 식상할 정도로 흔하다. 애덤 역시 똑같은 길을 밟았다.

그는 세계에서 가장 잘나가는(어떤 사람들은 가장 무자비하다고 말하지만) 컨설팅 회사 중 하나인 베인Bain 사의 입사 제의를 받아들였다. 자신이 얻은 교훈에 대한 애덤의 설명을 들으면, 여러분도 그가 이런 피상적인 결정을 내린 이유를 이해할 것이다.

"나는 베인 사의 컨설팅 부문에 취직했어요. 그리고 아주 총명한 사람들과 함께 믿을 수 없을 만큼 잘 짜인 훈련 일정을 소화했고, 포춘 500대 기업(경제지 〈포춘〉이 매년 발표하는 미국 및 해외 기업의 매출액 기준, 상위 500개 기업-옮긴이)의 내부 모습을 들여다보았고, 세계 최고 기업들의 운영 방식과 개선할 점을 낱낱이 보았죠."

이제 알겠는가? 그렇다, 인도의 거리에서 겪은 그 경험은 애덤을 바꿔놓았다. 그는 그 아이에게 연필 한 자루를 주는 것 외에, 진정한 변화의 측면에서 그가 해줄 수 있는 것이 없다고 생각했다. 애덤은 바로 그 기술을 배우기 위해, 인맥을 쌓기 위해, 자신이 원하는 변화를 가져오는 데 필요한 돈을 벌기 위해 경제계로 진출했다. 다시 말해 애덤은 골드만삭스, 구글, BP 같은 간판이 붙은 건물에서 근무하고 싶어 하는 젊은이들처럼 자신의 행복이나 돈을 위해 직장 일을 하지 않았다.

"1년, 아니 1년 반 정도 있으면서 두 가지를 깨달았죠. 첫 번째는 내가 하고 싶은 비영리 단체들은 우리에게 익숙한 사업 감각으로 운영되고 있지 않다는 점이었습니다."

물론 대부분의 비영리 단체들은 선의로 운영되고 있다. 애덤은 이렇게 말했다.

"실제로 조직 내부에 들어가보면, 정말 믿을 수 없을 정도로 효율성이 없어요. 대체로 열정에 의존하기 때문입니다. 내가 말하는 언어, 내가 갖고 있는 비즈니스 감각이 안 통해요. 결과만 거창하게 약속할 뿐, 그런 헌신적 태도로 인도주의적인 문제들에 접근하지 않는 현실이 이상하고 실망스러웠습니다."

양복 입은 사기꾼들과 어울리면서 얻은 이점은 하나 더 있다. 그들과 같은 사람이 되고 싶지 않은 것이다. 어쨌든 그 바닥에 오래 있고 싶지 않았다.

"바에서 사람들을 만나고, 그들이 '무슨 일을 해요?'라고 물으면 나는 '스물세 살이고요, 경영 컨설턴트로 일합니다'라고 대답하는, 무의미한 대화에 싫증이 났어요. 열다섯 번쯤 이런 대화를 하고 나면 정말 지루해요. 뉴욕에서 젊은, 20대 독신남으로 1년 반 정도 사는 동안 내가 훌륭한 인생을 살고 있다고 생각했어요. 최고급 아파트에 살면서 환상적인 파티에 갈 수도 있고, 많은 여자와 데이트를 즐기고, 주변에 아주 좋은 친구도 많았으니까요. 하지만 나 자신을 위한 활동은 전혀 없었지요."

그때 그에게 한 가지 생각이 떠올랐다.

'나는 경영 컨설턴트가 되고 싶지 않았어. 뭔가를 설립하는 사람이 되고 싶었어. 특히 전 세계를 다니면서 농촌 아이들을 위해 학교 같은 것을 짓고 싶었지. 내가 되고 싶었던 사람은 바로 그런

사람이야.'

지금 그에게는 그 일을 할 만한 능력과 지원이 있었다.

베인 사의 직원들은 회사의 양해 아래 「사회적 영향 실무 수습 social impact externships」이라는 프로그램에 참여할 수 있다. 직원들이 6~9개월간 세계로 나가, 현지의 교육 문제와 개발 문제를 해결하는 현장에 참여해 경험을 쌓을 수 있는 봉사 프로그램이다. 기본적으로 직원이 입사 후 2년간(일종의 수습 기간이다) 근무한 뒤 3년차 근무 가능자로 승진하면 그 사람이 자신의 희망에 따라 휴가를 얻어 자신이 열정을 쏟는 일을 할 수 있도록 회사가 허용하는 제도다. 이 기간에는 급여가 지급되지 않는다. 적어도 베인 사는 급여를 주지 않는다. 하지만 직원은 자신을 채용할(그리고 봉급을 줄 수도 있는) 회사나 프로그램을 임의로 선택해 일할 수 있다. 애덤은 이런 사회 현장 수습 프로그램에 참여하기로 결심했다. 처음에는 대학 시절 자원봉사자로 참여했던 '캄보디아 아동기금'이라는 단체에서 일하려 했다. 당시 그는 이 단체에서 티셔츠를 팔고, 파티를 기획하고, 아이들에게 도움이 되는 각종 행사를 조직하는 모금 기획자로 일했다.

그 후 어느 날 저녁, 그는 처음으로 뉴욕 필하모닉이 연주하는 공연장에 갔다.

"교향곡을 연주하는 콘서트홀에는 한 번도 가본 적이 없었어요. 연주자가 무대 위로 올라오더니 피아노 협주곡을 연주하는데 피아노 건반을 거의 부수더라고요. 그 사람은 이 악기에 열정을 쏟아붓고 있었어요. 나는 그냥 최면에 걸린 사람처럼 넋을 잃고 봤지요."

그때 애덤은 넋만 잃은 것이 아니라 감명도 받았다. 그 피아니스트가 자기 음악에 열정을 쏟는 것처럼, 애덤도 무엇에든…… 정말로 열정을 쏟고 싶었다.

"그런 열정을 느끼고 싶었어요. 그 사람이 피아노를 다룰 때처럼 내가 살아 있다는 것을 느끼고 싶었어요. 바로 그때가 '약속의 연필'이라는 글자가 머릿속에 떠오른 순간이었어요. 완벽한 이름이었죠."

이것이 바로 유명한 '제리 맥과이어 모멘트Jerry Maguire moment'(일반적으로 조직의 하급자가 집에서 잠자다가 밤늦게, 갑자기 회사의 잘못된 경영 방침을 바로잡을 아이디어가 떠오르는 순간을 의미한다. 영화「제리 맥과이어」에서 유래했다-옮긴이)다.

"나는 집에 가서 머릿속에 떠오르는 생각을 죄다 종이에 적었어요. 조직 강령의 초안을 작성하는 식이었죠. 헌장과 선언문, 그 모든 엉터리 모금 아이디어, 내가 접촉할 모든 사람, 학교를 짓는 데 가장 먼저 도움을 줄 수 있는 사람들의 명단 등을 적었습니다. 나는 정말 열심히 해서 첫 번째 학교를 짓고 싶었어요. 그것을 그해 여든 살이 된 우리 할머니에게 헌정하고 싶었어요. 우리 할머니는 홀로코스트 생존자입니다. 내가 그만큼 성공한 것도 할머니가 너무 많이 고생해준 덕분이었고요."

그는 속으로 생각했다.

'할머니를 위해 살겠어. 특히 할머니의 명예를 높이고, 할머니의 유산을 세상에 알리고, 궁극적으로는 양질의 교육을 받지 못하는 가난한 나라의 아이들에게 배움의 기회를 주는 일을 하자.'

몇 주 뒤, 그는 은행에 가서 계좌를 개설했다. 그는 창구 직원에게 계좌 개설에 필요한 최소 입금액이 얼마인지 물었고, 직원은 25달러라고 대답했다. 그는 25달러짜리 수표로 '약속의 연필' 사업을 시작했다. 그 후로는 앞만 보고 달렸다.

올바른 종류의 ROI Return On Investment (투자수익률)

그가 창립한 단체는 사업적 수완과 비영리 이상주의가 결합된 조직이었는데, 나는 이 조직 모델에 마음이 끌렸다. 애덤을 만나기 수년 전에 나도 사회에 이익을 환원하고, 사업 외적으로 다른 사람들에게 봉사하고 싶었지만 무엇을 어떻게 해야 할지 몰랐다. 애덤을 만난 이후 이 단체를 후원하기로 결심했다. 나는 자라면서 스스로 한 번도 똑똑하다고 생각한 적이 없지만 늘 배움에 흥미를 가졌고, 지식을 갈구했으며, 성공을 추구하는 과정에서 접하는 모든 유형의 학습을 중요시했기 때문이다. 나는 애덤이 세운 단체에 참여했고, 과테말라에 학교를 설립하는 프로젝트에 기부금을 냈다.

'약속의 연필'이 추진하는 사업에는 지어진 학교를 반드시 현지의 지역사회가 운영해야 한다는 원칙이 있다. 그러려면 그 지역사회가 자체적으로 학교를 건립해야 한다. 단체는 건축 자재를 공급하고 건축 노하우를 갖고 있는 하청업체를 알선해줄 뿐, 학교의 건축은 현지의 학부모들이 주도해야 한다. 그 결과 지역사회는 엄청나게 많고 값진 자부심과 관리 노하우를 얻게 되었다. 지역사회는 이른바 '땀의 지분sweat equity'(돈 대신 노동력을 투자해 회사의 지분을 확보하도록 허용하는 제도로, '노동 지분'이라고도 한다-옮긴이)을 투자함으로써 학교를 잘 관리하고 원활히 운영하겠다는 의지에 충만할 수밖에 없다. 나는 이런 방식의 운영이 마음에 들어, 나의 학생들과 일할 때에도 이 원칙을 지킨다. 즉 팟캐스트, 제품과 서비스를 이용하는 데 필요한 내용, 관리 업무, 자료, 도구를 제공하지만 '그들의 일을 대신해주지는' 않는다. 대신해줬다면, 우리가 그들에게 자신이 지닌 천재성과 재능을 살려 실제로 일을 수행함으로써 필요한 기술을 배울 수 있는 권한을 부여한 것이 아니라 이미 이루어진 일을 손에 쥐어준 셈이다. 이런 식으로 진행해야 그들은 노력의 결실을 직접 얻는 즐거움을 맛볼 수 있으며, 자신들이 창조하는 것에 대해 훨씬 큰 주인의식과 자부심을 갖게 될 것이다.

애덤과 이야기하면 행복해지고 감동이 밀려온다. 그는 이렇게 말했다.

"나는 항상 열정이 넘치지만, 나의 배경도 큰 도움이 되었습니다. 현재 나는 모든 결정을 내릴 때 '이것이 장기적으로 투자 수익이 있을까?'라는 잣대로 한번 걸러내는 사업가이기 때문입니다. 나는 항상 거대 기업 CEO의 머리와 인도주의적 이상주의자의 가슴이 결합된 단체를 만들고 싶었습니다."

이 말을 잘 생각해보자. 그는 지금 '자신에게 돌아올' 수익을 얘기하고 있지 않다. 그는 어떻게 해야 이 단체가 원래 봉사하려고 했던 사람들에게 가장 큰 도움이 될 수 있으며, 최고의 가치를 줄 수 있는가 하는 문제를 말하고 있다.

나는 데커스 사의 CEO인 앙헬에게서도 이와 비슷한 사업 철학을 들은 적이 있다. 그는 이렇게 말했다.

"나에게 성공은 다른 사람들이 도움을 필요로 할 때 도와주는 것입니다. 다시 말해 타인 지향적인 삶이 곧 성공적인 인생의 지름길입니다."

앙헬은 저마다 독특한 인생 스토리, 꿈, 희망, 욕구를 갖고 있는 2,300명 이상의 종업원을 이끄는 리더로서 이런 식으로 생각하고 행동한다.

"데커스 사는 내가 예전에 가졌던 종류의 기회를 갖고 있으면서 여기서 일하는 모든 사람, 즉 자신의 예상이나 실질적 현실의 밖에 있는 삶을 살고자 하는 사람들, 혹은 꿈을 실현시키고자 하지만 그럴 수단이 없는 사람들을 위해 존재합니다. 나는 말하죠, '이 회사가 그 수단입니다'라고요."

이것이 바로 진정한 리더, 성공한 사람이 하는 일이다. 영리를 추구하는 단체든, 목적을 지향하는 단체든 상관없다. 자신은 중요하지 않다. 자신이 뭘 원하고 뭘 필요로 하는지는 중요하지 않다. 만약 당신이 그런 것들을 얻고자 한다면, 그런 욕구와 필요성을 지닌 사람들을 적극적으로, 정기적으로 도와야 한다. 그래야만, 이기심에서 벗어나야만 우리의 이기는 팀은 성공할 수 있다.

요즘같이 자기중심적인 세상에서는 이른바 '나 먼저' 심리에 빠지기 쉽다. 우리는 끊임없이, 출세하려면 자기 자신에게 투자해야 한다, 일단 나부터 '성공해야' 남에게 베풀 수 있다는 말을 듣고 산다. 하지만 애덤의 이야기가 증명하듯, 봉사 정신과 열정을 결합시키면 남에게 베푸는 행위는 '우리가 성공하는' 도구가 될 수 있다. 베풀지 않으면 성공은 공허하다.

더 길고, 더 풍요로운 인생

사업가이자 여행 전문 사진가인 제임스 클리어James Clear는 2012년 〈뉴욕 타임스〉에서 장수長壽 연구에 관한 기사를 읽은 뒤 자신의 블로그에 다음과 같은 글을 올렸다.

이 기사는 똑 부러지게 얘기하진 않았지만, 사람들이 나이를 먹으면 더 많이 쓰고 더 적게 창조하는 경향이 있다는 것을 넌지시 지적하고 있다. 단도직입적으로 말해, 짧고 하찮은 삶을 사는 가장 쉬운 방법은 주변의 세상에 기여하지 말고 세상을 소비하는 것이다.

그런가 하면, 지속적으로 사회에 기여하는 사람들은 계속 활기차고 보람된 삶을 이어간다. 이 기사가 던지는 메시지는 명확하다. 공동체에 기여하는 사람은 장수한다는 것이다.

만약 성공의 달성이 우리가 다른 사람에게 봉사해야 하는 이유로 충분치 않다고 여기는 사람들이 있다면, 제임스가 '장수'라는 가장 확실한 이유를 주었다고 생각한다. 그래도 나는 여러분이 망설이는 이유를 안다. '봉사'는 사실 매우 부담스러운 단어다. 다행히 '도움이 되다'라는 말에는 여러 가지 뜻이 내포되어 있다. 이 말은 무료급식소에서 일하라든지, 청빈 서약을 하라든지, 비영리 단체를 위해 일하라는 뜻이 아니다.

내가 좋아하는 테드 강연 중 하나는 '게릴라 정원사'라는 별명으로 유명한 론 핀리Ron Finley의 강연이다. 그는 오래전부터 로스앤젤레스 중남부 지역에 많은 채소밭을 조성해왔다. 왜? 재미로, 환경을 아름답게 하려고, 식품을 얻기 위해, 그리고 채소가 절대적으로 필요한 동네에 조금이나마 기여하기 위해서다. 이 점이 마음에 든다. 그는 아무런 대가를 요구하지 않으며, 누가 이런 수고의 대가를 지불해주길 바라지도 않는다. 그가 무작위적이고 자발적인 선행을 실천하는 것은 순전히 자신이 받은 것을 사회에 환원하고 자신이 속한 공동체를 훨씬 더 다채롭고 유익하게 만들기 위해서다. 그는 자신의 공동체에 자부심을 느끼며, 여기에 재능을 보태고자 한다. 그의 사례는 나도 내가 속한 공동체에 보탬이 되는 창의적인 방법이 무엇인지 생각해보는 계기가 되었다.

카일 메이나드는 참전 용사들을 지원하고 있다. 정작 자신은 참전 용사가 아니다. 그의 장애는 전쟁이라는 폭력의 결과가 아니라 선천적인 것이다. 하지만 그는 군인들과 인간관계를 맺고, 힘든 도전과 더 큰 목표를 찾아 그것을 완수함으로써 이들에게 정신적 위안을 주고 있다.

숀 존슨은 전설적인 테니스 선수인 빌리 진 킹Billie Jean King이 1974년에 설립한 여성스포츠재단Women's Sports Foundation을 대표해 스포츠를 비롯한 신체 활동을 통해 소녀들의 삶을 개선하는 노력에 힘을 보태고 있다. 숀은 자신이 올림픽과 댄스경연대회를 통해 얻은 모든 것을, 인도의 걸인 소년이 애덤 브라운에게 얻은 것과 같은 삶의 동력을 필요로 하는 새로운 소녀 세대에 쏟고 있다.

올릿 사의 CEO이자 나의 단짝 친구로, 제5장에서 소개한 '부족한 것'에 대한 연습법을 가르쳐준 오브리 마르쿠스는 본업 외에 인간의 행복과 의식의 가능성을 탐구함으로써 인류에 봉사하고자 하는 위대한 자선활동을 벌이고 있다. 그는 사람들이 모든 것을 뛰어넘기를 바란다. 그 목적을 달성하기 위해 지금도 그는 사심 없이 온 힘을 다하고 있으며, 그동안 피트니스와 영양 사업에서 거둔 성공을 활용해 총체적 인간의 최적화 상태를 위한 최적화된 방법을 연구하는 데 헌신하고 있다.

나는 내가 읽고 많이 배웠던 그 많은 책의 저자들도 만약 가능했다면 무료로 책을 집필했을 것이라는 느낌을 갖고 있다. 그들은 어떤 문학의 여신이 영감을 준 덕분에 그런 아이디어를 세상에 내놓을 수 있었다고 생각할 뿐 아니라 이 세상은 자신들이 전하고자 하는 메시지를 들어야 하며, 그 책을 읽으면 더 나은 세상이 되리라는 믿음을 갖고 있었다.

나는 전통적인 자선 방식이 '목적'을 갖고 행동하고, 다른 사람에게 도움을 주는 유일한 방법은 아니라고 생각한다. 매일 아침, 나는 내가 제작하는 팟캐스트를 생각하며 들뜬 마음으로 일어난다. 내가 기분 좋은 것은 곧 만날 중요한 사람들 때문이 아니라 내가 그들과 청취자들 사이에 가교 역할을 할 수 있기 때문이다. 나도 배우고 다른 사람들이 배우도록 도울 수도 있다. 이런 생각은 내가 이 책을 끝까지 집필하는 데에도 큰 힘이 되었다.

내 말의 요점은 자신의 열정을 추구함으로써 다른 사람들에게 도움이 될 수 있다는 것이다. 경제학자인 애덤 스미스가 말했듯이, '우리가 저녁을 먹을 수 있는 것은 정육점, 양조장, 혹은 빵공장 주인들의 자비심 때문이 아니라 자기네들 이익에 대한 그들의 관심 때문이다'. 안주하고, 자신을 더 큰 목표의 일부로 편입시키지 말고 자신의 열정을 추구하는 것, 이것이 바로 다른 사람에게 도움이 되는 첫걸음이다. 나는 여러분이 여기서 멈추지 말기를 바란다. 나는 여러분이 얼마나 잘, 자신의 천부적인 재능을 크고 훌륭한 일에 바치고, 아무 조건 없이 사회에 많이 환원할 수 있는지 직접 알아보기를 바란다.

성공한 사람들처럼 나 역시 오찬 모임에 자주 초대받으며, 초보 사업가들로부터 조언을 해달라는 요청을 많이 받는다. 그들은 공짜로 코칭, 사람 소개, 또는 자기 사업 계획에 대한 검토 등을 부탁

한다. 나는 바쁘고, 내 시간은 소중하다. 그래서 '그런데요, 미안합니다만 제가 시간이 없어요'라고 말하고 싶은 유혹을 느낀다. 공짜 지원 요청을 거절했다고 누가 흉을 보겠는가! 이 질문의 정답은 바로 '자신'이다. 당신과 나. 우리는 성공하려면 남과 공감하고, 남을 돕는 연습을 해야 한다. 우리는 '나도 전에 이 사람과 똑같은 입장이었는데, 어떤 사람이 도와줬지'라고 생각해야 한다. 카일과 숀, 오브리, 앙헬처럼 우리는 항상 선행을 베풀어야 한다.

나는 여러분이 조언을 청하는 모든 사람에게 한 시간씩 내줘야 한다고 말하는 것이 아니다. 그렇게 사람들에게 인기가 있다면 여러분은 정작 자기 삶에서 아무 일도 못하지 않겠는가! 그런데 이 말은 아마도 갓 입사한 동료 직원을 돕기 위해 몇 분 정도 시간을 내는 것은 괜찮다는 뜻일 수 있다. 경쟁사와의 게임에서 자신이 발전하는 데 도움이 되는 점을 지적하는 일일 수도 있다. 자녀의 학교에서 열리는 '진로의 날'(유치원이나 초등학교 등에서 주로 전문직에 종사하는 학부모들이 돌아가며 자기 직업에 대해 아이들에게 설명하는 행사-옮긴이)에 참여해 간단히 강연하는 일일 수도 있다. 대부분의 사람들이 부끄러워서 자기 경험을 이야기하기를 꺼끄러워하는, 어떤 민감한 주제에 대해 기사를 쓰는 일도 좋을 것이다. 길에서 만난 낯선 사람에게 미소를 지어 보이거나, 땅에 떨어뜨린 물건을 집어주는 일일 수도 있다. 나의 경우, 내가 접촉할 수 없거나 시간을 못 내어 만날 수 없는 그 모든 사람을 돕기 위해 '스쿨 오브 그레이트니스'라는 팟캐스트를 제작하는 일이었다.

내가 분야를 막론하고 봉사하는 삶이 성공의 달성에 얼마나 중요한지를 깨닫는 데에는 오랜 시간이 걸렸다. 애덤 브라운은 오래전에 이것을 깨닫고, 그 통찰력을 활용해 사회사업가로 훌륭한 경력을 쌓을 수 있었다.

넬슨 만델라는 이런 철학을 아주 잘 표현했다.

'자신이 누릴 수 있는 삶보다 못한 삶에 만족할 만큼 작은 열정을 가진 사람은 없다.'

애덤은 자기 자신, 은행 계좌, 그리고 그것이 어떻게 되든 그런 것을 생각하는 건 '작은 생각'이라는 것을 깨달았다. 그는 이렇게 표현했다.

"나에게 성공은 '목적, 사랑, 품위가 가득 찬 삶을 사는 것'입니다."

나는 여기에 '나 자신과 타인을 위하여'라는 말을 덧붙이고 싶다. 나는 여러분이 무슨 일을 할 수 있는지 안다. 나는 여러분이 많은 분야에서 남에게 도움을 줄 수 있다는 것을 안다.

🏃

연습 1 : 봉사할 분야를 고른다

사회에 환원하는 일에 참여하라. 시간, 재능, 귀중품(돈 포함) 등 무엇을 제공하든 상관없다.

1단계

여러분이 지역사회, 가족, 친구, 또는 모르는 사람에게 '오늘 베풀 수 있는' 간단한 일들을 종이에 적어라. 여러분의 봉사는 무작위적이고 자발적인 선행을 하는 것으로 시작할 수 있다. 여러분은 남을 위해 문을 열어주거나, 낯선 이에게 꽃을 선사하거나, 칭찬해주거나, 시간이 다 된 사람의 주차요금 투입기에 대신 돈을 넣어주거나, 곤경에 처한 사람을 도와주거나, 단순히 미소를 지어 보여도 된다. 긍정적인 목적으로 어떤 식으로든 베풀어라. 남이 그 행동을 알아보든 못 알아보든, 여러분은 내재적 보람을 바로 경험할 수 있을 것이다.

이런 행위를 꾸준히 반복하면 자신이 다른 사람에게 봉사하는 삶을 살고 있다는 것을 금방 깨닫게 될 것이다. 그로 인해 자신의 삶에서 일부가 떨어져나가는 느낌은 없을 것이며, 오히려 음식 섭취나 호흡처럼 나에게 도움이 되고 불가피한 행위인 것처럼 느껴질 것이다. 매일 선행을 베푸는 단계에서 더 발전하면 자선 단체나 비영리 단체, 혹은 자신이 참여하고 싶은 기관을 조사할 수 있다. 이때 생각할 점들은 다음과 같다.

- 지역사회에 필요한 교육 활동
- 예술 활동(춤, 음악, 연극 등)
- 인권 옹호 활동
- 각종 멘토 프로그램

• 기금 모금 활동

활동할 거리는 무궁무진하다. 어떤 활동에 마음이 끌리든 상관
없다. 그것이 바로 여러분이 해야 할 일이다. 여러분에게 맞는 단
체가 없으면, 하나 만들어라! 무엇이든 가능하다. 적극적으로 나
서서 소문을 내라. 세상에는 기회가 널려 있다. 사람들이 뭐라고
말할지, 어떻게 나를 바라볼지 생각하지 마라. 봉사 활동을 선택하
고 단호히 밀고 나가는 자신을 자랑스러워하라.

2단계
봉사할 분야를 정한 다음에는 시간, 재능, 돈 등을 놓고 자신이
가장 효율적으로 봉사할 수 있는 방법을 찾는다.

시간
사람들 중에는 많은 시간을 제공하여 직접 봉사 활동에 참여하는
경우가 있다. 시간을 제공하여 자신이 선택한 단체에서 봉사 활동
을 하라. 1주일 단위든, 매달 단위든, 또는 매년 단위든 상관없다. 꾸
준히 실천하여 긍정적인 습관으로 만들어라.

재능
여러분에게 자선 단체가 필요로 하는 재능이 있을지도 모른다.(만
약 그래픽 디자인을 엄청 잘하면, 자선 단체에서 로고나 웹사이트를 개

발하는 데 도움을 필요로 할 것이다) 그런 단체들과 접촉하여 당신의
전문 기술을 제공하라. 훌륭한 비전을 가지고 세계에서 부지런히
활동하는 기관들이 훌륭한 팀을 찾는 데 애를 먹고 있다. 당신의 재
능이 그런 단체에 큰 힘이 될 수 있다.

돈

자선 단체에 제공할 시간이나 재능이 없다면 재정적 기부를 해도 된
다. 이것은 특히 발전 단계인 단체에 훨씬 큰 힘이 된다. 적십자사에
1,000달러를 보내는 것도 훌륭하지만, 지역의 재향군인회나 소아암
자선 기관은 500달러만 보내줘도 한 달 형편이 크게 달라질 수 있
다. 이번 달에는 자선 운동이나 자선 기관에 한 달치 기부금을 내자.

이제 봉사 활동에 참여하는 방식을 확정하고 그것을 종이에 적
어라. 실천하라. 위에 열거한 방식들 중 하나만 골랐는가, 세 개 다
선택했는가? 그다음에는 시작할 날짜를 정하고, 행동에 나설 준비
를 한다!

🏃

연습 2 : 제1막을 연다

돈, 시간, 재능, 무엇이든 좋다. 작지만 즐겁게, 행동으로 여러
분의 뜻을 보여줘라. 이번 달에 당장, 당신이 선택한 기관을 찾아

가 일을 하거나 소중한 것을 줘라. 여러분은 실제로 행사에 자원봉사자로 참여할 수도 있고, 자신이 직접 행사 또는 모금을 주관할 수도 있고, 돈이나 상품을 기부할 수도 있다. '연습 1'처럼 간단한 '일일 선행 베풀기' 같은 작은 일부터 시작해 차츰 규모를 키워나가라.

이런 선행을 베풀면 남을 돕는 것에 대해 진지한 태도를 가질 수 있을 뿐 아니라 좋은 일을 한다는 엄청난 쾌감을 얻을 수 있다. 물론 이것은 남에게 알릴 가치가 있는 일이다. 그러니 일단 자신의 약속을 지켰으면 소셜미디어에 사진과 함께 글을 올리고, 수시로 업데이트하여 모든 사람에게 자신이 하는 일과 진행 과정을 알려줘라.(#greatnessbook) 이것은 다른 사람들에게 봉사에 참여할 용기와 영감을 주는 훌륭한 방법이다. 남에게 베푸는 일보다 더 전염성이 강한 것은 이 행위에 따라오는 만족감과 기쁨뿐이다!

행동 전략

베푸는 행위가 훌륭한 인생의 핵심임을 이해했다면, 이제는 그것을 다른 사람에게 봉사하는 일일 미션의 일부로 만들어야 한다. 무슨 일이든 상관없다. 이 일을 가외로 여기지 마라. 그렇게 생각한다면 정말 잘못 이해한 것이다. 반대로 그런 행위를 진정한 자아의 일부, 당신이 닮고자 하는 사람의 삶, 살아가야 할 방식으로 생각하라.

남을 돕는 일은 노력과 열정이 없으면 안 된다. 삶의 모든 측면에는 봉사의 요소가 있다. 봉사에는 오늘 나와 마주치는 모든 사람에게 미소를 보여주는 것처럼 작은 것도 있고, 크고 장대한 것도 있다. 베푸는 행위는 좋음과 나쁨으로 수준을 나누지 않는다. 죄책감이 아니라 사랑하는 마음에서 베푼다는 것이 중요하다. 내가 이런 생각을 갖게 된 것은 강연이나 회의를 하기 위해 비행기를 타고 전 세계를 여행하면서 터득한 작은 요령 덕분이다. 나는 이륙하기 전에 항상 승무원이 실시하는 안전교육 중 다음 부분을 늘 되새긴다.

'자신부터 산소마스크를 쓰세요.'

자신에게 필요한 것을 갖추고 완전히 준비가 되면, 다른 사람들에게 베풂을 실천하는 데 필요한 에너지가 더 커진다. 자, 세상에 나가 봉사하는 삶을 살자!

내 안의 성공 유전자를 깨워라

2012년 나는 한 여인을 위해 큰 가방 두 개와 기타를 들고 얼굴에 미소를 띤 채 뉴욕에서 로스앤젤레스로 이사했다. 그날 저녁 나는 그녀에게 차였다. 더 기분 나빴던 것은 로스앤젤레스로 오기 전, 나의 뉴욕 생활은 그야말로 탄탄대로였다는 사실이었다. 사업은 번창하고 있었고, 인맥은 확장일로였으며, 하는 일마다 잘되고 있었다. 천하무적이 된 기분이었다. 사랑을 찾아간 로스앤젤레스 여행은 당시로서는 내가 정복해야 할 또 하나의 목표일 뿐이었다. 하지만 이번에 나는 완패했다.

당시 우리는 각각 20대 중반과 후반의 젊은이였다. 따라서 우리의 관계가 완전히 끝난 건 아니었다. 그 후 몇 개월에 걸쳐 우리는 재결합과 결별을 반복했다. 나는 완벽한 남자친구가 되기 위해 헌신적으로 노력했고, 내 여자친구를 행복하게 하고 관계를 튼튼하게 유지하기 위해 최선을 다했다. 하지만 우리는 잘못된 길을 가고 있었고, 소용없다는 것을 나는 알았다. 로스앤젤레스와 관련된 것은 정말로 되는 일이 없었다. 기분이 좋지 않았다. 하는 일마다 좌절감을 안겨주었고 나를 혼란스럽게 했다. 미래가 불안해졌다. 이때 교훈을 얻었다. 친구 카일 메이나드의 말처럼, '사람은 그가 맞닥뜨리는 역경이 허용하는 만큼만 발전하고 강해질 수 있다'. 가끔 우리는 인생 최대의 실수를 저지르고 나서야 어떤 일이 나에게 맞지 않는다는 것을 깨닫는다. 나는 성공으로 향하는 길에서 사람은 가끔 실패해봐야 한다는 것을 깨달았다.

어느 날 오후, 나는 아파트 앞에 있는 코트에서 즉석 농구 시합을 하다가 분노가 폭발했다. 나는 경기 내내 한 선수를 마크했다. 그는 나보다 나이가 조금 많았고, 몸무게도 조금 더 나갔다. 그는 계속 말로 나를 자극했고, 경기 내내 팔꿈치로 나를 가격했다. 하지만 나도 경쟁할 때만큼은 절대 물러서지 않는 사람이다. 내가 기억하는 한, 인생의 모든 분야에서 그렇게 살아왔다. 승부욕에서 나오는 약간의 도발적인 말이나 거친 반칙 정도는 넘어갈 수 있다. 하지만 그는 나의 대응을 개인적인 공격으로 받아들였고, 골목대장처럼 자기 마음대로 하려 했다.

이러한 행동이 내 성질을 폭발시키는 방아쇠라는 것을 그자는 몰랐다. 하기야 나도 몰랐다. 누가 나를 깔보거나 비인간적인 행위를 하면 나는 돌아버린다. 드디어 얼굴을 맞대고 삿대질과 고성이 오갔으며, 상대를 제압하려는 두 마리 고릴라처럼 가슴을 내밀고 몸싸움을 시작했다. 나는 너무 화가 나서 제정신이 아니었다. 그자가 나에게 왜 이런 짓을 하는지 이해할 수 없었다. 그때 그자가 내 얼굴을 정면으로 들이받는 추가 도발을 감행했다. 우리는 가끔 NBA 경기에서 골대 밑에서 거친 몸싸움을 한 뒤 두 거구가 경고의 의미를 담아 가볍게 충돌하는 장면을 보는데, 이것은 그 정도의 가격이 아니었다. 그자는 자기 이마로 나를 정말 심하게 가격했다!

독자들은 아마 머리를 받혀본 적이 없을 텐데, 내가 잘 안다. 정말 아프다! 별이 보이고 눈물이 고인다. 누구라도 나처럼 화가 날 것이다. 내가 그다음에 한 행동이 올바르다는 말은 아니다. 나는 젖 먹던 힘까지 끌어내어 그자를 두들겨 팼다. 결국 그때 함께 뛰었던 나의 절친한 친구 매트가 그자를 붙잡았고, 그자의 동료가 나를 끌고 가 서로 떼어놓았다. 불행하게도 싸움은 여기서 끝나지 않았다. 그자는 계속 말로 내 신경을 건드렸고 욕설을 퍼부었다. 나 역시 그자에게 고함치면서, 내게 이런 짓을 한 이유가 뭐냐고 물었다. 왜 나를 머리로 받았을까? 대체 무슨 생각이었을까? 별것도 아닌 즉석 길거리 농구를 하다가 왜 그렇게 심하게 나를 공격했을까?

이런 질문은 대체로 과장이 섞여 있다. 이것은 기본적으로 일어난 사태를 속으로 정리하기 위해 혼자 되뇌는 말이므로 대답할 필요가 없다. 하지만 그자는 대꾸하는 쪽을 택했다. 그자가 뭐라고 말했는지는 생각나지 않는다. 다 희미하다. 어쨌든 나는 그자를 향해 뛰어가, 혼신의 힘을 다한 최후의 한 방을 날렸다.

그다음부터는 영화의 한 장면 같았다. 농구장은 조용해졌다. 나의 고함 소리 외에는 아무 소리도 나지 않았다. 나는 그 자리에 있는 사람들에게 큰 소리로 그 사람이 먼저 때렸다고 말했다. 나에게 덤빈 그 사람에게도 소리를 질렀다. 지금도 나는 이해하지 못한다. 친구 매트는 무슨 일이 벌어지기 전에 그 자리를 벗어나야 한다고 말했다. 그래서 나는 도망갔다. 단거리 육상 선수처럼 내 아파트를 향해 수백 미터를 달려갔다. 11층의 계단을 뛰어 올라가, 문을 부수듯이 박차고 들어갔다. 침대에 주저앉았다. 온몸이 걷잡을 수 없이 떨렸다. 도대체 무슨 일이 일어난 거지? 뭘 어떻게 해야 할지 몰랐으며, 나 자신의 행동에 겁을 먹었다.

'이건 내가 아니야. 난 싸움꾼이 아니잖아. 난 착하고 점잖은 사람이야. 왜 그렇게 행동했을까?'

이런 말을 계속 되뇌었다. 분노가 폭발했을 때의 기분은 완전히 이질적인 것이었다. 어렸을 때 이와 비슷한 싸움을 한 뒤, 거의 20년 동안 이런 기분을 느낀 적이 없었다. 침대에 누워 천장을 바라보면서, 옛날에 했던 그 싸움을 상기해보았다. 이번 싸움이 그 옛날의 싸움을 복사한 것처럼 똑같다는 것을 깨달았다.

그 일은 내가 오하이오에 살던 열두 살 때 벌어졌다. 여름방학을 맞아 나는 친구 두 명과 동네 골프장에서 아르바이트를 했다. 잔디 사이의 길을 따라가며 낙엽과 말라 죽은 풀을 갈퀴로 긁어모으고 있었다. 셋 중 나를 포함해 두 명이 시끄럽게 떠들며 농땡이를 쳤다. 우리는 잔디를 조금 모아놓은 다음, 갈퀴를 뒤집어 잔디와 낙엽을 뿌리면서 놀았다. 고무공을 주워 상대방에게 던지는 식이었다. 재미있는 잔디 던지기 놀이 정도였다. 우리는 나머지 한 아이도 이 놀이에 가담시키고 싶었다. 그 아이는 우리보다 나이가 조금 많았기(열다섯 살) 때문에, 물어보지도 않았다. 그러면 재미가 없을 것 같았다. 우리는 한편이 되어 골려주기로 했다. 우리는 각각 잔디와 낙엽을 모아, 동시에 그 아이에게 뿌렸다.

그러고 나서 우리는 웃음을 터뜨렸다. 그 아이가 동참하여 같이 잔디를 뿌리며 놀 줄 알았다. 우리의 예상은 반만 맞았다. 우리가 잔디 놀이를 계속하려고 돌아서는 순간, 그 열다섯 살짜리 아이가 다가와 내 뒤통수를 때렸다. 나는 깜짝 놀랐다. 잠깐 어리둥절한 순간이 지났고, 나는 날뛰기 시작했다. 딱 2초 후에 나는 휙 돌아서서 갈퀴 손잡이로 그 아이의 얼굴을 정통으로 때렸다. 나는 쓰러진 아이를 두들겨 패기 시작했다. 시종일관 소리를 고래고래 지르며 닥치는 대로 손에 집어 때렸다. 마치 영화「크리스마스 스토리」에서 순둥이 랄피가 드디어 꼭지가 돌아 동네 깡패인 파르쿠스를 혼이 빠지도록 패는 장면 같았다.

결국 다른 아이가 내 뒤로 와 목과 팔을 잡아당겨 둘을 떼어놓았다. 나는 그 아이의 손을 뿌리치고 수백 미터 떨어져 있는 클럽하우스로 달려갔다. 직원 출입구를 박차고 들어간 뒤 곧장 화장실로 가 손을 씻었다. 다른 사람에게 발각되기 전에 증거를 없애고 집에 가면 무사할 줄 알았나 보다. 벗겨진 손가락 마디에 피가 묻어 있었다. 흙과 잔디, 피가 세면기의 물에 섞여 소용돌이치며 하수구로 내려갔다. 다 씻고 떨리지 않을 때까지 기다렸다가 화장실에서 나와 사무실로 들어갔다. 그곳에 열다섯 살짜리 소년이 서 있었다. 그는 나에게 악을 썼다.

"루이스, 왜 나를 때렸어? 너, 왜 그래?"

내 귀에는 아무 말도 들리지 않았다. 방금 일어난 일이 너무 심란했기 때문이었다. 이 사건으로 나는 내가 감정을 이기지 못하면 무슨 일을 저지를 수 있는지 똑똑히 알게 되었다. 그때 그 자리에서, 나는 다시는 싸우지 않겠다고 맹세했다.

그 맹세를 지키는 데 성공했다…… 17년 동안만. 스물아홉 살짜리 젊은이는 까지고 피 맺힌 주먹을 쥔 채 침대에 누워 천장을 바라보고 있다. 두 사건을 나타내는 점과, 두 점을 잇는 두 줄의 평행선이 보이면서 죽을 것 같은 두려움이 밀려왔다. 무슨 수를 써서라도 이 문제를 해결해야 했다. 어쩌다 이런 상황이 되었는지, 왜 그렇게 되었는지 규명해야 했다. 나한테 무슨 일이 일어난 거지? 무엇보다 내가 왜 이 지경이 되었는지 알아야 했다.

두 달 뒤, 이 싸움과 나의 방황에 대한 이야기를 들은 친구 쿼더스의 권유로 나는 크리스 리가 진행하는 리더십 워크숍에 참여했다. 당시만 해도 나는 성공적인 리더에게는 감성지능이 필요하다는 사실을 잘 몰랐는데, 워크숍에서 이 주제를 많이 다루었다. 우리는 분노를 촉발하는 요인들, 마음을 열고 과거의 좋지 않은 기억을 받아들이는 마음가짐에 대해 토론했다. 모두 제3장에서 이야기한 주제, 즉 '챔피언의 마인드를 키워라'와 관련된 내용이다. 나는 왜 그렇게 부당한 공격을 받으면 헐크로 변할까? 왜 남에게 무시당하거나 이용당했다는 생각이 분노를 촉발하는 기폭제로 작용할까?

크리스는 내가 과거로 돌아가 그런 감정의 뿌리를 찾을 수 있게 해주었다. 그는 또 과거의 상처에 마음을 열고 포용하는 마음가짐에 대해서도 가르쳐주었다. 그러자 모든 것이 분명해졌다. 이 모든 분노의 뿌리는 내가 다섯 살 때 겪은 사건에 있었다. 나는 당시 나를 돌봐주던 보모의 10대 아들에게 성폭행을 당했다. 이 사건은 이 책의 주제와 관계가 없으므로 자세히 설명하지는 않으련다.[•] 다만 팟캐스트 청취자들에게 이 사건의 내막을 전한 뒤, 전 세계에서 주체하지 못할 만큼 많은 사랑과 응원을 받았다는 정도만 언급하고 싶다. 나는 또 성적 학대로 인해 고통받고 있는 사람이 매우 많다는 사실도 깨달았다. 많은 청취자가 어렸을 때 겪었던 트라우마에 관해 감동적이고, 한편으로 가슴 아픈 사연을 이메일로 보내주었다. 많은 사람이 나와 비슷한 고통을 겪은 것을 아니까 가슴이 아팠다.[••]

나는 그 워크숍에 참여하기 전까지 그 누구에게도 이 이야기를

[•] 내가 이 사건에서 얻은 교훈과, 이 사건이 나에게 준 이점에 대해 자세히 알고 싶은 독자들은 내 팟캐스트의 61회에 실린, 절친한 친구 조너선 필즈와의 인터뷰를 참고하면 된다.
[••] 성적 학대를 겪은 남자들은 '1in6.org'를 방문하면 많은 정보와 도움을 받을 수 있다. 일반적인 지원이 필요한 사람은 'rainn.org'를 방문하기 바란다.

한 적이 없었다. 거의 25년 동안 내 마음속에 가둬두고 사건을 잊으려고 했다. 아니, 사건이 일어난 사실조차 부정하려고 애썼다. 하지만 불가능했다. 이 사건은 내 마음속에 이런 분노의 기폭제를 심어놓았고, 이것은 연인 관계, 우정, 사업적 제휴 관계, 전반적인 자신감과 행복 추구 등 내 인생의 모든 분야에서 문제를 일으키고 있었다.

크리스의 지도에 따라 나는 리더십 워크숍 참가자들 앞에 서서 이 이야기를 처음으로 세상에 알렸다. 이것은 일종의 폭로였다. 나는 그동안 너무 무서웠고, 너무 가슴 아팠으며, 너무 피상적으로 살았기 때문에 그 순간까지 내 내면 세계를 들여다보지 못했고, 과거의 상처를 직시하지 못했던 것이다. 누구에게나 트라우마가 있다. 누구나 은밀한 고통을 안고 산다. 누구나 실수할 수 있다. 그것은 사실이다. 사실이 아니기를 바라지만, 사실이다.

이것은 나쁜 소식이다. 좋은 소식은 우리가 과거에 어떤 경험을 했든 성공할 수 있다는 것이다. 어쨌든 현재의 우리를 만든 것은 우리의 과거이고, 우리가 겪은 역경은 언젠가 큰 장점으로 변할 수 있다. 그해 동네 농구장에서 일어났던 사고는 내 인생을 바꾼 결정적인 계기가 되었다. 나는 내가 마음속에 그런 분노를 품고 있는지 몰랐으며, 그렇게 폭력적인 인간으로 돌변할 수 있는지도 몰랐다. 어렸을 적 기억을 되살리고 다시 끔찍한 사건을 인식함으로써 나는 삶의 도전에 수동적인 반응을 보이고 마는 단계에서 적극적으로 부응하는 단계로 발전했다. 나는 그 농구장 사건 이후 나 자신에게 크게 실망했다. 하지만 내가 정말 자신이 원하는 사람이 되지 못하게 막고 있는 것이 무엇인지 알아내겠다고 결심했다. 나는 과거를 깨끗이 정리하고 공개적으로 밝힘으로써 이제 나의 가치관에 맞는 행동을 취하고, 예전에는 이해하지 못했던 새로운 마음가짐으로 세상에 나갈 수 있었다. 즉 그때부터 나는 무슨 일을 하든, 관계된 사람 모두에게 이익이 되는 환경을 조성하고 나의 감정에 솔직해졌다.

'스쿨 오브 그레이트니스'의 문을 열다

나는 농구장 폭행 사건 이후 크리스의 도움을 받아 힐링 치료를 시작할 때까지 몇 개월 동안 '스쿨 오브 그레이트니스'라는 팟캐스트를 제작했다. 첫 번째 손님은 뉴욕 타임스 베스트셀러인 『권력의 법칙The 48 Laws of Power』의 저자 로버트 그린Robert Greene이었다. 우리는 (당시) 그의 신간인 『마스터리의 법칙Mastery』에 대해 이야기하기로 되어 있었다. 시대를 초월한 최고의 자기계발서를 많이 저술했고 수백만 장의 음반을 파는 래퍼들, 패션 디자이너들, 전 세계의 지도자들에게 영향을 준 사람과 얼굴을 맞대고 앉아 있으니, 의욕이 솟았다.

로버트는 어떤 일에 유능하려면 얼마나 많은 시간, 에너지, 노력이 필요한가라는 주제를 놓고 이야기했다. 그가 그만한 성공을 거두기까지는 수십 년의 세월이 필요했다. 그는 장구한 역사에서 뛰어난 족적을 남긴 위인들에 대해 글을 썼다. 그는 다방면의 대가들 밑에서 공부하는 도제 제도의 이점과 중요성에 대해 이야기했다. 바로 이 대목에서 나는 독특한 커리큘럼을 짜고, 배움과 잠재력 계발을 동시에 할 수 있는 새로운 종류의 학교를 만들겠다는 아이디어를 얻었다. 내가 갓 출범시킨 팟캐스트의 이름은 '스쿨 오브 그레이트니스'이고, 로버트가 출연한 첫 회는 '어떤 일이든 철저히 마스터하고 성공하는 방법'이라는 제목으로 방송되었다. 나는 이 두 가지 목표를 간절히 달성하고 싶었다.

인터넷에 나오는 모든 신상품이 그렇듯, 내 팟캐스트도 처음에는 부침을 거듭했다. 일을 계속하면서 나는 많이 배웠고, 새로운 아이디어들을 실험했으며, 돌아가는 사정을 혼자 파악했다. 뭔지 모르면서 무작정 했다. 따지고 보면, 무엇을 모르는지도 잘 몰랐다. 따라서 무슨 일이든 할 수 있었다. 내가 크리스의 워크숍에 갔다 온 뒤, '스쿨 오브 그레이트니스'에는 새로운 생기와 에너지가 생겼다. 애청자들은 내가 게스트를 상대하는 방식, 마음을 여는 정도, 자존심을 나타내는 모습이 크게 달라진 것을 깨달았다. 나는 크리스에게서 많이 배웠다. 그의 워크숍에서 얻은 나 자신에 대한 교훈들은 내 인생을 크게 바꿔놓았다.

이제 목표는 단순히 성공했거나 흥미로운 사람들에게서 교훈을 얻는 것이 아니라 나 자신이 젊은 사람으로서 품었던 비전과 목표에 진지하게 접근하는 것이었다. 그렇다, 나는 인생에서 약간의 성공을 거두었지만 완전히 만족하지는 못했다. 나는 더 크게 성공할 수 있다고 믿었다. 나는 더 많은 것을 원했다. 그래서 전 세계의 위인들, 위대한 사상가들, 위대한 행동가들의 지혜를 십분 활용했다. 나는 그 사람들의 발 앞에 무릎을 꿇고 그들에게서 배울 수 있는 모든 것을 배우려고 노력했다.

여러분이 이제까지 읽은 이 책의 내용이 바로 그 배움의 결정체다. 그것은 스승들의 가르침을 내 삶에 적용하는 과정에서 겪은 많은 경험과 고난을 통해 정제한, 나만의 강의 노트다.

나는 앙헬 마르티네즈에게서 명확한 비전 세우기의 중요성과 힘을 배웠다. 그는 '사람은 자신이 머릿속에 그리는 모습으로 변한다'는 것을 가르쳐주었다. 나는 이 말을 영원히 잊지 못할 것이다.

카일 메이나드와 니콜 라핀에게서는 우리의 인생에는, 특히 성공이 목표라면 변명의 여지가 없다는 것을 배웠다. 성공은 재능과 비전이 역경과 만났을 때 나온다. 아무리 새롭고 무섭고, 익숙지 않은 것이라도 끈기 있게 배우고 극복할 때 성공이 나온다.

숀 존슨에게서는 성공에서 메달 시상대의 제일 높은 곳에 올라가는 것은 중요하지 않다는 교훈을 얻었다. 중요한 것은 목표를 이룰 수 있다는 자신의 능력을 믿는 마음가짐이다.

나의 형 크리스티안에게서는 악바리처럼 사는 것에 대해 창피해할 필요가 없다는 것을 배웠다. 성공하고 싶다면 더 열심히 노력하고 더 똑똑해야 한다. 장애에 부딪혀 쓰러지더라도, 남에게 거절당하더라도 일어나 먼지를 털고 처음부터 다시 시작할 수 있어야 한다.

리치 롤, 샬린 존슨, 오브리 마르쿠스, 숀 스티븐슨을 비롯해 나와 함께 공부한 건강 전문가들에게서는 무슨 꿈을 꾸고 무슨 비전을 품고 있든, 육체적 건강이 성공에 매우 중요하다는 점을 배웠다. 잘 먹고, 많이 움직이고, 잘 자겠다고 결심하는 것은 좋다. 단, 그 결심을 빨리, 철저하게 실천하지 않으면 당신이 어떤 가치를 창출하든 성공에 이르는 길은 더딜 것이다.

옛 단짝 친구인 그레이엄 홀름버그에게서는 너무 늦거나 너무 사소한 문제라고 생각해서 긍정적인 습관을 계발하고 실천하지 않으면 안 된다는 것을 배웠다. 자신이 얼마나 큰 재능을 타고났든 상관없다. 그런 습관들은 우리가 성공을 향해 매일, 조금씩 가까이 가게 하는 데에 바람직한 일과의 뼈대가 된다.

스쿠터 브라운에게서는 어떤 위대한 성적을 추구하든, '이기는 팀'을 만드는 것이 매우 중요하다는 것을 배웠다. 긍정적 에너지를 발산하는 사람들과 강력한 유대관계를 맺는 것이 그런 팀을 만드는 데 필수적인 요소다.

애덤 브라운에게서는 이타적 행위의 힘을 배웠다. 나는 세상에 봉사하는 활동을 구태여 자신이 성공할 때까지 기다렸다가 할 필요는 없다는 것을 배웠다. 사실 봉사하는 데에는 헤아릴 수 없이 많은 방법이 있으며, 다른 사람을 이롭게 하는 삶이 성공을 이루는 길이 될 수도 있다.

이제 이 책을 마무리할 때가 되었으니, 한마디만 덧붙이려 한다.

이 학교는 성공 가도의 종착점이 아니다. 이 학교는 일반적인 학교가 아니다. 졸업식은 없다. 휴강도 없고 여름방학도 없다. '스쿨 오브 그레이트니스'는 호텔 캘리포니아(미국의 팝 그룹 이글스의 히트곡 제목에서 유래한 이름으로, 화려하고 매력적이지만 한번 발을 디디면 빠져나올 수 없는 곳이다. 마약과 같은 환락의 세계인 로스앤젤레스를 의미한다는 설과 교도소, 정신병원, 또는 한번 들어오면 마음대로 빠져나갈 수 없는 비밀종교 집단을 말한다는 설이 있다-옮긴이)와 비슷하다. 언제라도 잠시 나갈 수 있지만 영원히 떠날 수는 없다. 이런 교훈들은 항상 우리와 함께할 것이라는 말이다. 이런 교훈들을 적용할 수 있는 사례는 끝이 없다.

나는 또 누구도 우리를 이 학교에서 쫓아낼 수 없다는 점을 강조하고 싶다. 신은 내가 용납할 수 없는 폭력으로 퇴학당해 마땅하고, 낙오자 취급을 받아야 마땅하다는 것을 아신다. 또한 교수님들은 나를 잘 가르쳤지만, 내가 간혹 게으름을 피우고 못된 옛 버릇으로 회귀했고, 따라서 그것에 대한 벌로 학사경고를 받아야 한다는 것을 아신다. 하지만 이 학교는 그런 식으로 운영되지 않는다. 그것은 우리의 '인생'이 돌아가는 방식이 아니다.

성공은 자발적으로 채점하는 성적이다. 성공학은 스스로 공부해야 하는 학문이다. 이 말은 '모든 것이 자신에게 달려 있다'는 뜻이다. 사람은 삶에서 투입하는 것만큼 거두게 되어 있다. 여러분이 모든 것을 바쳐 성공을 추구하기 바란다. 나는 우리가 같은 스승에게서 배우는 이 과정을 통해, 우연히 서로 자주 마주치기를 바란다. 사실 나는 여러분의 강좌를 내가 듣고, 내 강좌를 여러분이 듣는 날이 오길 바란다.

우리는 한배를 탔다. 뭐라도 좋다. 세상에 나가 크게 성공하라!

■ **감사의 말**

우선 가족에게 감사한다. 내가 이런 좋은 집에 태어나, 집안의 막내로서 인생의 많은 교훈을 얻을 수 있었던 것은 나에게 큰 축복이다. 아버지(랄프), 감사합니다. 아버지는 제게 세월은 환상이며, 성공을 추구하는 데에 나이와 경험은 중요하지 않다는 것을 가르쳐주셨어요. 아버지는 언제나 내 꿈을 응원해주셨고, 꿈은 언제나 이루어질 수 있다는 것을 가르쳐주셨고, 꿈을 현실화하는 데 무엇이 필요하든 나를 도와주셨습니다. 아버지, 당신은 나에게는 최고의 아빠였고, 저는 당신의 아들로 태어난 것을 고맙게 생각합니다. 어머니(다이애나), 감사합니다. 저는 이 세상에서 가장 운이 좋은 아이입니다. 제가 아무리 말도 안 되는 생각을 품어도, 심지어 엄마를 걱정시키는 생각을 갖고 있어도 언제나 저를 응원해주셨지요. 제가 열다섯 살 때 어머니는 제가 부상을 당할까 걱정하면서도 흔쾌히 미식축구를 하게 해주셨어요. 미식축구를 하면서 온몸에 멍이 들었지만 저는 어머니 덕분에 학창 시절을 재미있게 보냈고, 오늘의 저를 가능하게 한 소중한 교훈들을 얻었어요. 크리스 형, 고마워. 형은 나의 영웅이고, 내가 언제나 우러러보는 사람이야. 내가 지금처럼 투지 넘치는 사람이 된 것은 순전히 형의 악바리 정신을 배운 덕분이지. 나의 정신적 후견인이자 '양심의 소리(선의의 대변자)'인 하이디, 고마워요. 내가 마음의 문을 열게 해주고 사랑의 길을 걷도록 인도해준 것에 감사합니다. 캐서린 누나, 고마워. 누나는 내가 갈 곳이 없을 때 집 소파에서 1년 동안이나 (월세도 안 받고) 살게 해주었고, 언제나 나를 응원해주었어. 이런 지원이 없었다면 나의 모든 성공은 없었을 거야. 누나는 조건 없는 사랑이 무엇인지를 보여준 사람이야.

프린시피아 대학에 다닐 때 저를 가르쳐주셨던 모든 선생님, 사감 선생님, 코치 선생님들, 감사합니다. 당시 제게 가장 필요했던 체계적인 생활을 지도해주셔서 감사합니다. 선생님들은 모두 봉사하는 삶의 전형을 보여주셨어요. 브라이언 모스, 톰 바니아, 앤 피어슨, 모두 감사합니다.

이 책을 출판하기 7년 전쯤 나는 팀 페리스가 쓴 『4시간』이라는 책을 읽었고, 그 책은 나에게 작가의 길을 나서도록 영감을 주었다. 고마워요, 팀. 내가 가능성에 도전하여 꿈의 인생을 살 수 있게 된 것은 당신 덕분입니다.

나의 에이전트인 스티븐 핸슬만, 나를 믿어줘서 고마워요. 당신은 언젠가 원하는 책을 쓰겠다는 나의 비전을 항상 응원해주었어요. 이 분야에서 정평이 나 있는 당신의 지도가 없었다면 이 책이 이렇게 크게 성공하지 못했을 것입니다. 글렌 리프킨, 라이언 홀리데이, 닐스 파커, 하이디 하우스, 몇 개월 동안 이 책을 구상하고, 다듬고, 편집하는 데 도움을 줘서 고마워요. 여러분 덕분에 독자들에게 내 비전이 훨씬 더 효과적으로 전달되었어요.

아울러 세 명의 멘토 스튜어트 젠킨스, 프랭크 어긴, 크리스 호커, 감사합니다. 내가 무일푼에 부상을 당하고, 가진 것이라곤 꿈뿐이었던 시절에 당신들은 나를 믿어주었고, 도움을 필요로 할 때 선뜻 나서주었습니다. 당시 나는 여러분에게 아무것도 해줄 능력이 없었는데도 여러분은 많고 귀한 도움을 주셨어요. 잊지 않겠습니다.

이 책을 쓰는 오랜 기간 내내 나를 응원해준 나의 팀원들, 매트 체사라토, 사라 리빙스턴, 브리타니 라이스, 크리스틴 베어드, 아자 윌트셔, 다이애나 하우스. 감사합니다! 우리는 함께 정말 좋은 책을 만들었어요!

이안 로빈슨, 초기에 팟캐스트 편집 일에 많은 조언과 지도를 해줘서 고마워요. 나에게 팟캐스트를 출범하고픈 영감을 준 팻 플린, 데릭 핼펀, 라미트 세티, 제임스 웨드모어, 존 리 뒤마, 고맙습니다.

그 외에 나의 모든 친구와 응원해주는 사람들. 내가 일을 할 때마다 옆에서 도와주고 의욕을 북돋워줘서 고마워!

'완벽한 날'이라는 큰 그림

누구나 삶과 일에서 성공을 꿈꾸지만, 일단 단조롭고 자극 없는 일상의 덫에서 빠져나와 성공의 비전을 품는 것 자체가 쉽지 않다. 자신이 상상하는 '완벽한 날'을 그리며, 꿈을 성취하고자 하는 계획을 세워놓고도 추진하는 것 역시 쉬운 일이 아니다.

이 같은 일들이 쉽지는 않지만 불가능한 것도 아니다. 꿈을 현실화하겠다는 의욕을 느끼면, 즉 동기부여가 되면 우리는 성공으로 향하는 길에 가장 힘든, 첫발을 내디딘 것이다. 물론 '무엇을 어떻게 해야 하나'에 대한 구체적인 방법이 뒷받침되어야 한다.

이 책은 우선 우리가 일과 삶에서 성공을 해야 하는 이유를 스스로 깨닫게 한다. 그런 다음 저자는 우리에게 비전을 품고, 이에 입각한 구체적인 목표를 설정하고, 세밀한 추진 계획을 세우고 실천하는 방법을 제시하며, 이어 목표 달성에 필요한 '챔피언의 마인드'와 '악바리 정신'의 본질을 풍부한 사례를 들어 설명하고 있다. 즉 우리가 비전을 품어야 하는 당위성을 설득력 있게 역설한 다음, 일관되게 그 비전과 꿈을 성취하는 데 필요한, 그리고 일상생활에 바로 적용할 수 있는 실천적·단계적 계획을 연습과 훈련 과정을 곁들여 제시하고 있다.

저자가 예로 든 '망원경 거꾸로 보기'처럼 우리가 지금까지의 방법과 다르게 접근하면 세상이 달리 보일 수도 있고 늘 멀리 보이던 사물이 가까이 보이기도 한다. 그것처럼, 꿈도 생각한 것보다 멀리 있지 않음을 확인하게 될 수도 있다.

저자는 구체적인 목표가 없는 꿈은 이루어질 수 없는 환상과 다를 바 없으며 성공을 위한 계획도, 완벽한 일의 모습도 아주 구체적이어야 한다고 전편에 걸쳐 강조하고 있다. 이런 점에서 '레슨 1'의 '구체적으로 생각하라'는 이 책 전체 맥락에서 가장 우위에 있는 가치라고 할 수 있다. 그래야 그것에 걸맞은 방법을 찾아낼 수 있기 때문이다. 각 장의 말미에 그런 목표를 추진하는 데 필요한 구체적인 연습과 훈련 방법을 제시하고 있다.

이 책을 읽고 있으면 저자의 친절한 인도에 따라 성공으로 향하는 길에 나서서 어떤 역경이 닥치든 이겨내고, 궁극적으로 내가 원하는 것을 모두 이루고 싶은 충동을 느낀다. 동시에, 이른바 '항공기 승무원이 알려주는 응급 대처 원칙(당신부터 산소마스크를 쓰고 옆 사람을 도와라)'처럼 봉사의 길에 나서는 진정한 챔피언의 삶을 살고 싶은 충동이 인다. 우리는 성공으로 향하는 이런 긴 여행을 통해 가장 아름답고 멋진 '완벽한 날'을 스스로 만들게 되는 놀라운 경험을 하게 될 것이다. 설레는 마음으로 '완벽한 날'이라는 큰 그림을 떠올리며, 바로 첫 장을 펴보길 권한다.

마도경

루이스의 특별한 수업

초판 1쇄 인쇄 2017년 10월 11일
초판 1쇄 발행 2017년 10월 17일

지은이 루이스 하우스
옮긴이 마도경
펴낸이 박남숙

펴낸곳 소소의책
출판등록 2017년 5월 10일 제2017-000117호
주소 03961 서울특별시 마포구 방울내로9길 24 301호(망원동)
전화 02-324-7488
팩스 02-324-7489
이메일 sosopub@sosokorea.com

ISBN 979-11-961012-2-0 03320
책값은 뒤표지에 있습니다.

이 도서의 국립중앙도서관 출판예정도서목록(CIP)은 서지정보유통지원시스템 홈페이지(http://seoji.nl.go.kr)와
국가자료공동목록시스템(http://www.nl.go.kr/kolisnet)에서 이용하실 수 있습니다.(CIP제어번호: CIP2017024232)